铁路货车车辆钳工
应知应会800题

《铁路货车车辆钳工应知应会800题》编委会　编

中国铁道出版社有限公司

2021年·北　京

内 容 简 介

本书紧密结合现场操作技能,充分依据现行基本规章和作业标准,突出铁路货车车辆钳工岗位作业应知应会理论和实作技能。全书分为转向架、轮轴、车体、车钩缓冲装置、落成要求、制动装置、通用七大部分,共800道问答题,将铁路货车车辆钳工岗位需要了解和掌握的问题及技能进行了整理,重点突出日常检修、标准化作业和工量具等使用要点,具有较强的指导性和实用性。

本书可作为铁路货车车辆钳工的岗位培训教材,也可供相关人员参考使用。

图书在版编目(CIP)数据

铁路货车车辆钳工应知应会800题/《铁路货车车辆钳工应知应会800题》编委会编. —北京:中国铁道出版社有限公司,2021. 11

ISBN 978-7-113-28534-0

Ⅰ. ①铁…　Ⅱ. ①铁…　Ⅲ. ①铁路车辆-货车-机修钳工-岗位培训-教材　Ⅳ. ①U279. 3

中国版本图书馆 CIP 数据核字(2021)第223234号

书　　名:铁路货车车辆钳工应知应会800题
作　　者:《铁路货车车辆钳工应知应会800题》编委会

责任编辑:李润华　　**编辑部电话:**(010)51873138　　**电子信箱:**jiliang@ tdpress. com
编辑助理:白小玉
封面设计:尚明龙
责任校对:孙　玫
责任印制:高春晓

出版发行:中国铁道出版社有限公司(100054,北京市西城区右安门西街8号)
网　　址:http://www. tdpress. com
印　　刷:三河市兴博印务有限公司
版　　次:2021年11月第1版　2021年11月第1次印刷
开　　本:880 mm×1 230 mm　1/32　**印张:**10　**字数:**218千
书　　号:ISBN 978-7-113-28534-0
定　　价:55. 00元

编 委 会

前　　言

铁路高质量发展、修程修制改革以及安全标准化规范化建设等的加速推进对铁路货车设备设施质量、人员素质提升等提出了更高的要求，人才队伍建设和职工教育培训也显得尤为重要。

随着一些新技术、新设备、新工艺、新材料不断投入使用，新的规章制度和职工业务素质不适应的矛盾依然突出。为尽快适应铁路改革建设发展、满足生产一线职工培训和安全生产需求，中国铁路呼和浩特局集团有限公司集宁车辆段组织相关专家和技术人员，结合现场操作技能岗位实际，依据铁道行业标准、国家职业标准，参考《铁路货车厂修规程》、《铁路货车段修规程》、《铁路货车轮轴组装检修及管理规则》、《铁路货车制动装置检修规则》及车辆钳工系列岗位作业指导书等资料，编写了《铁路货车车辆钳工应知应会800题》一书。

本书力求突出本工种的日常检修、标准化作业和工量具、仪器、仪表等使用要点，主体内容分为转向架、轮轴、车体、车钩缓冲装置、落成要求、制动装置、通用七大部分，共

800道问答题。本书可作为铁路货车车辆钳工的岗位培训教材,也可供相关人员参考使用。

由于本书涉及内容较多,编者水平有限,编撰内容难免有不足之处,诚请广大读者批评指正。

编　者

2021年10月

目　录

第一部分　转　向　架

第二部分　轮　　轴

第三部分 车　　体

第五部分　落成要求

第六部分　制动装置

第七部分　通　　用

第一部分　转　向　架

1. 段修时转向架基本作业应配置哪些主要工艺装备?

答:应配置以下主要工艺装备:转向架清洗设备,摇枕侧架翻转机,铆钉自动控温加热装置,侧架立柱磨耗板液压铆钉机,侧架立柱磨耗板组装扭矩扳手,摇枕、侧架翻转焊修机具,弹簧自动检测机,摇枕及侧架、交叉杆磁粉探伤机,交叉支撑装置组装、正位检测台,交叉支撑装置智能扳机,侧架滑槽磨耗板压装机,摇动座探伤机,挡键螺栓铆钉机,下心盘螺栓扭矩扳手等。

2. 转向架上需要原车、原位并按原方向组装的配件有哪些?

答:承载鞍,轴箱橡胶垫,DZ1、DZ2、DZ3 型转向架轴箱橡胶件、斜楔、弹性旁承组成等配件检测合格后应装回原车、原位,并按原方向组装。

3. 段修时对转向架构架须冲洗时有何规定?

答:构架须冲洗,清除表面锈垢,冲洗前应将轮轴与构架分离。不得使用碱水冲(煮)洗构架,冲洗时水温不高于 70 ℃,冲洗后沥干水分,表面应无油垢及其他杂物。

4. 段修时转向架哪些配件须分解检查?

答:除侧架立柱磨耗板,交叉支撑装置,伸缩式挡键及轴箱橡胶弹性件上的铜绞线,组合式斜楔主摩擦板,DZ1、DZ3 型摇枕斜面磨耗板,DZ2 型转向架弹簧托板与摇动座,DZ1、DZ2、DZ3 型固定支点座,DZ3 型转向架空重车调整触板组成外,凡螺栓、圆销(拉铆销)、开口销组装的配件均须分解检查。

5. 段修时对转向架构架检查有何要求?

答:构架须在检修线上进行正位及翻转位检查,对摇枕、侧架外表面及内腔、交叉支撑装置或弹簧托板、DZ2 型转向架摇动座、副构架等进行全面外观检查,摇枕、侧架内腔检查时可使用具备拍照、图像放大、存储功能的摇枕内窥检查装置等设备,关键部位应拍照留存。

6. 段修时对转向架构架焊修有何规定?

答:禁止借助交叉杆、副构架或弹簧托板吊装、支撑、移动转向架。摇枕、侧架裂纹焊修,侧架承载鞍支承面、摇枕斜楔摩擦面磨耗板焊修,DZ1、DZ2、DZ3 型侧架、摇枕各磨耗部位的焊修,副构架的焊修及磨耗部位的焊修应平焊。

7. 交叉支撑转向架铸钢侧架磨耗检修时须符合哪些规定?

答:导框两侧摩擦面单侧磨耗(含局部磨耗)深度大于 2 mm,两侧磨耗深度之和大于 3 mm,内侧面磨耗(含局部磨耗)深度大于 3 mm 或组装间隙超限时,堆焊后加工。

8. 简述转 K2 型转向架侧架导框导台检修要求。

答:(1)两侧摩擦面单侧磨耗(含局部磨耗)深度大于 2 mm,两侧磨耗深度之和大于 3 mm 时,堆焊后磨修。

(2)两内挡面距离原形为 184^{+1}_{0} mm,磨耗之和大于 4 mm 或影响组装间隙时,堆焊后加工,加工后单侧台高不小于 28 mm。

9. 简述交叉支撑转向架承载鞍支承面检修要求。

答:(1)DZ1、转 K6、转 E22 型和 C_{76B} 型车装用的 25 t 轴重转向架,承载鞍支承面偏磨大于 1 mm 时加工,磨耗大于 3 mm 时堆焊后加工恢复原形。

(2)转 K2、转 8B、转 8AB、转 8G、转 8AG 型支承面剩余高度小于 2 mm 时,堆焊后加工恢复原形或加工后焊装磨耗板。原磨耗板磨耗大于 3 mm 时更换;焊装磨耗板时,同一转向架两侧架须同时焊装,焊装的磨耗板规格:转 K2 型为(158 ~ 167) mm×(136 ~

145) mm×(4～6) mm，转8B、转8G型为(186～195) mm×(171～180) mm×(4～6) mm，转8AB、转8AG型为ϕ(196～205) mm×(4～6) mm，材质为Q235。

(3)转K2型旧型侧架导框顶面中部66 mm平面的两侧为R381 mm圆弧结构，两侧R381 mm圆弧允许与中部平面同时加修成平面，圆弧表面剩余部分不作检查要求，须低于中部平面；补充新品时，全车同时换装现结构QCZ85-20A-01侧架。

(4)加工后，承载鞍支承面或磨耗板平面与导框内侧摩擦面未磨耗部位的垂直度为1 mm。

10. 简述段修时转向架侧架滑槽检修要求。

答：(1)转K6型侧架制动梁滑槽无防止制动梁脱出挡块时，焊装挡块，同时去除原车的前制动杠杆止挡。原铸造的挡块有裂损时焊修，焊接结构的制动梁挡块焊缝开裂时，清除焊缝并消除裂纹后焊修，丢失时焊装。焊装位置、挡块尺寸、挡块铸造尺寸及位置须符合最新版《铁路货车段修规程》的要求。

(2)滑槽磨耗板磨耗深度大于3 mm或有裂纹、松动时更换新品，焊缝开裂时焊修，丢失时补装。新品卡入式滑槽磨耗板材质为T10；平板式滑槽磨耗板材质为27SiMn(转E21型为Q235A)，规格为(167±1) mm×$70_{-1.5}^{0}$ mm(内挡65_{-1}^{+2} mm)×(7～12) mm，更换时三面满焊，但磨耗板外侧焊缝允许中间70 mm不焊；焊装磨耗板后滑槽高度(上、下承台间距)应为56～58 mm，侧架滑槽高度(不含磨耗板)小于64 mm时允许以厚度为6 mm的磨耗板代用，装用组合式制动梁时允许使用4 mm的滑槽磨耗板，焊角不小于3 mm，并保证磨耗板与滑槽密贴，焊后须清除磨耗板平面的焊渣和凸起物。

(3)滑槽磨耗板压装前，须清除滑槽磨耗板平面及滑槽内表面焊渣和凸起物，上下表面须平整，不得涂抹任何油脂，压装须正位(滑槽磨耗板凸起落入滑槽凹槽内)，不正位时须进行调整直至正位。

(4)检修完成后,须使用侧架制动梁滑槽轮廓样板检测滑槽形状,滑槽全深范围内贯通检测须合格。

11. 简述交叉支撑转向架侧架立柱磨耗板检修要求。

答:(1)丢失时补装,裂损或磨耗大于3 mm时更换。铆钉、折头螺栓松动时更换,丢失时补装新品。

(2)侧架立柱磨耗板材质须符合规定。

(3)转K2型ADI、T10材质的侧架立柱磨耗板更换时,全车须同时更换符合要求的组合式斜楔和45钢侧架立柱磨耗板、不锈钢摇枕斜楔摩擦面磨耗板。

(4)转K2型侧架两立柱内侧距离不大于465.2 mm时,铆装厚度为10 mm的磨耗板;大于465.2 mm时,铆装厚度为12 mm的磨耗板。转8AG型侧架两立柱内侧距离(以侧架两立柱安装磨耗板的凸出部分最下方向上10 mm处测量为准)小于505 mm时,铆装厚度为10 mm的磨耗板;在505~509 mm时,铆装厚度为12 mm的磨耗板;大于509 mm时,堆焊后加工或报废。

(5)磨耗板采用ZT型折头螺栓紧固,折头螺栓须折断,紧固力矩为500~550 N·m。螺栓端头不得高于磨耗板平面,凸出部分磨修平整。

12. 简述转8系列转向架侧架斜楔挡检修要求。

答:转8B、转8AB、转8G、转8AG、转E21型转向架侧架斜楔挡弯曲时调修,出现裂纹时焊修或更换;斜楔挡脱落或与侧架铸造一体者折损时,须在原处焊装95 mm×75 mm×16 mm的钢板,焊角为8 mm×8 mm。

13. 侧架横跨梁托检修时须符合哪些规定?

答:横跨梁托变形时调修或更换,出现裂纹或腐蚀深度大于30%时更换,孔径磨耗大于3 mm时焊修或更换。转K2型转向架进行低摩制动改造,所加装的横跨梁托座须符合要求。

14. 简述侧架支撑座检修要求。

答：（1）支撑座非贯通裂纹及支撑座、侧架、连接板间焊缝开裂时，铲除裂纹后焊修。

（2）支撑座贯通裂纹、经过焊修再次出现裂纹或原焊修焊缝开裂时更换；分解交叉支撑装置的支撑座腐蚀深度大于 3 mm 时更换，且更换时不得伤及侧架母材。新组装支撑座须使用支撑座专用组装定位胎具。

15. 简述转向架交叉支撑装置保持环检修要求。

答：交叉支撑装置分解后检测保持环腐蚀、磨耗深度大于 2 mm 或出现裂纹时，更换为新品。更换保持环时，应使用专用组装定位胎具。焊缝开裂时焊修。

16. 简述 DZ1 型侧架支撑座检修要求。

答：DZ1 型侧架支撑座出现裂纹时更换侧架。交叉支撑装置分解后检测轴向橡胶垫安装面腐蚀、磨耗深度大于 2 mm 时，堆焊后磨修，恢复原形尺寸。

17. 简述段修时转 E22 型转向架锥柱检修要求。

答：转 E22 型转向架锥柱出现裂纹或螺纹损伤时更换；锥柱与座板、座板与侧架间焊缝开裂时清除裂纹后焊修。更换锥柱时应采用专用工装。

18. 简述段修时转 E21 型转向架弹性交叉杆支座检修要求。

答：转 E21 型转向架弹性交叉杆支座出现裂纹及焊缝开裂时，铲除裂纹后焊修，经焊修再次出现裂纹或原焊修焊缝开裂时、腐蚀深度大于 3 mm 时更换；分解后检测支座销孔直径磨耗大于 0.5 mm 时更换，更换时不得伤及侧架母材。

19. 简述段修时铸钢摇枕各部裂纹检修规定。

答：（1）A、B 部位出现横向裂纹时更换，其他部位上平面、侧面横向裂纹长度不大于裂纹处断面周长的 20%、底面横向裂纹长度不大于底面宽度的 20% 时焊修（测量周长或宽度时，铸孔计算在内，测量裂纹长度时,铸孔不计算在内),焊波须高于基准面1~2 mm,焊修后进行热处理;大于时更换。

(2)出现纵向裂纹或内壁加强筋、心盘销座出现裂纹时焊修。摇枕挡或下旁承盒出现裂纹、缺损时焊修或更换。

20. 简述交叉支撑转向架摇枕挡检修规定。

答:摇枕挡内、外表面距离原形尺寸,DZ1 型、转 K6 型和 C_{76B} 型车装用的 25 t 轴重转向架均为 $279.4_{-4.8}^{0}$ mm,转 K2 型为 279.4 mm。当摇枕挡内、外表面距离大于 283 mm 时,应堆焊后磨修,恢复原形尺寸。

21. 简述段修时摇枕安装配合各部位检修要求。

答:(1)摇枕斜楔槽内、外表面距离大于以下限度时,应对中焊修后磨平,恢复原形,即 DZ1、转 K6、转 K2 型和 C_{76B} 型车装用的 25 t 轴重转向架大于 180 mm,转 E21 型大于 118 mm,转 E22 型大于 170 mm。

(2)摇枕心盘螺栓孔磨耗大于 2 mm、心盘销孔磨耗大于 3 mm 时,堆焊后加工。

(3)横跨梁安全链吊座剩余厚度小于 5 mm 或链孔上边缘宽度小于 8 mm 时更换。

22. 简述交叉支撑转向架摇枕固定杠杆检修要求。

答:固定杠杆支点座圆销孔或衬套直径磨耗大于 2 mm 时,扩孔镶套或更换。转 K2 型转向架进行低摩制动改造时,固定杠杆支点座销孔中心低于摇枕心盘安装面的,按要求对固定杠杆支点座进行改造;同时按要求换装固定杠杆,改造完成后,对焊缝进行磁粉探伤。

23. 简述段修时摇枕斜楔摩擦面磨耗板或分离式斜楔插板检修要求。

答:(1)焊缝开裂时焊修,出现裂纹时更换为新品,丢失时补装。

(2)转 K6、转 E22 型和 C_{76B} 型车装用的 25 t 轴重转向架磨耗大于3 mm,转 K2 型、转 8B 型、转 8AB 型、转 8G 型、转 8AG 型、转 E21 型磨耗大于 2 mm 时更换为新品。

(3)摇枕斜楔摩擦面磨耗板材质为 0Cr18Ni9(新牌号为 06Cr19Ni10)。

(4)焊装磨耗板前摇枕斜楔摩擦面基准面须平整,否则应堆焊后磨平,矩形磨耗板或分离式斜楔插板上、下端面与摇枕须满焊。

(5)更换时,转 8AB、转 8AG 型摇枕斜楔摩擦面有铸台时应用原形样板以弹簧支承面及凸脐中心为基准进行检测,每侧间隙不大于 4 mm,间隙差不大于 2 mm;各面须焊装 140 mm × 80 mm × (3 ~ 5) mm 的磨耗板;无铸台者焊装(145 ~ 155) mm × 80 mm × (3 ~ 5) mm 的磨耗板。

24. 简述 DZ1 型交叉支撑转向架斜面磨耗板检修要求。

答:(1)裂损、磨耗大于 3 mm 时更换新品。组装前摇枕斜楔摩擦面基准面须平整,否则须堆焊后磨平。

(2)折头螺栓应用扭矩扳手进行检查,扭矩值不小于 230 N · m,其中内侧螺栓扭矩不作检查要求,折头折断部位应低于磨耗板表面,超出后或有毛刺时应修磨平整。

(3)防松片组装后止耳均应撬起,每组两个止耳中应至少有一个贴靠在螺母的六方平面上。

25. 铸钢摇枕上拉杆托架焊修时须符合哪些规定?

答:摇枕上拉杆托架焊缝开裂时焊修、变形时调修、出现裂纹时更换,托架轴弯曲时调修,含油尼龙滚套外表面磨耗深度大于 3 mm 时更换。DZ1 型摇枕上拉杆托架组成的尼龙托板表面磨耗深度大于 3 mm 时更换新品。

26. 简述铸钢摇枕装用 JC-2 型旁承的摇枕旁承检修要求。

答:装用 JC-2 型旁承的摇枕旁承盒内挡销丢失或变形时更换,

挡销规格为 ϕ10 mm×35 mm,材质为Q235A。1个转向架焊装2个挡销,相对摇枕心盘中心面呈斜对称布置,同一转向架相反,同一辆车同侧同向。

27. 简述铸钢摇枕装用JC-3型旁承的摇枕检修要求。

答:(1)摇枕旁承盒内挡销丢失或变形时更换,挡销规格为 ϕ10 mm×35 mm,材质为Q235A,1个旁承盒焊装2个挡销,单侧焊装,同一转向架相反,同一辆车同侧同向。

(2)既有装用JC型旁承的 X_{6K} 型车段修时须在摇枕旁承盒上焊接相应的挡销。

28. 简述 JSQ_6 型车上装用的转K6型摇枕检修要求。

答:(1)枕簧定位脐处焊装的定位环丢失时补装,焊缝开裂时清除原焊缝补焊。

(2)摇枕旁承盒内挡销丢失或变形时更换,挡销规格为 ϕ10 mm×35 mm,材质为Q235A。1个摇枕焊装2个挡销,每个旁承盒内各1个,位于摇枕纵向中心线两侧,同一转向架相反,同一辆车同侧同向。

29. 简述 C_{100A} 型敞车装用的转K2B、转K2C型摇枕检修要求。

答:(1)转K2B型摇枕导向凹槽立面磨耗深度大于1.5 mm时堆焊,焊后磨平并恢复凹槽原形尺寸。

(2)转K2B型摇枕旁承承载面上的摇枕旁承磨耗板焊缝开裂时,清除原焊接缺陷后焊修;摇枕旁承磨耗板出现裂纹或磨耗深度大于2 mm时更换;焊装磨耗板之前摇枕旁承承载面须平整,否则堆焊后磨平,磨耗板与摇枕须段焊。焊后磨耗板上平面的平面度为0.5 mm,不平时修磨;焊后磨耗板与摇枕间用厚度为0.8 mm的塞尺检查,插入深度不得大于13 mm。焊后焊缝不得高于磨耗板表面或侵入摇枕导向凹槽。

(3)转K2C型摇枕旁承磨耗板出现裂纹或磨耗深度大于2 mm

时更换。磨耗板组装前,摇枕旁承承载面须平整,否则堆焊后磨平。组装时须使用FS型或BY型8级M22防松螺母,配套使用符合GB/T 31.1规定的8.8级M22螺栓,螺纹长度为90 mm。

30. 交叉支撑装置哪些情况时须分解或进行磁粉探伤检查?

答:有下列情况之一时,须分解交叉支撑装置,除锈后对交叉杆连接焊缝(不含转8B、转8AB、转8AG、转8G型中间盖板上的塞焊缝),杆体压型处,转E21、转E22型杆头与杆体过渡部位进行磁粉探伤检查:

(1)交叉杆变形大于10 mm,杆体擦伤、碰伤深度:DZ1、转K6、转K2、转8B、转8AB、转8G、转8AG型和C_{76B}型车装用的25 t轴重转向架不大于1.5 mm;转E21型不大于2 mm;转E22型不大于5 mm。

(2)交叉杆出现裂纹、焊缝开裂。

(3)交叉杆端头螺栓(母)松动。

(4)支撑座出现裂纹或破损。

(5)转E22、转E21型锥柱、带槽螺栓松动,母体出现裂纹或破损。

(6)因火灾等原因,交叉杆及支撑座烧损或化学溶剂腐蚀橡胶件。

(7)DZ1、转K6、转K2、转8B、转8AB、转8G、转8AG型和C_{76B}型车装用的25 t轴重转向架无交叉杆标志板。

(8)因相关配件检修或更换须分解交叉支撑装置。

31. 交叉支撑装置哪些情况下须进行报废?

答:(1)车辆颠覆的全车交叉杆,脱轨转向架装用的交叉杆。

(2)交叉杆端头螺纹损伤或滑扣超过3扣。

(3)杆体出现横向裂纹。

(4)杆体出现纵向裂纹长度大于50 mm或深度大于0.6 mm。

(5)杆体折断、环焊缝开裂,或擦伤、碰伤深度超限。

(6)在全长范围内用样杆检查交叉杆弯曲、变形：转E22、转E21型大于15 mm，DZ1、转K6、转K2、转8B、转8AB、转8AG、转8G型和C_{76B}型车装用的25 t轴重转向架大于20 mm。

(7)转8B、转8AB、转8G、转8AG型中间盖板出现裂纹时。

32. 交叉支撑装置哪些情况下须进行修理?

答:(1)杆体纵向裂纹长度不大于50 mm且深度不大于0.6 mm及擦伤、碰伤深度未超限时，磨修清除缺陷，磨修面与非磨修面须平滑过渡；禁止对杆体磨耗或缺陷部位进行焊修。

(2)交叉杆中部连接焊缝开裂时清除裂纹后焊修，焊修后须进行磁粉探伤。

(3)DZ1、转K6、转K2型和C_{76B}型车装用的25 t轴重转向架扣板出现裂纹时，须钻止裂孔，清除裂纹后焊修磨平，并进行磁粉探伤。

(4)在全长范围内用样杆检查交叉杆，弯曲、变形大于10 mm时调修。

(5)转K6型、转K2型和C_{76B}型车装用的25 t轴重转向架中间连接螺母松动时，拧紧后点焊固。

33. DZ1、转K6、转K2、转8B、转8AB、转8AG、转8G型和C_{76B}型车装用的25 t轴重转向架附属配件检修须符合哪些要求?

答:(1)双耳防松垫圈出现裂纹时更换为新品。

(2)轴向橡胶垫允许有龟裂，表面圆周方向裂纹长度大于周长的30%时更换。

(3)锁紧板腐蚀、磨耗深度大于2 mm时更换为新品。各型转向架锁紧板须符合要求。

(4)端头螺栓弯曲、出现裂纹或螺纹损伤时更换为新品。

(5)扣板铆接结构的交叉杆铆钉松动时更换，丢失时补装。切割铆钉不得热切，组装时铆钉须从上向下铆接。

(6)焊接结构的扣板分解检修时,X 形、U 形弹性垫和扣板更换新品;螺栓松动时更换,丢失时补装,螺栓紧固后在螺栓螺母间须点焊固。

34. 交叉支撑装置转 E22 型附属配件检修时须符合哪些要求?

答:(1)橡胶锥套表面裂纹深度大于 5 mm,金属板出现裂纹或严重变形影响作用时更换。

(2)锥柱母体出现裂纹、破损或螺纹损坏时更换;开口销丢失、折断时补装或更换。

(3)调整垫、上垫、垫圈出现裂纹、破损时更换。

35. 交叉支撑装置转 E21 型附属配件检修时须符合哪些要求?

答:(1)橡胶套表面裂纹深度大于 5 mm 或橡胶体与金属部分剥离时更换。

(2)带槽螺栓出现裂纹、破损或螺纹损坏时更换;开口销丢失、折断时补装或更换。

(3)止挡垫圈、调整垫圈出现裂纹、破损时更换。

36. 端头螺纹在交叉支撑装置组装前须符合哪些要求?

答:端头螺纹在交叉支撑装置组装前须进行检查,螺纹损伤或滑扣时,累计不超过 3 扣,毛刺须清除;螺纹须用专用螺纹止规测试,在距端面 5 扣以内须止住,并且止规不得晃动,超限时报废。

37. 改进结构的交叉支撑装置组装时须符合哪些要求?

答:(1)交叉杆端部压型应与转向架闸瓦托组装位置相对,中部压型应处于垂直方向。

(2)U 形弹性垫和 X 形弹性垫技术要求应符合 Q/QC 35-145《交叉杆聚酯弹性垫技术条件》的规定。

(3)U 形弹性垫两端挡边应落入扣板两端面外侧,X 形弹性垫圆柱面应落入两交叉杆中部压型内。

(4)上下扣板连接螺栓应紧固,且螺栓两侧须加装平垫圈。组装后,上下扣板平焊缝处应接触,局部最大间隙应不大于 0.8 mm,

塞焊和平焊焊接应符合要求。

(5)上下扣板原为铆接结构者重新组装时仍须使用铆接结构。

38. DZ1、转K6、转K2型和C_{76B}型车装用的25 t轴重转向架交叉支撑装置组装之后须符合哪些要求?

答:DZ1、转K6、转K2型和C_{76B}型车装用的25 t轴重转向架交叉支撑装置组装之后,须在转向架正位检测台上进行正位状态检测,4个导框中心的对角线长度之差不大于5 mm,大于时可在相应的交叉杆端头与轴向橡胶垫之间加垫调整,每处调整垫厚度不大于2 mm。转8AG、转8G、转8B、转8AB型采用专用对角线尺检测,组装后4个导框中心的对角线差不大于5 mm,大于时须分解转向架,检测侧架两支撑座L差应不大于2 mm,检测支撑座横向定位尺寸应为(50 ± 2) mm,检测交叉支撑组成对角线长度差应不大于2.5 mm。

39. 减振装置各型圆弹簧哪些情况时须进行报废?

答:各型圆弹簧应逐个检测,有下列情况之一时报废:

(1)折断、裂损时。

(2)自由高低于规定的下限时。

(3)弹簧圆钢直径腐蚀、磨耗超过原形的8%时。

(4)弹簧支承圈不足5/8圈时。

40. 摇枕弹簧、减振弹簧组装时须符合哪些要求?

答:摇枕弹簧、减振弹簧组装时须选配,选配好的同型、同规格弹簧可用不同色标或条形码等方法进行标识。装配时内、外圈旋向相反,同一辆车的摇枕弹簧、减振弹簧规格、型号须分别相同。

41. 转K6、转E21、转E22型和C_{76B}型车装用的25 t轴重转向架摇枕弹簧、减振弹簧组装时须符合哪些要求?

答:(1)同一转向架同型圆柱螺旋弹簧自由高度差不大于3 mm。

(2)同一侧架上同型内簧或同型外簧自由高度差不大于

2 mm。

(3)减振弹簧内、外圈自由高度差不大于 2 mm,同一组两级刚度弹簧内、外圈自由高度差为 20 ~ 25 mm。

(4)转 K6 型弹簧组装时,黄色的外圆弹簧须置于两组装减振弹簧之间。

42. 转 K2、转 8B、转 8AB、转 8AG、转 8G 型摇枕弹簧、减振弹簧组装时须符合哪些要求?

答:(1)同一转向架摇枕弹簧各外圈自由高度差不大于 3 mm。

(2)同一转向架同组减振弹簧、同规格的摇枕弹簧自由高度差均不大于 2 mm。

(3)转 8B、转 8AB、转 8AG、转 8G 型同组外圈减振弹簧与摇枕弹簧自由高度差均不大于 2 mm。

(4)同一组两级刚度摇枕弹簧内、外圈自由高度差:转 K2、转 8B、转 8AB、转 8AG、转 8G 型为 20 ~ 25 mm。

(5)部分大自重铁路货车弹簧组装时。

43. DZ1 型摇枕弹簧、减振弹簧组装时须符合哪些要求?

答:(1)同一转向架同型圆柱螺旋弹簧自由高度差不大于 3 mm。

(2)同一侧架上同型内簧或同型外簧自由高度差不大于 2 mm。

(3)减振弹簧内、外圈自由高度差不大于 2 mm。

(4)同一组两级刚度弹簧内、外圈自由高度差为 20 ~ 25 mm。

(5)黄色的外圆弹簧与转 K6 型转向架相同,须置于两组装减振弹簧之间。

44. JSQ_7 型车装用的转 K6 型转向架须符合哪些要求?

答:(1)同一转向架同型圆柱螺旋弹簧自由高度差不大于 3 mm。

(2)同一侧架上同型内簧或同型外簧自由高度差不大于

2 mm。

(3)减振弹簧内、外圈自由高度差不大于2 mm。

(4)同一组摇枕弹簧内、外圈自由高度差应为3~8 mm;内圈涂刷蓝色厚浆醇酸漆。

45. 减振装置组合式斜楔检修时须符合哪些要求?

答:(1)转E21型斜楔体(钢骨架)材质为ZG230-450,其他型号为贝氏体球墨铸铁(ADI),出现裂纹时更换为新品。

(2)副摩擦面磨耗大于3 mm时更换斜楔体。

(3)主摩擦板材质为高分子材料,原形厚度10 mm,DZ1型转向架装用的斜楔主摩擦板磨耗大于3 mm,其他转向架装用的斜楔主摩擦板磨耗大于4 mm时更换。

(4)主摩擦板四角断裂区域限度为35 mm×35 mm,两角断裂区域限度为60 mm×60 mm,断裂区域限度或缺损面积之和大于总面积的15%时更换。

(5)主摩擦板背面与斜楔体安装面间隙大于3 mm时调整,垫圈厚度为2~8 mm。

(6)转E21型斜楔主摩擦板原形厚度10 mm,磨耗大于3 mm时更换,螺母紧固后须点焊。斜楔球块顶高原形为50 mm,磨耗大于3 mm或裂损时更换新品。

46. 减振装置整体式斜楔检修时须符合哪些要求?

答:(1)转8G、转8AG、转E22型转向架应装用贝氏体球墨铸铁斜楔。

(2)斜楔出现裂纹时更换为新品。

(3)斜楔主摩擦面磨耗:转8AG、转8G型大于3 mm,转K2型大于6.4 mm,转E22型大于3 mm时报废。

(4)斜楔副摩擦面磨耗:转8AG、转8G型大于3 mm,转K2、转E22型大于2 mm时报废。

(5)转K2型转向架整体式斜楔需更换的,全车同时换装要求的组合式斜楔和要求的 45 钢材质立柱磨耗板。

47. 转 K6、转 K2A、转 K2B、转 K2C 型和 C_{76B} 型车装用的 25 t 轴重转向架轴箱橡胶垫哪些情况时须更换为新品?

答:转 K6、转 K2A、转 K2B、转 K2C 型和 C_{76B} 型车装用的 25 t 轴重转向架轴箱橡胶垫有下列情况之一时更换为新品。补充新品时,转 K2A、转 K2B、转 K2C 型转向架采用轴箱橡胶垫,转 K6 型和 C_{76B} 型车装用的 25 t 轴重转向架采用内置铜绞线轴箱橡胶垫。

(1)金属定位挡根部出现裂纹。

(2)承载层橡胶外胀超出衬板侧面 1 mm。

(3)承载层橡胶与金属上、下衬板粘接处(上侧或下侧)累计裂纹长度大于 230 mm,且深度大于 5 mm。

(4)承载层橡胶表面裂纹累计长度大于 180 mm,且深度大于 5 mm。

48. 转 E21 型轴箱橡胶弹簧、剪切垫板哪些情况时须更换为新品?

答:(1)轴箱橡胶弹簧高度原形(208 ± 1) mm,永久变形大于 3 mm 时。

(2)剪切垫板厚度原形上部(24 ±0. 1) mm、下部(20 ±0. 1) mm,永久变形大于 1 mm 时。

(3)橡胶件向内层开裂并出现掉块现象时。

(4)橡胶件与钢粘合面脱开的面积超过全粘合面积的 1/5 时。

(5)钢件出现明显裂纹时。

49. DZ1 型转向架的 TJC-1 型轴箱橡胶垫哪些情况时须更换为新品?

答:DZ1 型转向架的 TJC-1 型轴箱橡胶垫允许有龟裂,铜铰线及铜堵丢失时补装。有下列情况之一时更换新品:

(1)金属定位挡根部出现裂纹时。

(2)中间橡胶层与上、下钢衬板脱开时。

(3)承载层橡胶外胀超出衬板侧面2 mm时。

(4)表面裂纹(含橡胶层与上、下钢衬板脱开)深度大于10 mm且水平投影长度超过该边长度的50%时。

50. 下旁承组成清理时须符合哪些要求?

答:弹性旁承任何部位不允许涂抹油脂,弹性旁承体橡胶表面、非金属磨耗板、滚子及滚子轴不得有油漆。非金属磨耗板表面应清洁、无污物。重新组装的非金属磨耗板表面,旁承体、旁承座与磨耗板的配合面污物应清除干净,不得采用汽油、煤油等溶剂及可能对非金属材料产生不良影响的介质清洗。

51. JC系列双作用弹性旁承组成旁承座检修时须符合哪些要求?

答:(1)裂损时更换,JC-2型旁承座、JC-3型旁承座须要求,按要求加工挡销孔。

(2)旁承座与滚子轴接触凹槽磨耗大于3 mm时,焊修后加工,恢复原形;旁承座底面、侧面磨耗大于2 mm时,更换或与弹性旁承体分离后堆焊加工,恢复原形。

52. JC系列双作用弹性旁承组成滚子及滚子轴检修时须符合哪些要求?

答:(1)旁承滚子外径径向磨耗、腐蚀深度大于2 mm或严重变形影响作用时更换。

(2)旁承滚子与滚子轴的间隙大于2 mm时更换。

53. JC系列双作用弹性旁承组成旁承磨耗板检修时须符合哪些要求?

答:(1)旁承磨耗板、支承磨耗板磨耗深度不大于3 mm。

(2)尼龙磨耗板松动时更换。

54. JC系列双作用弹性旁承组成旁承磨耗板检修时须符合哪些要求?

答:(1)出现裂纹时,使用厚0.3 mm、宽10 mm的塞尺在裂纹中部测量裂纹深度，主弹性体表面裂纹长度大于 40 mm 且深度大于 7 mm 时更换，旁承体侧面橡胶层与顶板间裂纹累计长度大于 150 mm，且深度大于 7 mm 时更换。

（2）弹性旁承纵向定位橡胶块与两侧金属板中的一侧全部脱开时更换。

55. 下旁承磨耗板上平面与滚子上部（JC-1 型弹性旁承为支承磨耗板顶面）距离检修时须符合哪些要求？

答：（1）*B* 值不符合要求时，检测下旁承磨耗板厚度，如果更换下旁承磨耗板能使 *B* 值符合要求时，更换下旁承磨耗板。

（2）更换下旁承磨耗板不能使 *B* 值符合要求时，从旁承座中拆卸旁承体，测量旁承体自由高，旁承体自由高不符合检修限度要求时，更换为新品旁承体及下旁承磨耗板使 *B* 值符合要求。

（3）旁承体自由高符合要求时，调整旁承体与旁承座间的调整垫板使 *B* 值符合要求。调整垫板厚度为 2 ~ 5 mm，数量为 1 块。调整垫板厚度不宜过大，调整后 *B* 值大于标准下限约 1 mm 为宜。

56. JDZ1 型转向架装用的 CJC-1 和 CJC-2 型双作用弹性旁承检修时须符合哪些要求？

答：（1）旁承座裂损时更换；旁承座与支承板接触凹槽磨耗大于 3 mm 时，焊修后加工，恢复原形；旁承座底面、侧面磨耗大于 2 mm 时，更换或与弹性旁承体分离后堆焊加工，恢复原形。

（2）旁承磨耗板磨耗深度不大于 3 mm；松动时更换。

（3）弹性旁承橡胶体允许有龟裂，但表面裂纹深度大于 5 mm 且水平投影长度大于该边长度的 30% 时更换。

（4）CJC-2 型弹性旁承纵向定位橡胶块与两侧金属板中的一侧全部脱开时更换弹性旁承体。

（5）CJC-1 型侧面磨耗板磨耗不大于 2 mm。

（6）支承板磨耗不大于 3 mm，严重变形影响作用时更换。

（7）自由状态下，检测下旁承磨耗板上平面与支承板顶面距离

B 值应为 23^{+1}_{-3} mm。

①B 值不符合要求时，检测下旁承磨耗板厚度 A，如果更换下旁承磨耗板能使 B 值符合要求时，则更换下旁承磨耗板。

②更换下旁承磨耗板不能使 B 值符合要求时，从旁承座中拆卸旁承体，测量旁承体自由高，不符合检修限度要求时，旁承体及下旁承磨耗板更换为新品，B 值应为 23^{+1}_{-3} mm。

③旁承体自由高符合要求时，调整旁承体与旁承座间的调整垫板使 B 值符合要求。调整垫板厚度为 2～5 mm，数量为 1 块。调整垫板厚度不宜过大，调整后 B 值大于标准下限约 1 mm 为宜。

57. 转 E21 型转向架装用的橡胶弹性旁承检修时须符合哪些要求？

答：(1)橡胶体允许有龟裂，但表面裂纹深度大于 5 mm 或长度大于周长的 50% 时更换。

(2)橡胶体与金属体可存在剥离，但连续剥离长度超过上、下表面圆周周长的 33% 或累积剥离长度超过上、下表面圆周周长的 50% 时更换。

(3)尼龙摩擦板原形厚度 8 mm，破损、顶面磨耗大于 3 mm 时更换。

(4)磨耗板连接螺栓折损或旁承磨耗板脱出、丢失时更换为新品。

(5)旁承体上、下部底平面的距离 A 小于 14 mm 时更换为新品；距离为 14～16 mm 时，应在旁承体下平面加装带孔的旁承垫板，垫板厚度为(17 − A) mm。

58. C100A 型敞车旁承检修时须符合哪些要求？

答：(1)转 K2C 型转向架的旁承座组成焊缝开裂时焊修。

(2)转 K2A、转 K2C 型转向架弹性旁承的尼龙旁承磨耗板须符合规定，侧面有“45～55”标记，出现裂纹或磨耗超过 3 mm 时更换，更换时不得采用其他车型的旁承磨耗板代替。

(3)转 K2C 型转向架弹性旁承组成组装在摇枕旁承盒中时,摇枕旁承金属磨耗板上平面距尼龙磨耗板上平面距离为(20 ±1) mm,可采用不同厚度的垫板调整,垫板的数量为 1 ~3 块。

59. JC、JC-1、JC-2、JC-3 型弹性旁承分解、组装时须符合哪些要求?

答:(1)旁承体与旁承座的拆、装应使用专用工具。

(2)JC、JC-2、JC-3 型弹性旁承须纵向压缩旁承体两侧板后垂直向下(上)平行装入(取出)旁承座;JC-1 型可直接从侧板上部垂直向下(上)平行装入(取出)旁承座内。旁承体侧板与旁承座定位槽内侧面应密贴,旁承体顶板和侧板不得产生永久弯曲变形。JC、JC-2、JC-3 型弹性旁承组装(拆卸)时两侧板纵向压缩后的尺寸不得小于 195 mm,JC-1 型不得小于 166 mm。纵向压头与侧板侧面接触面积不小于 45 mm(宽) ×30 mm(高),JC-1 型弹性旁承为 23 mm ×23 mm。垂向压缩侧板顶面时其接触长度不小于 40 mm,垂向下压时应防止顶板上翘。

(3)旁承磨耗板与旁承体组装时,磨耗限度凹槽应向上,须平行压入。组装后,旁承磨耗板不得松动,测量磨耗板的上表面平面度不大于 0. 5 mm,用厚 0. 8 mm、宽 10 mm 的塞尺检查旁承磨耗板与顶板间的周向局部间隙,插入深度不得大于 30 mm。

(4)须逐个检测旁承磨耗板上平面至滚子上部(JC-1 型为支承磨耗板上平面中部)的垂直距离(B 值)。

(5) 装用新品弹性旁承体时,不得在弹性旁承体与旁承座间加装调整垫板(PB 型棚车除外),新品旁承磨耗板自制造之日起到装车使用前的储存期不得超过 2 年。

(6)JC-1 型弹性旁承支承磨耗板组装时,须在支承磨耗板顶部平行压入,组装后,支承磨耗板与旁承座接触部位用厚 0. 5 mm、宽 10 mm 的塞尺检查,插入深度不大于 20 mm,组装后不得松动,侧面防脱卡应入槽。

(7)滚子轴端部平面须向下组装,组装后滚子应转动灵活。

(8)弹性旁承体与旁承座组装时,须确认旁承座与旁承体型号,不得错装。

60. CJC-1、CJC-2型分解、组装时须符合哪些要求?

答:(1)CJC-1型弹性旁承先将弹性侧板组成固定在旁承座两侧卡槽内,再用工装将旁承体组成垂直向下(上)平行装入(取出)旁承座。组装后,旁承体侧板与旁承座定位槽内侧面应密贴。CJC-2和CJC-3型弹性旁承旁承体组成可垂直向下(上)平行装入(取出)旁承座。

(2)旁承磨耗板与旁承体组装时,磨耗限度凹槽应向上,须平行压入。组装后旁承磨耗板不得松动,测量磨耗板的上表面平面度不大于0.5 mm,用厚0.8 mm、宽10 mm的塞尺检查旁承磨耗板与顶板间的周向局部间隙,插入深度不得大于30 mm。

(3)须逐个检测自由状态旁承磨耗板上平面至支承磨耗板上平面中部垂直距离(B值)。旁承体为新品时,下旁承磨耗板上平面距支撑承板上平面距离为(23±1) mm。

(4)装用新品弹性旁承体时,不得在弹性旁承体与旁承座间加装调整垫板,新品旁承磨耗板自制造之日起到装车使用前的储存期不得超过2年。

61. 交叉支撑转向架平面下心盘检修时须符合哪些要求?

答:(1)平面裂纹长度之和不大于200 mm时更换或钻止裂孔,清除裂纹后焊修,焊修后须热处理(经埋弧自动堆焊处除外),大于200 mm时报废;心盘圆脐根部圆周出现裂纹时报废,圆脐柱面出现裂纹时更换或清除裂纹后焊修,焊修后须热处理;圆锥台、螺栓孔及四角出现裂纹时更换或报废。

(2)平面磨耗大于3 mm时更换或焊修后加工,恢复原形。直径磨耗大于3 mm时更换或使用自动焊机堆焊,焊修后加工,恢复原形。圆脐内径原形 54 mm、外径原形 80 mm，磨耗大于 3 mm 时更换或堆焊后加工恢复原形尺寸。

（3）下心盘变形时更换或调修，调平后检测心盘底面平面度不大于 1 mm。

62. 交叉支撑转向架中心销检修时须符合哪些要求？

答：中心销出现裂纹时更换，弯曲时调修，直径磨耗大于 2 mm 时焊修后加工或更换。

63. 交叉支撑转向架心盘磨耗盘检修时须符合哪些要求？

答：（1）心盘磨耗盘可有 1 处从周边至中心孔的裂纹或 1 处以上长度之和不大于 150 mm 的裂纹，超限或破损时更换。导电式心盘磨耗盘的导电柱全部脱落时，更换为新品。

（2）心盘磨耗盘立面磨耗大于 2 mm 时更换；底面磨耗：转 8B、转 8AB、转 8AG、转 8G 型不大于 2 mm，DZ1、转 K2、转 K6、转 E21、转 E22 型和 C_{76B} 型车装用的 25 t 轴重转向架不大于 3 mm，超限时更换。新品心盘磨耗盘须为导电式结构，自制造之日起到装车使用前的储存期不得超过 2 年。

64. 转 K2C 型转向架导向销检修时须符合哪些要求？

答：（1）导向销出现垂向裂纹时须钻止裂孔，清除裂纹焊修，焊后磨修圆滑；导向销出现横向裂纹或直径磨耗超过 3 mm 时更换。

（2）导向销根部 *R*15 mm 圆弧及两侧各 15 mm 范围内须探伤检查，出现裂纹时更换，该处不允许焊修。

（3）导向销组装时，须使用 LMY-T22-50-G 型拉铆钉、LMTP-T22-G 型套环连接（其中靠近导向销立面的 4 个套环也可采用 LMTJ-T22-G 型），不得采用其他型号的拉铆钉、套环或螺栓。

65. 转 8B、转 8AB、转 8AG、转 8G 型交叉支撑装置与下拉杆的间隙组装时须符合哪些要求？

答：（1）制动位上部间隙：转 8AG、转 8AB 型不小于 12 mm；转 8G、转 8B 型不小于 18 mm。

(2)缓解位下部间隙不小于10 mm。

66. 同一辆车交叉支撑转向架制动梁及闸瓦组装时须符合哪些要求?

答:(1)同一辆车制动梁及闸瓦形式须一致,闸瓦应为新品。转K2型转向架原装用低摩闸瓦时,须按规定换装为L-B型组合式制动梁、高摩合成闸瓦。原车装用组合式制动梁时不得换装为槽钢制动梁。DZ1型转向架须装用L-B1型组合式制动梁、GM915D型高摩合成闸瓦。

(2)安装防脱制动梁时,须逐个测量闸瓦托防脱翼板下平面与侧架滑槽上挡铸筋之间的间隙,间隙不小于13 mm。

(3)闸瓦插销须安装闸瓦插销环。制动状态时,各闸瓦须贴靠车轮踏面。

(4)安装制动梁安全链螺母时,须装弹簧垫圈或背母。制动位的安全链松余量:槽钢制动梁为20~50 mm,DZ1型转向架装用的L-B1型组合式制动梁为50~80 mm,BAB型集成制动装置装用的TMX系列制动梁为70~120 mm,其他组合式制动梁为40~70 mm。

(5)安装制动梁后,须在闸瓦托内侧使用安全索将交叉杆与制动梁缠绕后卡牢(中交叉支撑转向架除外),安全索须为符合要求的安全索。DZ1型转向架横跨梁安全索的两端端头分别穿过制动梁安全链眼环螺栓端头第一个链环和横跨梁安全索安装孔,并插入对应端接头第一个开叉内并确认卡牢。安装前应检查安全索,钢丝绳断股或端头、绳箍松动时更换。BAB型集成制动安全索须为符合要求的安全索。

(6)转8B、转8AB、转8AG、转8G、转E21、转E22型转向架装用无下拉杆安全吊的L-B型制动梁时,须采用安全索将下拉杆与制动梁套在一起。

67. 同一辆车交叉支撑转向架承载鞍组装时须符合哪些要求?

答:(1)同一辆车上承载鞍型号须一致,新旧型不得混装,承载鞍、轴箱橡胶垫制造标记须向外。

(2)转8B、转8AB、转8AG、转8G型侧架承载鞍支承面与承载鞍顶面(或与磨耗板顶面)须接触良好,局部间隙用1 mm塞尺检查,深入量不大于20 mm。

(3)21 t轴重转向架承载鞍挡边外侧与前盖、后挡凸缘间隙均不小于2 mm。

(4)轮对、承载鞍须放置正位;轴箱橡胶垫外置铜绞线须装于侧架内侧;承载鞍推力挡肩内径与前盖、后挡最大外径的径向间隙不小于2 mm。

(5)转8AG、转8G型转向架承载鞍顶面可安装钢垫板,同一轮对须同时安装,车轮直径小于ϕ770 mm时,须在承载鞍上安装1块钢垫板。转8AB、转8B型承载鞍与侧架间不允许加装活动垫板,车轮直径不得小于ϕ770 mm。

(6)承载鞍与导框间隙须符合规定,轴承外圈与导框间隙不小于2 mm。

68. 同一辆车交叉支撑转向架横跨梁组装时须符合哪些要求?

答:(1)横跨梁组装螺栓须为4.8级,垂直移动量为3~5 mm,开口销须插入螺母的槽口,双向劈开,调整垫圈数量不超过3个。转K2型转向架低摩制动改造后,装用的横跨梁须符合要求。

(2)横跨梁垫板与横跨梁托调整垫板的间隙不大于1 mm。

(3)横跨梁调整垫板总厚度为0~12 mm,不得超过2块,且应安装在尼龙磨耗板的下面。

69. 交叉支撑转向架平面下心盘垫板组装时须符合哪些要求?

答:(1)转K2、转8B、转8AB、转8AG、转8G型转向架使用钢质或竹质垫板,竹质垫板厚度不大于40 mm;钢质、竹质垫板混装时,钢质垫板须放于底层。

(2)转K2、转8B、转8AB、转8AG、转8G型转向架的下心盘垫板总厚度不大于60 mm,厚度小于20 mm时,须使用每块厚度不小于8 mm的钢质垫板。

(3)竹质垫板可于车辆横向2块拼装,各占一半。

(4)竹质垫板除可与钢质垫板叠装外,须单层使用,厚度不小于20 mm。

(5) DZ1、转K6、转E21、转E22型和C_{76B}型车装用的25 t轴重转向架须使用钢质垫板,不超过2块,总厚度不大于40 mm。

(6)钢质垫板厚度DZ1型为8~30 mm,其他型为6~30 mm,材质为Q235A。钢质垫板超过1层时,须在钢板层间四周点焊固。

70. JC系列双作用弹性旁承组装时须符合哪些要求?

答:(1)旁承座与摇枕旁承盒间允许加装总厚度不大于30 mm,调整垫板进行调整,调整垫板数量不大于3块。下旁承磨耗板上平面与下心盘上平面的垂直距离(不含心盘磨耗盘)应符合规定。

(2)当下旁承调整垫板厚度达到30 mm仍不能满足C值时,旁承磨耗板上平面至下心盘上平面垂直距离实测值与C值的差作为上旁承调整的依据。

(3)旁承座与摇枕旁承盒纵向间隙之和不大于1 mm(1 mm厚度塞尺在调整垫片全宽范围内检查不得通过),大于1 mm时须调整纵向间隙调整垫片厚度。纵向调整垫片厚度不小于3 mm,垫片焊角不小于3 mm,垫片须与摇枕旁承盒内侧壁接触。必要时,摇枕旁承盒两端可同时焊装调整垫片。

(4)JC-1型旁承支承磨耗板伸出部位的下平面与摇枕旁承盒顶面垂向间隙不小于2 mm,小于2 mm时需修磨旁承盒。

(5)组装时须确认弹性旁承型号,不得错装。JC-2型旁承座侧面设有1个防误装凹槽,JC-3型旁承座侧面设有2个防误装凹槽,JC型旁承座侧面无防误装凹槽,配套摇枕旁承盒内设有与JC-2、JC-3型旁承座防误装凹槽相对应挡块。

71. 交叉支撑转向架心盘组装时须符合哪些要求?

答:(1)下心盘组装时,须使用FS型或BY-B、BY-A型防松螺母，并配套使用强度符合 GB/T 3098.1 规定的 10.9 级、精度等级符合 GB/T 9145 标准 6g 要求的螺栓，螺栓头部须有 10.9 级标记；装用 BY 型防松螺母时须安装符合 GB/T 7244 规定的加重型弹簧垫圈，装用 FS 型防松螺母时，取消弹簧垫圈并安装符合 GB/T 6172.1 要求、性能等级为 04 级的薄螺母。螺栓规格：21 t 轴重为 M22，23 t、25 t、27 t 轴重为 M24。心盘螺栓拧紧力矩：FS 型不小于 300 N·m，BY 型 M22 螺栓为 747～830 N·m、M24 螺栓为 941～1 046 N·m。M22 螺栓安装 ϕ4 mm 或 ϕ5 mm 开口销，M24 螺栓安装 ϕ5 mm 开口销。

(2)摇枕心盘安装座与心盘接触面螺栓孔周围的毛刺须清除，凸起须磨平。

(3)安装心盘磨耗盘时，下心盘内及心盘磨耗盘内外表面不得有油污、油漆、尘土、铁屑等异物，须装用导电式尼龙心盘磨耗盘。

72. 简述转向架落成时旁承组装要求。

答：(1)旁承座与摇枕旁承盒间允许加装总厚度为不大于 50 mm、数量不大于 3 块的调整垫板。下旁承磨耗板上平面与下心盘上平面的垂直距离(不含心盘磨耗盘)须符合最新版《铁路货车段修规程》的要求。

(2) CJC-1 型、CJC-2 型弹性旁承与摇枕组装时，应保证挡块与摇枕旁承盒密贴，非挡块侧旁承座与摇枕旁承盒上部用 1.5 mm 厚度塞尺检查不得插入，0.5 mm 厚度塞尺检查不得贯通，组装完成后应保证旁承座在旁承盒中无晃动，挡块与摇枕旁承盒的搭接量不小于 40 mm，用不同规格的挡块进行调整。

73. 交叉支撑转向架哪些部位须涂抹润滑脂?

答：除下列部位外，摩擦转动部位须涂润滑脂：摩擦式减振器、轴承外圈与承载鞍内鞍面间，承载鞍与侧架导框间，承载鞍与钢垫或轴箱橡胶弹性件各接触面间，承载鞍钢垫或轴箱橡胶弹性件与侧架导框各接触面间，心盘与磨耗盘间，上下旁承间，斜楔主摩擦板与侧架立柱磨耗板间,斜楔副磨耗面与摇枕斜楔磨耗板间,滑块磨耗套与滑槽磨耗板间。橡胶弹性旁承任何部位不得涂抹润滑脂。

74. 摆式转向架铸钢侧架 A、B 部位焊修时须符合哪些要求?

答:A、B 部位或 A 区出现横向裂纹时更换。侧架摇动座支承安装槽底面出现横向裂纹长度不大于 60 mm,其他部位的横向裂纹长度不大于裂纹处断面周长的 50% 时焊修,焊波须高于基准面 1 ~ 2 mm,焊修后热处理;大于 60 mm 时更换。

75. 摆式转向架铸钢侧架导框焊修时须符合哪些要求?

答:侧架导框导台两侧摩擦面距离原形:转 K4 型为(67 ±2) mm、转 K5 型为(78 ±2) mm。单侧磨耗(含局部磨耗)深度:转 K4 型大于 3 mm、转 K5 型大于 4 mm 或两侧之和大于 6 mm 时堆焊后磨修;导框导台两内挡面距离原形:转 K4 型为 $184^{+1.5}_{-0.5}$ mm、转 K5 型为 $196^{+1.5}_{-0.5}$ mm,磨耗深度之和大于 6 mm 或影响组装间隙时,堆焊后磨修。

76. 摆式转向架铸钢侧架 DZ2 型侧架导框焊修时须符合哪些要求?

答:DZ2 型侧架导框横向两侧摩擦面距离为 $127^{\ 0}_{-1}$ mm,单侧磨耗(含局部磨耗)大于 3 mm 或两侧磨耗之和大于 4 mm 时,堆焊后加工恢复原形。

77. 摆式转向架铸钢侧架转 K5 型侧架导框焊修时须符合哪些要求?

答:转 K5 型侧架制动梁滑槽无防止制动梁脱出挡块时,须焊装挡块,同时去除原车的前制动杠杆止挡。原止挡焊缝开裂时焊修,丢失时补装。

78. 摆式转向架铸钢侧架滑槽磨耗板焊修时须符合哪些要求?

答:滑槽磨耗板磨耗深度大于 3 mm 或出现裂纹、松动时更换新品，焊缝开裂时焊修，丢失时补装。新品卡入式滑槽磨耗板材质为 T10；滑槽磨耗板压装前须清除滑槽磨耗板平面及滑槽内表面焊渣和凸起物，上下表面须平整，不得涂抹任何油脂，压装须正位（滑槽磨耗板凸起落入滑槽凹槽内），不正位时须进行调整直至正位。检修完成后，须使用侧架制动梁滑槽轮廓样板检测滑槽形状，滑槽全深范围内贯通检测须合格。

79. 摆式转向架铸钢侧架立柱磨耗板检修时须符合哪些要求？

答：（1）丢失时补装，裂损或磨耗大于 3 mm 时更换。折头螺栓松动时更换，丢失时补装新品。

（2）侧架立柱磨耗板材质为 45 钢，须采用 ZT 型折头螺栓紧固，紧固力矩转 K4、转 K5 型为 530～660 N·m，DZ2 型为 500～550 N·m。螺栓端头不得高于侧架立柱磨耗板表面，凸出部分磨修平整。

（3）新装立柱磨耗板与侧架的间隙：

①DZ2 型转向架用厚度为 0.8 mm（顶部用 1 mm）塞尺检查，插入深度不得大于 13 mm。

②其他型转向架用 1 mm 塞尺检查，插入深度不得大于 13 mm。

80. 横跨梁检修时须符合哪些要求？

答：横跨梁托变形时调修或更换，出现裂纹或腐蚀深度大于 30% 时更换，孔径磨耗大于 3 mm 时焊修或更换。

81. 挡键检修时须符合哪些要求？

答：挡键裂损时更换，挡键及螺栓变形影响使用时更换，伸缩式挡键铆钉失效、丢失时补装。

82. 段修时铸钢摇枕焊修时须符合哪些要求？

答：（1）A、B 部位出现横向裂纹时更换，其他部位上平面、侧面横向裂纹长度不大于裂纹处断面周长的 20%，底面横向裂纹长度不大于底面宽度的20%时焊修(测量周长或宽度时,铸孔计算在内,测量裂纹长度时,铸孔不计算在内),焊波须高于基准面1~2 mm,焊修后进行热处理;大于20%时更换。

(2)出现纵向裂纹或内壁加强筋、心盘销座裂纹时焊修。下旁承盒出现裂纹、缺损时焊修或更换。

(3)转K4、转K5型摇枕斜楔槽内、外表面距离原形为146 mm,磨耗后大于152 mm时,对中焊修后磨平,恢复原形。

(4)摇枕心盘螺栓孔磨耗大于2 mm、心盘销孔磨耗大于3 mm时,堆焊后加工。

83. 摆式转向架铸钢摇枕摇枕头部磨耗部位检修时须符合哪些要求?

答:(1)转K4、转K5型摇枕头部两侧面宽度方向原形尺寸分别为388_{-3}^{0} mm和438_{-3}^{0} mm,两侧面单侧壁厚磨耗大于4 mm时(壁厚原形为$21_{-1.5}^{+3.0}$ mm)对中堆焊后磨平,恢复原形尺寸。

(2)DZ2型摇枕头部两侧面宽度方向原形尺寸为464_{-3}^{0} mm,两侧面单侧壁厚磨耗大于3 mm时(壁厚原形为$19_{-0.8}^{+3.0}$ mm)对中须堆焊后磨平,恢复原形尺寸。摇枕端部两侧横向运动止挡厚度为25 mm,磨耗大于4 mm时堆焊后磨平,恢复原形尺寸。

84. 摆式转向架铸钢摇枕斜楔摩擦面磨耗板检修时须符合哪些要求?

答:(1)焊缝开裂时焊修,出现裂纹时更换为新品,丢失时补装。

(2)磨耗大于3 mm时更换为新品,磨耗板材质为0Cr18Ni9(新牌号为06Cr19Ni10)。

(3)焊装磨耗板前摇枕斜楔摩擦面须平整,摇枕斜楔摩擦面磨耗板与摇枕须段焊。

(4)DZ2型转向架卡入式摇枕斜楔摩擦面磨耗板松动、出现裂纹、磨耗大于 3 mm 时更换新品。磨耗板两翼边内侧间距原形为 168 ~ 172 mm，小于 168 mm 或大于 176 mm 时更换为新品。

85. 摆式转向架铸钢摇枕上拉杆检修时须符合哪些要求?

答: 摇枕上拉杆托架焊缝开裂时焊修、变形时调修、出现裂纹时更换，托架轴弯曲时调修，含油尼龙滚套和副滚套出现裂纹或外表面磨耗深度大于 3 mm 时更换。DZ2 型摇枕上拉杆托架组成的尼龙托板表面磨耗深度大于 3 mm 时更换新品。

86. 摆式转向架转 K4A、转 K4B 型摇枕检修时须符合哪些要求?

答:（1）转 K4A 型摇枕旁承承载面上的下旁承磨耗板出现焊缝开裂时，清除原焊接缺陷焊修。

（2）转 K4A 型摇枕旁承滑槽两侧面的下旁承磨耗板焊缝开裂时，清除原焊接缺陷焊修。转 K4A 型转向架摇枕导向凹槽立面磨耗深度不大于 1.5 mm。

（3）转 K4B 型摇枕上的下旁承磨耗板出现裂纹或磨耗大于 3 mm 时更换，下旁承磨耗板材质为 0Cr18Ni9，厚度为 8 mm，与摇枕组装时须使用 FS 型或 BY 型 M16 防松螺母，安装 ϕ4 mm 开口销，并配套使用强度符合 GB/T 3098.1 规定的 10.9 级、精度等级符合 GB/T 9145 中 6g 要求的螺栓，螺栓头部须有 10.9 级标记。装用 BY 型防松螺母须安装符合 GB/T 7244 要求的重型弹簧垫圈。装用 FS 型防松螺母须取消弹簧垫圈，并安装符合 GB/T 6172.1 要求性能等级为 04 级的薄螺母。

87. 段修时摆式转向架摇动座检修时须符合哪些要求?

答:（1）须分解，摇动轴下部圆弧面与样板间隙大于 2 mm 时更换；中央脊背部上平面弯曲变形大于 3 mm 时更换。

（2）摇动座的 A、B 部、耳轴圆弧区域及耳轴与方梁间的过渡区域须除锈、磁粉探伤检查，裂纹深度不大于 2 mm 时磨修消除裂纹，大于时更换；其他部位外观检查，出现裂纹时焊修，焊后局部热处理。

88. 段修时转K4、转K5型导框摇动座检修时须符合哪些要求?

答:转K4、转K5型转向架须全部装用识别标记为“A”或“A1”的小半径圆弧导框摇动座,配套装用符合要求的垫片、固定块及减振弹簧,导框摇动座检修须符合下列要求:

(1)导框摇动座须随摇枕、侧架一起进行翻转检查,外观状态良好时可不分解。出现裂纹、破损时更换,固定块变形、丢失、焊缝开裂时分解检修。

(2)导框摇动座圆弧面磨耗后,任一端弧顶与中部弧顶面高度差H大于3.5 mm或出现裂纹时,须更换导框摇动座。

(3)导框摇动座分解后重新组装时,垫片、固定块装用新品。

89. 段修时转K4、转K5型转向架承载鞍和导框摇动座检修时须符合哪些要求?

答:转K4、转K5型转向架承载鞍和导框摇动座需要更换时,同一转向架更换的承载鞍和导框摇动座必须相互匹配,即识别标记为“A”和“A1”的R80 mm小圆弧半径承载鞍配识别标记为“A1”的R70 mm小圆弧半径导框摇动座。转K4型转向架装用的识别标记为“A”的承载鞍和导框摇动座报废需补充时,应补充识别标记为“A1”的承载鞍和导框摇动座;转K5型转向架装用的识别标记为“A”的承载鞍和导框摇动座报废需补充时,应补充识别标记为“A1”的承载鞍和导框摇动座;配套装用符合要求的导框摇动座固定块。

90. 段修时DZ2型摆动装置检修时须符合哪些要求?

答:(1)摆动装置不分解,仅做外观检查,弹簧托板出现裂纹、摇动座裂损、连接螺栓松动时更换新品。

(2)更换弹簧托板、摇动座或摇动座支承需分解摆动装置时,如采用火焰切割，去除防松螺栓时，不得伤及弹簧托板及摇动座。

91. 段修时各型弹簧检修时须符合哪些要求？

答：各型弹簧应逐个进行外观检查，有下列情况之一时报废：

（1）折断、裂损时。

（2）自由高低于规定的下限时。

（3）弹簧圆钢直径腐蚀、磨耗大于原形的8%时。

（4）弹簧支承圈不足5/8圈时。

92. 摆式转向架转K4型摇枕弹簧、减振弹簧组装时须符合哪些要求？

答：摇枕弹簧、减振弹簧组装时须选配，装配时内、外圈旋向相反，同一辆车的摇枕弹簧、减振弹簧规格、型号须分别相同，并符合下列要求。

（1）同一转向架同组减振外簧、摇枕外簧自由高度差均不大于3 mm。

（2）同一转向架同组内簧自由高度差不大于2 mm。

（3）同一组两级刚度弹簧内、外圈自由高度差：摇枕弹簧为35～41 mm，减振弹簧为32～38 mm。

93. 摆式转向架转K5型摇枕弹簧、减振弹簧组装时须符合哪些要求？

答：摇枕弹簧、减振弹簧组装时须选配，装配时内、外圈旋向相反，同一辆车的摇枕弹簧、减振弹簧规格、型号须分别相同，并符合下列要求。

（1）同一转向架同型外圆弹簧自由高度差不大于3 mm。

（2）同一转向架同型内圆弹簧自由高度差不大于2 mm。

（3）同一组两级刚度弹簧内、外簧自由高度差：摇枕弹簧为33～39 mm，减振弹簧为35～41 mm。

94. 摆式转向架DZ2型摇枕弹簧、减振弹簧组装时须符合哪些要求？

答：摇枕弹簧、减振弹簧组装时须选配，装配时内、外圈旋向相反,同一辆车的摇枕弹簧、减振弹簧规格、型号须分别相同,并符合下列要求。

(1)同一转向架同型圆柱螺旋弹簧自由高度差不大于3 mm。

(2)同一侧架上同型内簧或同型外簧自由高度差不大于2 mm。

(3)减振弹簧内、外圈自由高度差不大于2 mm。

(4)同一组两级刚度弹簧内、外圈自由高度差为35~39 mm。

95. 摆式转向架组合式斜楔组装时须符合哪些要求?

答:(1)斜楔体材质:转K4型为针状马氏体铸铁或贝氏体球墨铸铁,转K5型为贝氏体球墨铸铁(ADI),出现裂纹时更换为新品。

(2)副摩擦面磨耗大于3 mm时更换斜楔体。

(3)主摩擦板材质为高分子材料,原形厚度10 mm。DZ2型磨耗大于3 mm,转K4、转K5型磨耗大于4 mm时更换。

(4)主摩擦板四角断裂区域限度为35 mm×35 mm,两角断裂区域限度为60 mm×60 mm,断裂区域限度或缺损面积之和大于总面积的15%时更换。

(5)主摩擦板背面与斜楔体安装面间隙大于3 mm时调整,垫圈厚度为2~8 mm。

96. 摆式转向架承载鞍检修时须符合哪些要求?

答:(1)承载鞍磨耗超限、出现裂纹、裂损、变形时报废。

(2)转K4、转K5型凹形顶面磨耗不大于3.5 mm时消除棱角,大于3.5 mm时更换为新品。

(3)推力挡肩原形:DZ2型转向架装用的SF-1型承载鞍为$173^{+1.5}_{0}$ mm,转K4型为$153^{+1.6}_{0}$ mm,转K5型为163 mm。两端磨耗后DZ2型不大于175.8 mm、转K4型不大于155.8 mm、转K5型不大于165.8 mm时消除棱角,大于时更换为新品。

(4)导框挡边内侧面横向距离原形:DZ2型转向架装用的SF-1型为(145±1) mm,转K4型标记为“A”者79 mm、标记为“A1”者

85 mm,转 K5 型标记为“A”者 92 $^{+2}_{0}$ mm、标记为“A1”者 98 mm。两侧磨耗之和大于 6 mm 时,更换为新品。

(5)导框挡边底面水平距离原形:转 K4 型为 182 mm 、转 K5 型为 194 mm,其他型两侧磨耗之和不大于 6 mm。

(6)鞍面径向(半径)磨耗大于 0.5 mm 时,更换为新品;鞍面磕、碰伤应消除凸起部分;鞍面两侧凹槽不得存在高于内鞍面的凸起点。

97. 摆式转向架轴箱弹性悬挂装置检修时须符合哪些要求?

答:DZ2 型转向架的 TBS-1 型轴箱橡胶弹簧所装铜导线、紧固件丢失时补装,TBS-1 型轴箱橡胶弹簧和 TBZ-1 型轴箱纵向弹性垫允许有龟裂,有下列情况之一时更换为新品:

(1)橡胶体表面出现的裂纹深度大于 5 mm 且长度大于龟裂边边长的 30% 时。

(2)橡胶体与金属体可存在剥离,但剥离深度大于 5 mm 且连续剥离长度大于剥离边边长的 20% 或累积剥离长度大于剥离边边长的 30% 时。

(3)TBZ-1 型轴箱纵向弹性垫下部变形后开口或橡胶撕裂时。

98. 转 K4、转 K5 型转向架装用的 BD 型弹性旁承检修时须符合哪些要求?

答:(1)旁承磨耗板原形厚度 12 mm,顶面磨耗不大于 3 mm。

(2)橡胶体可有龟裂,但表面裂纹深度大于 5 mm 或长度大于周长的 50% 时更换。

(3)橡胶体与金属体可存在剥离,但连续剥离长度大于上、下表面圆周周长的 33% 或累积剥离长度大于上、下表面圆周周长的 50% 时更换。

(4)旁承体上、下部底平面的距离 A 小于 10 mm 时更换为新品;距离为 10 ~ 12 mm 时,应在旁承体下平面加装带孔的旁承垫板，将 A 值调整至 14^{+1}_{0} mm，垫板厚度为（$14-A$）mm。

99. DZ2 型转向架装用的 CZC-1 型弹性旁承组成检修时须符合哪些要求？

答：（1）旁承滚子外径径向磨耗、腐蚀深度大于 2 mm 或严重变形影响作用时更换新品。滚子轴端部平面须向下组装，组装后滚子转动应灵活。

（2）旁承磨耗板顶面磨耗不大于 3 mm。

（3）橡胶体允许有龟裂，但表面裂纹深度大于 5 mm 或长度大于周长的 50% 时更换。

（4）橡胶体与金属体可存在剥离，但连续剥离长度大于上、下表面圆周周长的 33% 或累积剥离长度大于上、下表面圆周周长的 50% 时更换。

（5）旁承体原形高度 143 mm，自由状态下高度小于 136 mm 或换装新品旁承磨耗板后高度小于 139 mm 时更换为新品。

（6）须逐个检测自由状态旁承磨耗板上平面至滚子上部垂直距离 B 是否符合规定。允许装用不同厚度且在检修限度内的旁承磨耗板，以调整 B 值达到规定。

100. 摆式转向架平面下心盘检修时须符合哪些要求？

答：（1）平面裂纹长度之和不大于 200 mm 时更换或钻止裂孔，清除裂纹后焊修，焊修后须热处理（经埋弧自动堆焊处除外），大于 200 mm 时报废；心盘圆脐根部圆周出现裂纹时报废，圆脐柱面出现裂纹时更换或清除裂纹后焊修，焊修后须热处理；圆锥台、螺栓孔及四角出现裂纹时报废。

（2）平面磨耗大于 3 mm 时更换或焊修后加工，恢复原形。直径磨耗大于 3 mm 时更换或使用自动焊机堆焊，焊修后加工，恢复原形。圆脐内径原形 54 mm、外径原形 80 mm，磨耗大于 3 mm 时更换或堆焊后加工恢复原形尺寸。

（3）下心盘变形时更换或调修，调平后检测心盘底面平面度不大于 1 mm。经调修后的心盘各部应无裂纹。发现焊波开裂应铲除焊波重新焊修(不再回火)。

101. 摆式转向架中心销检修时须符合哪些要求?

答:(1)中心销出现裂纹时更换,弯曲时调修,直径磨耗大于 2 mm 时焊修后加工或更换。

(2)转 K4B 型摇枕的中心销筒磨耗套材质为 20 钢。磨耗套焊缝开裂时,清除焊接缺陷重焊,出现裂纹或直径磨耗大于 3 mm 时更换,更换磨耗套时与摇枕段焊。

102. 摆式转向架心盘磨耗盘检修时须符合哪些要求?

答:(1)心盘磨耗盘可有 1 处从周边至中心孔的裂纹或 1 处以上长度之和不大于 150 mm 的裂纹,超限或破损时更换。导电式心盘磨耗盘的导电柱全部脱落时,更换为新品。

(2)心盘磨耗盘立面磨耗大于 2 mm、底面磨耗大于 3 mm 时更换,新品心盘磨耗盘须为导电式结构,自制造之日起到装车使用前的储存期不得超过 2 年。

103. 转 K4、转 K5 型摇动座、摇动座支承与侧架组装时须符合哪些要求?

答:转 K4、转 K5 型摇动座、摇动座支承与侧架组装时,检测侧架中部下弦杆上平面限制摇动座摆动角,侧架中部下弦杆上平面限制摇动座摆动角的凸台面,在摇动座朝侧架一侧倾斜至不能移动时分别用样板检查,全长范围内通端通过、止端止住。通端不能到位时可在摇动座支承底面与侧架间安装一块 94 mm × 84 mm × (2 ~ 3) mm 的钢垫板;样板止端触底时,可调整摇动座支承底面的钢垫板的厚度或将侧架凸台面堆焊后磨平。弹簧托板与摇动座组装时,须在弹簧托板上部与各折头螺栓间加装 1 个符合 GB/T 97. 1 规定的垫圈 22,并配套装用符合要求的 ZT 型圆柱折头螺栓。

104. 摆式转向架下旁承组装时须符合哪些要求?

答:(1)下旁承上平面与下心盘上平面距离超限时调整下旁承

垫板。

(2)转K4型下旁承垫板总厚度不大于25 mm,数量不大于3块。当心盘垫板厚度大于25 mm时,可在上旁承焊装厚度不小于20 mm的垫板。

(3)DZ2型转向架下旁承调整垫板总厚度不大于50 mm,数量不大于3块,转K5型下旁承垫板总厚度不大于30 mm,数量不大于3块。

(4)BD型旁承座与摇枕旁承盒纵向由锁紧斜铁楔紧,锁紧斜铁上端面不得高于旁承体下部的上平面。

(5)CZC-1型弹性旁承与摇枕组装时,应保证锁紧斜铁与摇枕旁承盒密贴,组装完成后应保证旁承体在旁承盒中无晃动,锁紧斜铁上表面与旁承磨耗板上表面垂直距离须大于30 mm,用不同规格的锁紧斜铁进行调整。

(6)同一辆车应装用同一型号旁承,旁承座安装方向须为:同一摇枕相反,同一辆车同侧同向。

105. 摆式转向架除哪些部位外,摩擦转动部位须涂润滑脂?

答:除以下部位外,摩擦转动部位须涂润滑脂:摩擦式减振器、轴承外圈与承载鞍内鞍面间,承载鞍与侧架导框间,承载鞍与轴箱橡胶弹性件各接触面间,轴箱橡胶弹性件与侧架导框各接触面间,心盘与磨耗盘间,上下旁承间,斜楔主摩擦板与侧架立柱磨耗板间,斜楔副磨耗面与摇枕斜楔磨耗板间,摇动座与摇动座支承间,滑块磨耗套与滑槽磨耗板间。橡胶弹性旁承任何部位不得涂抹润滑脂。

106. 转K4A、转K4B型转向架组装时须符合哪些要求?

答:(1)转K4B型转向架可在旁承磨耗板下加钢质垫板,数量不超过2块,总厚度不大于40 mm。使用两块垫板时须在钢板层间四周点焊固。

(2)转K4B型转向架落成后进行压吨试验,旁承磨耗板上平面

距轨面的高度为 663^{+10}_{0} mm,空车两旁总承载荷为 46. 7kN。

(3) 转 K4B 型转向架落成后,两侧旁承磨耗板上平面高度差不大于 2 mm。

(4)转 K4A 型转向架落成后进行压吨试验,转向架上的磨耗板上平面距轨面的高度不小于 638 mm,空车两旁总承载荷为 46. 7kN,小于时换装新车轮。均载装置的上旁承磨耗板(2 位)厚度应根据 2 位转 K4A 型转向架落成后的空车高进行调整,相应的安装螺钉进行加长,选配的上旁承磨耗板(2 位)材料为含油尼龙。

107. 转向架铸钢侧架焊修时应符合哪些要求?

答:(1)A、B 部位或 A 区出现横向裂纹时更换;其他部位的横向裂纹长度不大于裂纹处断面的 50% 时焊修,焊波须高于基准面 1 ~2 mm,焊后须进行热处理;大于时更换。

(2)25 t 轴重副构架转向架侧架止挡凸台间距原形为170 mm,磨耗小于 165 mm 或单侧磨耗大于 3 mm 时,堆焊加工,恢复原形尺寸。

(3)DZ3 型侧架止挡凸台原形高度为 1. 5 ~3 mm,当高度小于 1 mm 时,更换侧架或止挡凸台对中焊修后磨平,恢复至原形尺寸。

(4)侧架立柱与摇枕挡内表面配合处磨耗大于 3 mm 时,堆焊后修磨,恢复原形尺寸。

108. 转向架铸钢侧架立柱磨耗板检修时应符合哪些要求?

答:(1)侧架立柱磨耗板原形厚度 10 mm,丢失时补装,磨耗大于 3 mm、裂损或松动时更换。

(2)侧架立柱磨耗板材质为 45 钢。

(3)侧架立柱磨耗板组装时采用 ZT 型平头折头螺栓紧固,折头螺栓须折断,紧固扭矩应为 500 ~550 N · m。螺栓端头不得高于磨耗板平面,凸出部分磨修平整。

(4)新组装磨耗板与侧架立柱面的间隙:

①DZ3 型转向架用厚度为0.8 mm(顶部用1 mm)塞尺检查,插入深度不得大于13 mm。

②25 t 轴重副构架型转向架用厚度为1 mm 塞尺检查,任意一处不得触及螺杆。

109. 转向架铸钢侧架滑槽磨耗板检修时应符合哪些要求?

答:滑槽磨耗板磨耗深度大于3 mm 或出现裂纹、松动时更换,丢失时补装。新品卡入式滑槽磨耗板材质为T10;滑槽磨耗板压装前须清除滑槽磨耗板平面及滑槽内表面焊渣和凸起物,上下表面须平整,不得涂抹任何油脂,压装须正位(滑槽磨耗板凸起落入滑槽凹槽内),不正位时须进行调整直至正位。检修完成后,须使用侧架制动梁滑槽轮廓样板检测滑槽形状,滑槽全深范围内贯通检测须合格。

110. 转向架铸钢摇枕焊修时应符合哪些要求?

答:(1) A、B 部位出现横向裂纹时更换,其他部位上平面、侧面横向裂纹长度不大于裂纹处断面周长的20%,底面横向裂纹长度不大于底面宽度的20% 时焊修(测量周长或宽度时,铸孔计算在内,测量裂纹长度时,铸孔不计算在内),焊波须高于基准面1 ~ 2 mm,焊修后进行热处理;大于时更换。

(2)出现纵向裂纹或内壁加强筋、心盘销座裂纹时焊修。摇枕挡或下旁承盒出现裂纹、缺损时焊修或更换。

(3)摇枕挡内、外表面距离原形:DZ3 型为$279_{-4}^{\ 0}$ mm,25 t 轴重副构架型为275 mm。磨耗后DZ3 型大于283m、25 t 轴重副构架型大于279 mm 时对中焊修后磨平,恢复原形尺寸。

(4)摇枕斜楔槽内、外表面距离原形:DZ3 型为176_{-1}^{+2} mm,25 t 轴重副构架型为180_{-1}^{+2} mm。磨耗后DZ3 型大于182 mm、25 t 轴重副构架型大于186 mm 时,须对中焊修后磨平,恢复原形尺寸。

(5)摇枕心盘螺栓孔磨耗大于2 mm、心盘销孔磨耗大于3 mm

时堆焊后加工。

(6)25 t 轴重副构架型摇枕旁承座安装孔孔径大于 ϕ23 mm 时,须焊修、磨修后重新钻孔,恢复原形至 ϕ21 mm。

(7)固定杠杆支点座衬套直径磨耗大于 2 mm 时,扩孔镶套或更换。DZ3 型固定杠杆支点座上的内球套磨耗不大于 2 mm,大于时更换。

(8)DZ3 型摇枕弹簧定位圆脐磨耗部位直径小于 35 mm 时,须堆焊后磨修,恢复至原形尺寸。

111. 转向架铸钢摇枕斜楔摩擦面磨耗板检修时应符合哪些要求?

答:(1)焊缝开裂时焊修,裂损、磨耗大于 3 mm 时更换为新品。

(2)斜面磨耗板材质为 0Cr18Ni9(新牌号为 06Cr19Ni10)。

(3)25 t 轴重副构架型焊装磨耗板前摇枕斜楔摩擦面基准面须平整,否则须堆焊后磨平,斜面磨耗板与摇枕的焊接。

(4)焊后用 0.8 mm 塞尺检查,插入深度不大于 13 mm。

(5) DZ3 型转向架装用的 BLM-1 型斜面磨耗板应符合下列要求:

①裂损、磨耗大于 3 mm 时更换新品。组装前摇枕斜楔摩擦面基准面须平整,否则须堆焊后磨平。

②折头螺栓应用扭矩扳手进行检查,扭矩值不小于 230 N · m,其中内侧螺栓扭矩不作检查要求,折头折断部位不得高于磨耗板平面,超出后或有毛刺时应修磨平整。

③防松片组装后止耳均应撬起,每组两个止耳中应至少有一个贴靠在螺母的六方平面上。

112. 25 t 轴重副构架型转向架轮对径向(副构架)装置有哪些情况时,须修复或更换副构架?

答:(1)副构架出现裂纹时应焊补磨平,横向裂纹长度超过 15 mm 时更换。

(2)鞍面径向(半径)磨耗大于0.5 mm时更换。

(3)鞍面内推力挡肩磨耗后,两端距离不大于165.8 mm时消除棱角,大于时更换。

113. 转向架轮对径向(副构架)装置交叉拉杆检修时应符合哪些要求?

答:(1)副构架与交叉拉杆组装用圆销径向磨耗大于0.3 mm时更换。

(2)交叉拉杆出现裂纹时应更换。

(3)交叉拉杆两端孔与衬套配合应紧密,衬套松动或衬套内径大于30.8 mm时应更换衬套。

(4)交叉拉杆端头厚度尺寸为(35 ± 0.5) mm,磨耗焊修、磨平,厚度小于32 mm时须更换新品。

114. DZ3型转向架轮对径向(副构架)装置的FG-A型U形副构架检修时应符合哪些要求?

答:(1) A、B部位出现横向裂纹时更换。

(2)其他部位横向裂纹长度不大于裂纹处断面周长的20%时焊修(测量周长或宽度时,铸孔计算在内,测量裂纹长度时,铸孔不计算在内),焊波须高于基准面1~2 mm,焊修后进行热处理;大于时更换;

(3)出现纵向裂纹时进行焊修。

(4)FG-A型U形副构架导框凸台纵向距离大于261 mm时堆焊后修磨或加工,原形为:256^{+2}_{0} mm。

115. 转向架轮对径向(副构架)装置连接杆检修时应符合哪些要求?

答:(1)连接杆须进行探伤检查,变形时调修,出现裂纹时更换。

(2)连接杆弹性铰脱胶、裂纹长度大于10 mm或内径大于

31.1 mm 时更换。连接杆弹性铰内径原形：$30^{+0.5}_{+0.35}$ mm。连接杆圆销直径小于 29.1 mm 时更换

116. 转向架轮对径向(副构架)装置空重车调整触板检修时应符合哪些要求？

答：(1)DZ3 型转向架 U 形副构架上安装的空重车调整触板裂损或磨耗大于 2 mm 时更换，螺栓、螺母、垫圈、销丢失时补齐，松动时紧固。

(2)25 t 轴重副构架型转向架空重车调整触板平面磨耗大于 2 mm 时更换，安装座出现裂纹时更换，焊缝开裂时补焊，螺栓缺失时补齐，螺母须点焊固。

117. DZ3 型转向架轮对径向(副构架)装置的 TFG-A 型橡胶堆有哪些情况时更换为新品？

答：(1)DZ3 型转向架的 TFG-A 型橡胶堆允许有龟裂。

(2)橡胶层外胀超出上板、下板或衬板 1 mm 时。

(3)橡胶层与金属上、下板粘接处(上板或下板)累计裂纹长度大于 150 mm 或深度大于 5 mm 时。

(4)橡胶层表面裂纹累计长度大于 120 mm 或深度大于 5 mm 时。

118. 转向架减振装置有哪些情况时报废？

答：各型钢质摇枕弹簧、减振弹簧不得调修，应逐个进行外观检查，并在自动检测设备或平台上测量。

(1)折断、裂损时。

(2)自由高低于规定的下限时。

(3)弹簧圆钢直径腐蚀、磨耗超过原形的 8% 时。

(4)弹簧支承圈不足 5/8 圈时。

119. 转向架减振装置摇枕弹簧、减振弹簧组装时应符合哪些要求？

答：摇枕弹簧、减振弹簧组装时须选配，装配时内、外圈旋向相

反,同一辆车的摇枕弹簧、减振弹簧规格、型号须分别相同。

(1)25 t轴重副构架型:

①同一转向架同型圆柱弹簧自由高度差不大于3 mm。

②同一侧架上同型内簧或同型外簧自由高度差不大于2 mm。

(2)DZ3型:

①同一转向架同型圆柱螺旋弹簧自由高度差不大于3 mm。

②同一侧架上同型内簧或同型外簧自由高度差不大于2 mm。

③减振弹簧内、外圈自由高度差不大于2 mm。

④同一组两级刚度弹簧内、外圈自由高度差为33~37 mm。

120. DZ3型、25 t副构架型转向架减振装置检修时应符合哪些要求?

答:DZ3型、25 t副构架型转向架须装用组合式斜楔,斜楔材质为贝氏体球墨铸铁(ADI),主摩擦板材质为高分子复合材料。

(1)主摩擦板原形厚度为10 mm,DZ3型转向架装用的ZX-3型组合式斜楔磨耗大于3 mm、25 t副构架型磨耗大于4 mm时更换为新品。

(2)斜楔体出现裂纹或副摩擦面磨耗大于3 mm时更换为新品。

(3)主摩擦板四角断裂区域限度为35 mm×35 mm,两角断裂区域为60 mm×60 mm,断裂区域超限或缺损总面积之和大于总面积的15%时更换为新品。

(4)主摩擦板背面与斜楔体安装面间隙大于3 mm时调整,垫圈厚度为2~8 mm。

121. DZ3型转向架装用的GF-1型承载鞍检修时应符合哪些要求?

答:(1)出现裂纹或变形时更换,不得焊修。

(2)鞍面径向(半径)磨耗大于0.5 mm时更换;鞍面磕、碰伤应消除凸起部分;鞍面两侧凹槽不得存在高于内鞍面的凸起点。

(3)推力挡肩两端磨耗不大于 175.8 mm 时须消除棱角,大于时更换。

(4)承载鞍与 FG-A 型 U 形副构架导框凸台配合部位的纵向间距为 $250_{-0.5}^{0}$ mm,磨耗后小于 246 mm 时更换。

122. DZ3 型转向架装用的 TFG 型承载鞍橡胶垫有哪些情况时更换为新品?

答:(1)金属定位挡根部出现裂纹。

(2)橡胶与金属上、下板粘接处(上板或下板)累计裂纹长度大于 190 mm 且深度大于 5 mm。

(3)橡胶表面裂纹累计长度大于 150 mm 且深度大于 5 mm。

123. 25 t 轴重副构架型转向架弹性旁承组成检修时应符合哪些要求?

答:(1)顶面磨耗板磨耗大于 3 mm 时更换。

(2)旁承座与滚子轴接触凹槽磨耗大于 3 mm 时焊修,恢复原形。

(3)旁承滚子、滚子轴径向磨耗、腐蚀深度大于 2 mm 或严重变形时更换。旁承滚子和滚子轴的间隙不大于 1 mm。

(4)弹性旁承体允许有龟裂,但表面裂纹深度大于 5 mm 或水平投影长度大于该边的 30% 时更换。弹性橡胶永久变形大于 2 mm 时更换。

124. DZ3 型转向架装用的 CBC-1 型弹性旁承组成旁承座检修时应符合哪些要求?

答:(1)旁承座裂损时更换;旁承座与滚子轴接触凹槽磨耗大于 3 mm 时,焊修后加工,恢复原形。

(2)旁承座与楔块的配合面磨耗大于 2 mm 或影响组装时,堆焊加工,恢复原形。

125. DZ3 型转向架装用的 CBC-1 型弹性旁承组成滚子及滚子轴检修时应符合哪些要求?

答:(1)旁承滚子外径径向磨耗、腐蚀深度大于 2 mm 或严重变形影响作用时更换。

(2)旁承滚子与滚子轴的间隙大于2 mm时更换。

126. DZ3型转向架装用的CBC-1型弹性旁承组分解、组装时应符合哪些要求?

答:(1)旁承体、旁承座的分解和组装应使用专用工装。旁承体须从侧面上部垂直向下(上)平行装入(取出)旁承座内。

(2)旁承磨耗板与旁承体组装时,磨耗限度凹槽应向上,须采用垂直面力平行压入。组装后旁承磨耗板不得松动,测量磨耗板上表面平面度不大于0.5 mm,用厚度0.5 mm、宽度10 mm的塞尺检查旁承磨耗板与支撑板组成之间的周向局部间隙,插入深度不得大于30 mm。

(3)须逐个检查旁承磨耗板上平面至滚子上部的垂直距离(*B*值),并满足(23±1) mm。滚子轴端部平面须向下组装,组装后滚子转动应灵活。

(4)装用新品旁承体时,不得在旁承体与旁承座之间加装调整垫板,新品旁承体自制造之日起到装车使用前的储存期不得超过2年。

127. 转向架平面下心盘检修时应符合哪些要求?

答:(1)平面裂纹长度之和不大于200 mm时更换或钻止裂孔,清除裂纹后焊修,焊修后须热处理(经埋弧自动堆焊处除外),大于时报废;心盘圆脐根部圆周出现裂纹时报废,圆脐柱面出现裂纹时更换或清除裂纹后焊修,焊修后须热处理;圆锥台、螺栓孔及四角出现裂纹时报废。

(2)平面磨耗大于3 mm时更换或焊修后加工,恢复原形。直径磨耗大于3 mm时更换或使用自动焊机堆焊,焊修后加工,恢复原形。DZ3型及25 t轴重副构架型圆脐内径原形为54 mm,外径原形为(80±1) mm,磨耗大于3 mm时更换或堆焊后加工恢复原形尺寸。

（3）下心盘变形时更换或调修，调平后检测心盘底面平面度不大于 1 mm。经调修后的心盘各部应无裂纹。发现焊波开裂应铲除焊波重新焊修（不再回火）。

128. 转向架中心销检修时应符合哪些要求？

答：中心销出现裂纹时更换，弯曲时调修，直径磨耗大于 2 mm 时焊修后加工或更换。

129. 转向架心盘磨耗盘检修时应符合哪些要求？

答：（1）心盘磨耗盘可有 1 处从周边至中心孔的裂纹或 1 处以上长度之和不大于 150 mm 的裂纹，磨耗超限或裂纹超过规定时更换。导电式心盘磨耗盘的导电柱全部脱落时，更换为新品。

（2）心盘磨耗盘立面磨耗大于 2 mm、底面磨耗大于 3 mm 时更换。新品心盘磨耗盘须为导电式结构，自制造之日起到装车使用前的储存期不得超过 2 年。

130. 同一转向架制动梁及闸瓦组装时应符合哪些要求？

答：（1）同一辆车制动梁及闸瓦形式须一致，闸瓦应为新品，闸瓦插销须安装闸瓦插销环。安装制动梁安全链螺母时，须装弹簧垫圈或背母；制动梁安全链卡子为铆接结构时，应使用符合 GB/T 6179 的螺母和 ϕ4 mm × 40 mm 开口销，开口销组装后应位于螺母开槽内，制动位的安全链松余量为 40 ~ 70 mm。25 t 轴重副构架转向架装用 L-B 型组合式制动梁时，允许在两滑块端部焊装材质为 Q235-A、直径为 ϕ35 mm、厚度为 10 mm 的挡块。DZ3 型转向架须装用 L-B1 型组合式制动梁、GM915D 型高摩合成闸瓦。

（2）装用制动梁时，应采用安全索将下拉杆与制动梁套在一起，安装前应检查安全索，钢丝绳断股或端头、绳箍松动时更换。

（3）闸瓦插销须安装闸瓦插销环。制动状态时，各闸瓦须贴靠车轮踏面。

（4）安装制动梁安全链螺母时，须装弹簧垫圈或背母；制动位的安全链松余量为 40 ~ 70 mm。

131. 同一转向架轮对、承载鞍、副构架组装时应符合哪些要求?

答:(1)轮对、承载鞍、副构架须放置正位;橡胶堆的铜绞线须装于侧架内侧;承载鞍或副构架鞍面推力挡肩内径与前盖、后挡最大外径的径向间隙不小于2 mm。

(2)承载鞍或副构架鞍面外挡边与前盖凸缘间隙不小于2 mm。GF-1型承载鞍与导框间隙须符合规定,轴承外圈与副构架导框间隙不小于2 mm。

132. 同一转向架轮对、承载鞍、副构架组装时应符合哪些要求?

答:下心盘组装时,使用FS型或BY-B、BY-A型防松螺母,并配套使用强度符合GB/T 3098.1规定的10.9级、精度等级符合GB/T 9145标准6g要求的螺栓,螺栓头部须有10.9级标记;装用BY型防松螺母时须安装符合GB/T 7244标准的加重型弹簧垫圈,装用FS型防松螺母时,取消弹簧垫圈并安装符合GB/T 6172.1要求、性能等级为04级的薄螺母。螺栓规格为M24。心盘螺栓拧紧力矩:FS型不小于300 N·m,BY型为941~1 046 N·m。M24螺栓安装ϕ5 mm开口销。

133. 同一转向架摇枕心盘内及心盘磨耗盘组装时应符合哪些要求?

答:(1)摇枕心盘安装座与心盘接触面螺栓孔周围的毛刺须清除,凸起须磨平。

(2)安装心盘磨耗盘时,下心盘内及心盘磨耗盘内外表面不得有油污、油漆、尘土、铁屑等异物。拆卸、安装心盘磨耗盘时,不得损坏心盘磨耗盘。

(3)须使用钢质心盘垫板,不得超过2块,总厚度不大于40 mm,钢质垫板超过1层时,须在钢板层间四周点焊固。垫板厚度为8~30 mm,材质为Q235A。

134. 同一转向架旁承组装时应符合哪些要求?

答:同一辆车应装用同一型号旁承,旁承座安装方向须为:同一摇枕相反,同一辆车同侧同向。

135. DZ3 型转向架下旁承组装时应符合哪些要求?

答:(1)旁承座与摇枕旁承盒间调整垫板总厚度不大于50 mm,数量不大于 3 块。下旁承磨耗板上平面与下心盘上平面的垂直距离(不含心盘磨耗盘)宜符合规定。

(2)CBC-1 型弹性旁承与摇枕组装时,应保证锁紧斜铁与摇枕旁承盒密贴,组装完成后应保证旁承体在旁承盒中无晃动。弹性旁承的楔块顶面高于旁承盒上平面不得超过 20 mm,超过时根据需要重新选择楔块规格。

136. 转向架组装后哪些部分须涂润滑脂?

答:摩擦转动部分须涂润滑脂,但摩擦式减振器、轴承外圈与副构架内鞍面间,副构架磨耗板与侧架间,承载鞍与轴箱橡胶弹性件各接触面间,承载鞍、轴箱橡胶弹性件与副构架导框各接触面间,心盘与磨耗盘间,上下旁承间,斜楔主摩擦板与侧架立柱磨耗板间,斜楔副磨耗面与摇枕斜楔磨耗板间,滑块磨耗套与滑槽磨耗板间均不涂抹润滑脂;橡胶弹性旁承、橡胶堆任何部位均不得涂抹润滑脂。橡胶弹性旁承任何部位不得涂抹润滑脂。

137. 构架式转向架构架表面出现裂纹或焊缝开裂时检修应符合哪些要求?

答:(1)母材有裂纹:横梁下盖板不大于 120 mm、其他部位不大于 150 mm,侧梁下盖板不大于 80 mm、其他部位不大于 120 mm时,焊修后补平形补强板;大于时更换。

(2)焊缝开裂:焊缝裂纹长度不大于 100 mm 时清除裂纹后焊修,对接焊缝裂纹或其他部位裂纹长度大于 100 mm 时更换。

138. 构架式转向架导框座、斜楔座检修时应符合哪些要求?

答:导框座、斜楔座磨耗大于 2 mm 时,堆焊后加工或更换;裂纹长度不大于20 mm或深度不大于2 mm时,清除裂纹后焊修,大于时更换;与构架连接焊缝开裂时,清除裂纹后焊修;焊修后须进行热处理,并须进行磁粉探伤。

139. 构架式转向架制动梁吊座、安全托吊座检修时应符合哪些要求?

答:制动梁吊座、安全托吊座磨耗大于2 mm或出现裂纹时更换,与构架连接焊缝开裂时焊修。

140. 构架式转向架轴箱悬挂装置轴箱检修时应符合哪些要求?

答:(1)轴箱体检修时应冲洗,并进行全面外观检查。轴箱体裂纹深度大于2 mm,长度大于10 mm时更换。轴箱导框槽一侧磨耗大于2 mm时,堆焊后磨平。

(2)轴箱磨耗板焊缝开裂时须清除原焊波后焊固,裂损或磨耗大于3 mm时更换,丢失时补装。磨耗板材质为27SiMn。清除焊波或切除磨耗板时应采用碳弧气刨。焊装磨耗板时应正位,并与母材平面密贴,局部间隙不大于0.5 mm。

(3)轴箱内鞍面原形为ϕ230 mm,磨耗大于0.5 mm时更换;鞍面挡肩原形为153 mm,两端磨耗后不大于155.8 mm时应消除棱角,大于时更换。

(4)轴箱更换时须装用改进型轴箱。

141. 构架式转向架轴箱悬挂装置主磨耗块检修时应符合哪些要求?

答:主磨耗块裂纹长度之和大于100 mm、缺损面积之和大于总面积的20%或摩擦面磨耗大于2 mm时更换。

142. 构架式转向架轴箱悬挂装置副磨耗板检修时应符合哪些要求?

答:副磨耗板储油坑磨平面积大于65%时更换,与斜楔体座焊接处开裂时须重新两点焊固,储油坑的工作面须涂润滑脂。

143. 构架式转向架轴箱悬挂装置各型钢质弹簧有哪些情况时报废?

答:各型钢质弹簧不得调修,应逐个进行外观检查,并在自动检测设备或平台上测量,有下列情况之一时报废。

(1)折断、裂损时。

(2)自由高低于规定的下限时。

(3)弹簧圆钢直径腐蚀、磨耗超过原形的8%时。

(4)弹簧支承圈不足5/8圈时。

(5)同一转向架的轴箱外圈弹簧自由高度差不大于3 mm。

(6)同一轴箱的外圈弹簧自由高度差不大于2 mm。

(7)同一组外簧、中簧自由高度差为31~35 mm。

144. 构架式转向架轴箱定位装置检修时应符合哪些要求?

答:(1)轴箱纵向定位橡胶块裂损或高度永久变形大于2 mm时更换,同一转向架须装用同等刚度(同色)的橡胶块。

(2)轴箱纵向定位橡胶块和主磨耗块装入导框后,主磨耗块露出导框内侧平面的长度应为$10^{+1}_{-0.5}$ mm,同一车轴两端相差不大于1 mm,不符时可选配橡胶块或加垫调整。

(3)导向套、主磨耗块破损时更换。

(4)轴箱吊杆裂损时须更换为符合要求的吊杆。

145. 构架式转向架下旁承组成检修时应符合哪些要求?

答:(1)下旁承体出现裂纹时焊修。

(2)旁承弹簧自由高应为$108^{+1}_{-3.5}$ mm,超限或折断时更换。

(3)旁承弹性挡橡胶与钢柱或钢板剥离、橡胶永久变形大于1.5 mm时更换。

(4)尼龙摩擦板裂损或磨耗大于2 mm时更换,尼龙磨耗板磨耗大于3 mm时更换。

(5)下旁承摩擦板紧固在下旁承体后,须将螺母点焊固。

(6)组装时,同一转向架的旁承弹簧自由高度差不大于2 mm,

同一旁承的两弹簧自由高度差不大于1.5 mm。

146. 构架式转向架球面下心盘检修时应符合哪些要求?

答:(1)平面部分裂纹未延及球面,长度不大于30 mm时更换或清除裂纹后焊修;裂纹延及螺栓孔时,同时塞焊螺栓孔,焊修后重新钻孔;裂纹长度大于30 mm时更换;心盘焊修后须热处理。

(2)球面局部磨耗深度不大于2.5 mm,且面积不大于总面积的30%时,须消除棱角;大于时更换或堆焊后加工。

(3)球面局部剥离深度不大于2 mm,且1处面积不大于200 mm^2或多处面积之和不大于总面积的20%时,须消除棱角;大于时更换或须清除缺陷后堆焊加工。

(4)球面剩余厚度小于22 mm时更换。

(5)心盘衬垫破损或磨耗大于2 mm时更换。

147. 构架式转向架制动梁安全托检修时应符合哪些要求?

答:(1)安全托无裂纹,缺损。

(2)安全托磨耗板无缺损、裂纹,磨耗不大于5 mm;组装螺栓无松动、丢失。安全托更换为新品时须符合图样ZCZ42-44-01A要求。

148. 构架式转向架下心盘组装时应符合哪些要求?

答:(1)下心盘组装时,应使用新品FS型、BY-B型或BY-A型防松螺母,加装ϕ4 mm开口销,并配套使用强度满足GB/T 3098.1规定的10.9级,精度等级符合GB/T 9145标准6g要求的螺栓,螺栓头部应有10.9级标记;装用BY-B型防松螺母时,应安装弹簧垫圈。

(2)安装心盘衬垫,其材质为含油尼龙或MC760铸型尼龙;下心盘内不应有异物及油漆。

149. 构架式转向架转K3型球面下心盘组装时应符合哪些要求?

答:转K3型球面下心盘组装时,底面距轨面自由高小于

658 mm 时，应在球面心盘和构架间安装钢质心盘垫板调整心盘面高度，垫板总厚度不大于 40 mm；钢质垫板超过 1 层时，应在钢板层间四周点焊固。垫板厚度不大于 25 mm 时，可在下旁承底面先安装厚度与心盘垫板相同的钢质调整垫板，不超过 3 块，且在落车后调整垫板；垫板厚度大于 25 mm 时，不足部分可同时在上旁承焊装厚度不小于 3 mm 的垫板。组装后不应有间隙。

150. 构架式转向架转 K3 型弹性下旁承组装时应符合哪些要求？

答：转 K3 型弹性下旁承组装时，下心盘底平面至下旁承顶面距离宜为(131 ±2) mm；下旁承体下缘与下旁承盒内底面(安装垫板后为垫板上平面)的间隙为(26.5 ±1) mm。

151. 构架式转向架旁承座与旁承盒组装时应符合哪些要求？

答：旁承座与旁承盒的纵向间隙之和为(1 ±0.6) mm，不符时可在磨耗板背面与旁承体之间加 1 块钢质环状垫片，垫片应平整、光滑，规格为：ϕ60 mm × ϕ32 mm × (1 ~ 3) mm。

152. 构架式转向架组装后须进行哪些检查？

答：转向架组成后，须经过下部限界检查。各垂下品与轨面最小距离：钢轨内侧为 60 mm；钢轨外侧为 80 mm；闸瓦插销为 25 mm。

153. 简述分解摆式转向架弹簧托板作业步骤。

答：将清洗后的转 K4 或转 K5 型转向架吊到转 K4、转 K5 型转向架分解组装台位，对其进行分解。

(1)使用氧—乙炔割炬对弹簧托板与摇动座连接的折头螺栓进行切割；切割完毕后，用冲子抵住螺栓孔内残余部分螺栓，使用手锤正面敲击冲子顶部将螺栓冲出。

(2)操作设备将摇动座与弹簧托板分离，向上抬起摇动座，使摇动座与摇动座支撑分离，向外侧取出摇动座，将摇动座放在运输小车上，依次取出右侧和左侧摇动座支撑放置在运输小车，将其送至检测区进行检测。

154. 简述转向架翻转检查作业要点。

答:侧架重点检查A部位及下面B部位漏水孔周边、摇枕弹簧座下面、底平面;摇枕重点检查B部位两漏水孔周边、A部位漏水孔周边、内腔中心销座内平面、弹簧座与摇枕底面过渡弯角处。翻转检查时做到"四查":一查摇枕、侧架内腔;二查摇枕、侧架外表;三查摇枕、侧架各弯角处;四查交叉杆。交叉杆检查部位为:端部螺栓(母)、双耳防松垫圈、轴向橡胶垫、交叉杆杆体(重点是压型处和环焊处)、盖板(扣板)、连接螺母及盖板(扣板)焊缝。翻转检查时翻转角度不小于90°。

155. 简述转K6型转向架侧架导框单侧磨耗及两侧磨耗之和检测方法。

答:(1)导框两侧摩擦面单侧磨耗(含局部磨耗)深度测量:使用侧架导框检测量规,将量规呈垂直方向,465.2Z端对准侧架导框两侧面外观检查存在的磨耗部位上方,从未磨耗部位向磨耗部位垂直由上至下移动,平面部位与侧架导框贴靠时过限。

(2)导框两侧摩擦面两侧磨耗深度之和测量:量规呈水平方向,工作面LZ端对准摩擦面磨耗部位上方,从未磨耗部位向磨耗部位垂直移动,直至工作面与导框内侧面贴靠时为磨耗超限。

(3)超限时使用白粉笔画一方框圈出故障部位,并在其对应导框的侧架上平面涂打"#"加修标识。

156. 简述转K2、转K4、转K5型转向架侧架导框导台两侧摩擦面单侧磨耗深度检测方法。

答:使用侧架导框导台两侧摩擦面单侧磨耗检测样板,将弹性板插入侧架导框两侧摩擦面上,分别推动主尺,使之与导框导台两侧摩擦面接触,压片刻线所对应主尺上的示值为导框导台两侧摩擦面单侧磨耗量,导台两侧摩擦面单侧磨耗深度:转K2型大于

2 mm、转 K4 型大于 3 mm、转 K5 型大于 4 mm 时磨耗过限。

157. 简述转 K6 型转向架侧架承载鞍支承面磨耗及偏磨检测方法。

答:使用侧架承载鞍支承面磨耗检测量规,将量规工作面贴靠在侧架承载鞍支承面未磨耗部位,移动滑尺对准磨耗处,推动主尺使其与磨耗处接触,滑尺游标刻线所对应主尺上的示值为磨耗量,分别测量最大和最小磨耗量,两者之差为偏磨量。支承面磨耗大于 3 mm、支承面偏磨大于 1 mm 时超限,超限时使用白粉笔标出故障部位,并在其对应导框的侧架上平面涂打“#”加修标识。

158. 简述测量转 K2 型转向架两侧架立柱内侧面距离方法。

答:使用侧架两立柱内侧距离检测量规 465. 2Z 端测量侧架两立柱磨耗板安装面下边缘向上 10 mm 处的水平距离。测量时,先进行定位,用钢板尺垂直贴靠两立柱磨耗板,在下边缘向上 10 mm 处涂打标记,量规呈水平方向插向 10 mm 标记处,465. 2Z 端通过时,使用白粉笔在侧架上平面中间部位写“换 12 mm 板”标记。

159. 简述转 K2、转 K6 型侧架立柱与摇枕挡内表面配合处磨耗深度检测方法。

答:使用侧架立柱与摇枕挡内表面配合处检测量规,量规工作面与侧架立柱平行,用量规 3Z 端置于侧架立柱与摇枕接触处磨耗部位上方,沿着磨耗部位垂直下移,工作面与测量面贴靠时超限,超限时使用白粉笔标出故障部位,并在对应的侧架上平面涂打“#”加修标记,不能贴靠时合格。

160. 简述横跨梁托检测要求。

答:(1)外观检查横跨梁托,变形时使用白粉笔在距离横跨梁托最近处侧架上平面写“调托”标记;开焊时写“焊托”标记;出现裂纹或腐蚀深度大于 30% 时写“换托”标记。

(2)横跨梁托螺栓孔长径磨耗不得大于 3 mm,使用空重车自动调整装置横跨梁组成检测量规,用 53Z 端插入横跨梁托孔长径处，通过时超限，使用白粉笔在侧架上平面写“换托”标记，不能通过时合格。

161. 简述摆式转向架导框摇动座磨耗检测方法。

答：原车装用无识别标记的导框摇动座（弧面半径为125 mm）时，须对导框摇动座进行更换，使用白粉笔在其对应侧架上平面写“换座”标记。转K4、转K5型小圆弧导框摇动座（识别标记为“A”或“A1”）圆弧面磨耗后，使用导框摇动座弧顶面检测量规，以导框摇动座中部未磨耗的圆弧顶点为基准，检测两端弧顶磨耗处的最大深度。将量规支座放在导框摇动座中央部，向下按测量板，使其与导框摇动座弧顶面接触；用2 mm塞尺塞检两端弧顶面与量规测量板的间隙，塞入时超限。任一端弧顶与中部弧顶面高度差H大于3.5 mm或出现裂纹时，须更换导框摇动座，使用白粉笔在其对应侧架上平面写“换座”标记。

162. 简述改进型转K5型转向架摇枕斜面磨耗板检修要求。

答：外观检查斜面磨耗板与摇枕斜面磨耗板安装面须贴合良好，不得翘起，折头螺栓不得松动，不允许有贯通间隙，局部有间隙时使用样板检测，使用1 mm塞尺工作面插向磨耗板与磨耗板安装面的间隙，任一处插入深度大于20 mm时超限，使用白粉笔在其对应的侧架上平面涂打“更换”标记。

163. 简述零部件焊修工艺。

答：（1）焊接时，不应在铸件的非焊修表面引弧，防止电弧击伤铸件表面。应在引弧板上引弧，引弧后再进行焊接。

（2）铸钢件缺陷焊修宜采用多层多道焊。道（层）间应严格清除焊接熔渣等杂物，避免连续施焊造成过热，但道（层）间温度应不低于预热温度。较长焊缝（$L>200$ mm）的焊接，应采用分段退焊法。

（3）多层焊时，第一层宜采用较小直径的焊条施焊，以减小焊缝的熔合比，防止产生热裂纹。每焊完一层后，应清除焊渣再焊下一层,下一层可选用较大直径的焊条施焊,焊道之间的重叠量,应不小于1/3焊道宽度。

(4)多层堆焊时,宜采用下列焊接顺序。

①焊接时,应尽可能在水平位置施焊,焊缝与母材须熔合良好,防止产生未焊透及弧坑裂纹。

②焊条使用加热炉烘干后,装于保温筒中,随用随取。

164. 简述更换侧架立柱磨耗板作业过程。

答:将冲子对准切割后的螺栓孔,使用手锤冲出松动的螺栓,取下须更换的磨耗板。使用毛刷在侧架立柱涂刷防锈底漆,选配材质相匹配的立柱磨耗板(转K2型装用整体式斜楔时,斜楔材质为针状马氏体铸铁者配套T10磨耗板,材质为贝氏体球墨铸铁者配套ADI磨耗板,装用组合式斜楔时配套45钢磨耗板),贴紧立柱后穿入ZT型折头螺栓,穿入1个ϕ20 mm平垫圈、M20专用螺母,使用扭矩扳手紧固折头螺栓,直至螺栓头部折断,操作移动工装设备举升侧架,将扭矩扳手套筒卡入螺母,向上抬起发出“咔嗒”声为合格,按同样步骤紧固其他折头螺栓。

165. 简述更换滑槽磨耗板作业步骤。

答:卡入式滑槽磨耗板换装。按方法用氧—乙炔割炬将旧滑槽磨耗板切割移除,切割时不得伤及侧架母材。滑槽磨耗板装入前须清除滑槽表面焊渣和凸起物,使上下表面平整,不得涂抹任何润滑脂。取出新品卡入式磨耗板(新品卡入式滑槽磨耗板材质为T10),将其上部凸起部位对正侧架滑槽凹孔处,用手锤进行敲击。装入须正位(滑槽磨耗板凸起落入滑槽凹槽内),不正位时须进行调整直至正位。

166. 简述摇枕铆装型固定杠杆支点座更换要求。

答:将杠杆支点座圆销孔与摇枕杠杆支点座安装面圆销孔对准,将圆销由上往下穿入孔内,然后套入相应套环进行拉铆,铆钉采用8.8等级LMDY-T20-50G的短尾铆钉,套环规格为LMDTF-

T20G。将拉铆销铆接后，套环法兰盘上凸点至少有一个产生明显塑性变形，套环表面镀层应产生明显变色，套环表面无裂纹，杠杆支点座与摇枕杠杆支点座安装面须贴合良好，不得有松动，采用0.6 mm×10 mm的塞尺插入深度不大于10 mm。

167. 简述零部件焊后质量检查要求。

答：目视检查，使用检点锤检查作业部位，焊缝表面应平整，焊缝始末端及两侧与母材的连接处应平缓过渡；焊缝不允许有裂纹、未熔合、未焊满和根部收缩等缺陷；焊缝的相交处应充分熔合，无接头不良、焊瘤等缺陷；焊缝相交处应平缓过渡。

168. 简述分解交叉支撑装置作业步骤。

答：将扁铲插入螺栓与双耳防松垫圈止耳之间，使用手锤敲击扁铲尾部，劈开双耳防松垫圈止耳。依次劈开交叉杆4个端头螺栓止耳后，戴好护目镜，使用智能扳机依次松开交叉杆端螺栓，抽出端头螺栓，取下锁紧板、轴向橡胶垫、交叉杆放到配件存放箱。对分解后的端头螺栓、锁紧板进行检查，锁紧板变形时更换，端头螺栓出现弯曲、裂纹或螺纹损伤时更换为新品。

169. 简述交叉支撑装置组装作业步骤。

答：选用合格品交叉杆，组装时将杆体压型处朝上放在交叉支撑装置专用定位胎具卡槽内，将摇枕与侧架组成轻稳地落在定位胎具上，保证侧架导框落入定位装置导框内。

(1)依次将双耳防松垫圈、标志板、锁紧板、轴向橡胶垫穿在端头螺栓上，双耳垫圈翘起的两个止耳卡入标志板的两个孔内。

(2)将内侧的轴向橡胶垫安装在侧架支撑座的保持环孔中，同时抬起交叉杆组成的两端，将连接孔对正，用穿入双耳垫圈、标志板、锁紧板、轴向橡胶垫的螺栓连接，保证锁紧板的定位孔呈上、下位置。

(3)紧固交叉杆：

①抄录更换交叉杆转向架上侧架制造厂家、制造年月、序列

号,打开交叉杆智能扳机软件,点击“确定”“确定初始化”按钮。

②在菜单栏点击“编辑”按钮,显示输入侧架号编辑框,在编辑框内输入相应侧架信息后,点击“保存”按钮。

③点击“添加”按钮,直至输完两个侧架信息后,点击“返回”按钮,返回主界面,点击“工作”按钮,交叉杆智能扳机进行工作状态。

④两端对角两人同时操作智能扳机,将扳机套头对准端头螺栓头部,反力臂卡入挡键组装三角孔,长按“启动”按钮,直至螺栓紧固后扳机自动反转时松开按钮。

⑤观察智能扳机显示器显示的组装力矩,力矩合格后按照同一步骤紧固下一条螺栓。

(4)每班首件、末件组装后,使用扭矩扳手进行力矩校核,发出“咔嗒”声为合格。

(5)将扁铲头部对准交叉支撑装置垫圈止耳与标志板之间,用手锤敲击止耳底部,使两相对止耳翘起,止耳与螺栓头部六方平面密贴。

170. 简述测量侧架导框对角线距离差作业要点。

答:(1)取出专用对角线尺,一人使专用对角线尺一侧贴靠最靠近摇枕的导框棱角处,另一人使对角线尺另一侧贴靠对角导框的同一位置,读出数值,用同一方法测量出另一对角线的尺寸,两者之差 >5 mm 时分解转向架,检修后重新组装并进行正位检测;两者之差≤5 mm 时,检测合格。

(2)取出导框距测量尺,分别贴靠两侧架对应的导框内侧壁,读出刻度线示值,两者之差 >10 mm 时分解转向架,检修后重新组装并进行正位检测;两者之差≤10 mm 时,检测合格。转向架正位检测不合格时,分解交叉支撑装置,重新组装,直至检测合格。

171. 简述摆式转向架摇动座检测要点。

答:(1)摇动轴下部圆弧半径检测。在检测工作平台上,分别对摇动轴两圆弧检测,将摇动轴下部圆弧面检测样板深入摇动轴边缘向内20 mm处,同时使用2 mm针规测量弧面与样板间隙,针规插入时超限。摇动轴下部圆弧半径磨耗大于2 mm时报废,报废时涂打报废标识。

(2)中央脊背部上平面弯曲、变形检测。在检测工作平台上,将摇动座中央脊背部上平面弯曲检测量规垂直放置在摇动座中央脊背部上平面,量规任一端不接触摇动座中央脊背部下平面时超限。摇动座中央脊背部上平面弯曲、变形大于3 mm时报废,报废时涂打报废标记。

172. 简述弹簧托板检查作业要点。

答:(1)承簧平面检查。将待检查弹簧托板承簧面向上放置在检测工作平台上,使用钢丝刷清除弹簧托板上表面锈垢,使用检点锤对弹簧承簧面敲击2~3次,同时使用手电对弹簧托板上平面进行检查。弹簧托板出现裂纹时报废,报废时涂打报废标识。

(2)弹簧圆脐定位孔、螺栓孔、落水孔检查。使用钢丝刷分别清除圆脐定位孔、螺栓孔、落水孔处锈垢,再使用砂纸对定位孔、螺栓孔、落水孔周边10 mm范围内进行打磨,直至露出金属光泽后目视检查,发现定位孔、螺栓孔、落水孔处存在裂纹时报废,报废时涂打报废标识。

(3)挡板、筋板、垫板检查。使用钢丝刷清除挡板、筋板、垫板焊缝处杂物及锈垢,使用检点锤对以上各部位分别敲击2~3次,同时使用手电进行检查,发现焊缝开裂时报废,报废时涂打报废标识。

(4)底面检查。将弹簧托板翻转,使其底面向上,用钢丝刷清除弹簧托板底面锈垢后,使用检点锤敲击弹簧托板底面2~3次,然后使用手电对弹簧托板底面进行检查,发现弹簧托板存在裂纹时报废,报废时涂打报废标识。

(5)涂打标识。经检测合格的配件,使用白粉笔在弹簧托板两落水孔间标注配件检测合格标识“○”。经检测不合格需报废处置的,使用白油漆在弹簧托板上平面标注"×"报废标记。

173. 简述摆式转向架摇动座组装后摆动角检测要求。

答:摇动座、摇动座支承与侧架组装后,检测侧架中部下弦杆上平面限制摇动座摆动角,侧架中部下弦杆上平面限制摇动座摆动角的凸台面,轻抬摇动座朝侧架一侧倾斜至不能移动,使用样板的"止端"垂直向侧架与摇动座之间沿贯通方向从前向后插,不能完全插入时合格;再用样板"通端"垂直向侧架与摇动座之间沿贯通方向从前向后插,能完全插入时合格,反之时为不合格。当样板"通端"不合格时在摇动座支承底面与侧架间安装一块 94 mm × 84 mm × (2 ~ 3) mm 的钢垫板;当样板"止端"不合格时,调整摇动座支承底面的钢垫板的厚度或将侧架凸台面堆焊后磨平。

174. 简述摆式转向架摇动座折头螺栓组装要求。

答:(1)取出 M22 的 ZT 型圆柱折头螺栓,穿入 1 个 ϕ22 mm 的垫圈,自上而下将折头螺栓从弹簧托板、摇动座螺栓孔内穿出,组装专用螺母。

(2)使用风扳机将折头螺栓依次紧固,直至将螺栓头部打断。

(3)使用力矩为 710 N · m 的扭矩扳手,分别对四条折头螺栓紧固力矩进行校核,发出"咔嗒"声为合格。

(4)取出 ϕ5 × 60 mm 开口销,穿入折头螺栓底部开口销孔内,双向劈开开口销至卷起。

175. 简述挡键螺栓紧固作业要点。

答:根据现车挡键型号分别选择 M16 或 M20 的套筒。使用风扳机从挡键下方卡入螺母,紧固挡键螺栓。

(1)普通挡键开口销组装:取出 ϕ6. 3 mm 开口销(M16 螺栓开口销为 ϕ6. 3 × 36 mm、M20 螺栓开口销为 ϕ6. 3 × 40 mm)穿入挡键螺栓开口销孔内,双向劈开开口销并卷起,直至开口销盘紧螺栓。

(2)伸缩式挡键铆钉组装:取出 ϕ6 mm 铆钉穿入挡键螺栓孔内,使用专用铆钉钳铆固铆钉。扶住铆头,使铆头最端头凹槽与铆钉头部圆弧充分接触,左右摆动铆头,使另一头凹槽与铆钉尾部接触,手动铆固为止。

176. 简述下旁承磨耗板上平面至滚子上部距离及下心盘上平面与下旁承上平面测量尺使用方法。

答:(1)下旁承磨耗板上平面至滚子上部距离测量尺:使用测量尺手把下端贴靠弹性旁承磨耗板顶面,滑尺下移至滚子上部接触,目测基准线所对应的滑尺刻度,即为下旁承磨耗板上平面与滚子上部的距离。

(2)下心盘上平面与下旁承上平面测量尺:使测量尺基准端座插入下心盘圆脐,底部四周与心盘上平面密贴,测臂指向被测下旁承,滑尺下移至下旁承上平面与旁承磨耗板接触,目测基准线所对应的滑尺刻度,即为下心盘上平面与下旁承上平面的距离。

177. 简述转向架落成时检查横跨梁组成的方法。

答:目视检查横跨梁弯曲变形不大于10 mm,检查横跨梁螺栓头部4.8级标记清晰,向上托起螺栓,使用阶梯塞尺插入螺栓与横跨梁之间,横跨梁螺栓垂直移动量3~5 mm;使用1 mm塞尺插入横跨梁垫板与横跨梁托调整垫板之间,不得插入;目视检查组装有磨耗垫板,且磨耗垫板组装于调整垫板上部;检查调整垫板数量不超过2块,使用钢板尺测量调整垫板总厚度不大于12 mm;检查调整垫圈数量不超过3个;检查开口销插入螺母槽内,双向劈开不小于60°。

178. 简述安全索检查要求。

答:手持安全索,目视检查安全索钢丝绳、绳箍,发现钢丝绳断股、绳箍丢失(少于7个)时报废;用手捏住端头、绳箍转动检查,端头、绳箍松动时报废,报废时使用白油漆在安全索上涂刷100~200 mm白漆,放入报废配件存放箱。

179. 简述锁紧板检修要求。

答:使用钢丝刷清除锁紧板表面锈垢,手持锁紧板目视翻转检查，重点检查螺栓孔及防松止耳组装定位孔，发现锁紧板弯曲变形时调修、裂损时报废，变形时涂打加修标记，报废时涂打报废标识。使用交叉杆综合检测样板测量锁紧板腐蚀、磨耗深度，检测时至少测量 1 处，将量规 2Z 端垂直插入腐蚀、磨耗最大处，量规两侧工作面与锁紧板未腐蚀、磨耗部位贴靠时超限，锁紧板腐蚀、磨耗大于 2 mm 时报废。报废时涂打报废标记，并放入报废配件箱。

180. 简述轴向橡胶垫检修作业要点。

答：(1)交叉杆轴向橡胶垫满 6 年报废。

(2)轴向橡胶垫允许有龟裂，表面圆周方向裂纹长度大于周长的 30% 时更换。

(3)轴向橡胶垫因温度过高出现融化、变形、变色或老化等迹象时，须对全车橡胶件更换新品。

(4)如果轴向橡胶垫剩余寿命期大于或等于车辆段修期，经检查状态良好可继续装车使用。

181. 简述交叉杆抛丸除锈作业过程。

答：(1)对交叉杆进行除锈时，须使用专用防护螺栓对交叉杆端头螺纹进行防护。

(2)使用叉车将待除锈配件架在抛丸除锈机吊钩上。

(3)按压设备操作面板“运行”按钮，输送链开始连续运行，并自动对待除锈配件进行整体抛丸除锈。

(4)除锈作业结束后，密封门自动打开，开合密封装置退回，输送小车后退将配件运出抛丸机。

(5)检查抛丸机中钢丸剩余量，不足时添加。

182. 简述中心销检测作业要点。

答：(1)弯曲检测。将中心销放置在检测平台上，使用 5 mm 塞尺测量中心销与检测平台间隙，将中心销滚动一周，对目视存在间隙的部位进行测量，任意一处塞尺插入时即为中心销变形超限，涂打加修标识，存放于待调修中心销存放箱。

(2)磨耗检测。使用中心销直径检测量规48Z端卡量中心销，分上、中、下三处对圆柱部位分别测量，每处成“十字”垂直方向分别测量，重点检测中部易磨耗部位，任意一处卡入量超过中心销半径时，即为中心销直径磨耗过限，中心销直径磨耗超过2 mm时报废，涂打报废标识，放置到报废配件存放箱。

183. 简述中心销调修作业过程。

答：将中心销放置在电阻炉内对中心销加热，设置加热温度为800 ℃后，电阻炉加热完成后发出提示音时，打开炉门，使用夹具取出中心销，拱面朝上放置在压力机上，使用定位胎具固定中心销。启动压力机，进行压调，目视底面与胎具均接触时，松开压头。

184. 简述平面下心盘平面检测作业要点。

答：将下心盘翻转至平面向上，检查圆锥台、螺栓孔、四角及圆脐根部圆周出现裂纹时报废。发现平面处有钢砂嵌入造成磨耗时使用钢板尺和2 mm针规进行检测，将钢板尺侧面搭在磨耗位置上方，与心盘未磨耗部位贴靠，使用2 mm针规测量磨耗处与钢板尺间隙，插入时(磨耗超过2 mm)时报废，未超限时使用角磨机对凸起部位进行打磨，与未凸起平面平滑过渡。报废时涂打报废标识。

185. 简述下心盘直径磨耗检测作业要点。

答：使用下心盘检测量规，量规一侧贴靠心盘内圆面，另一侧不能插入内圆面合格，测量时沿十字方向分别测量，至少测量2次，插入时更换新品。转K6、转K5型使用378Z量规插入，转K2、转K4型使用352Z量规插入，转8G、转8AG型使用308Z量规插入。

186. 简述心盘磨耗盘检测作业要点。

答：(1)心盘磨耗盘立面磨耗检测。使用厚度测量尺卡爪分别卡住心盘磨耗盘圆锥面，至少沿“十”字方向均匀测量4处，对目视存在磨耗部位重点检查，查看剩余厚度。转8AB、转8B型剩余厚度不小于3 mm时合格，转K2、转K4、转K5、转K6型剩余厚度不小于4 mm时合格，超限时报废，涂打报废标识，放置于报废配件存放箱。

（2）心盘磨耗盘底面磨耗检测。使用厚度测量尺卡爪分别卡住心盘磨耗盘底面，至少沿“十”字方向均匀测量4处，对目视存在磨耗部位重点检查，查看剩余厚度。转8AG、转8G、转8AB、转8B型剩余厚度不小于3 mm时合格，转K2、转K4、转K5、转K6型剩余厚度不小于4 mm时合格。超限时报废，涂打报废标识，放置于报废配件存放箱。

187. 简述旁承检查作业要求。

答：（1）旁承磨耗板检查。使用钢丝刷清理旁承磨耗板工作表面的油脂、油漆、氧化皮等各种污物。目视检查旁承磨耗板裂损或扳动磨耗板检查磨耗板松动时报废。报废的磨耗板使用白油漆在旁承磨耗板上标注“×”报废标识。

（2）橡胶体检查。检查弹性旁承体纵向定位橡胶块与两侧金属板中的一侧全部脱开时报废，使用白油漆在旁承体两侧面标注“×”报废标识。

（3）旁承座检查。目视检查弹性旁承体及旁承座须有永久性型号标识，JC型旁承座两侧侧壁上均为平面；JC-3型旁承座一侧侧壁上铸造有2个凹形挡销孔。目视检查，旁承座裂损时报废，报废时使用白油漆在旁承座侧面和底面标注“×”报废标识。

（4）旁承滚子、滚子轴检查。目视检查旁承滚子、滚子轴裂损时报废，报废时使用白油漆在滚子、滚子轴上标注“×”报废标识，放入报废配件箱。

188. 简述转向架组装交验时的检查项目。

答：转向架组装交验时应检查的项目主要有：摇枕上平面与侧架的间隙；斜楔正位；侧架导框与承载鞍顶部及前后、左右的配合间隙；承载鞍、挡键与轴承及前盖、后挡的相互间隙；制动梁及制动零部件组装状态，安全链松余量；交叉支撑装置的组装状态；下拉杆与制动梁安全吊间隙；交叉支撑装置与下拉杆及闸瓦托各部间隙；下旁承组装状态；下心盘组装等。转向架组成后须经过下部限界检查,各部间隙符合规定。

189. 简述BD型旁承磨耗板检查作业要点。

答:摆式转向架下旁承尼龙磨耗板检测。旁承磨耗板磨耗深度大于3 mm时更换。使用JC型双作用弹性旁承段修检测量规9Z端分别与顶面、侧面贴靠,深入弹性旁承尼龙磨耗板边缘15 mm处,检测最小剩余厚度,工作面超出旁承磨耗板边缘,磨耗超限。新型顶部有凸圆的旁承磨耗板磨耗:目视凸圆面剩余厚度,磨平即为超限。超限时使用白油漆在旁承磨耗板上标注"×"报废标识。

190. 简述BD型旁承检查作业要点。

答:目视检查,橡胶体可有龟裂,发现连续裂纹时,使用厚0.3 mm、宽10 mm的塞尺在裂纹中部测量裂纹深度,使用钢板尺测量裂纹长度,裂纹深度大于5 mm或长度大于周长的50%时报废。目视检查,橡胶体与金属体存在剥离,使用钢板尺测量剥离长度,连续剥离长度大于上、下表面圆周周长的33%或累积剥离长度大于上、下表面圆周周长的50%时报废。使用钢板尺测量旁承体上、下部底平面的距离A小于10 mm时更换为新品,超限时使用白油漆在旁承体上划"×"报废标识。距离为10~12 mm时,应在旁承体下平面加装带孔的旁承垫板,A值调整至14^{+1}_{0} mm,垫板厚度为$(14-A)$ mm。

191. 简述JC型旁承加修作业过程。

答:(1)JC、JC-3型弹性旁承体与旁承座分解。将下旁承放置在下旁承分解组装机JC、JC-3型旁承分解工位,按动设备操作面板"泵工作"按钮(颜色显示为绿色),按动"下"按钮,待压头下降到位后,按动"夹"按钮,两侧压头压在弹性旁承体侧板上,对弹性旁承体进行纵向压缩,压缩到位后,两侧压头整体向上取出弹性旁承体,两侧压头松开,取下弹性旁承体。

(2)旁承体自由高检测。使用钢板尺检测旁承体自由高,符合要求时,计算出测量值与B值的差值,选配2 mm、4 mm的调整垫板

1 块,放置在下旁承盒底部;不符合要求时,涂打报废标识,放入报废配件存放箱。

(3)JC、JC-3 型旁承体组装。JC、JC-3 型弹性旁承体与旁承座组装,须纵向压缩旁承体两侧板后垂直向下平行装入旁承座;组装时将 JC、JC-3 型旁承座对应放在专用设备 JC、JC-3 型旁承组装工位,将旁承体放置在旁承座上,两侧压头缓缓压在旁承体两侧板,对旁承体进行纵向压缩,压缩到位后,按动"下"按钮,待旁承体完全压入旁承座内,两侧压头松开,缓慢升起归位。

(4)质量复查。组装后检查旁承体侧板与旁承座定位槽内侧面须密贴,旁承体顶板和侧板不得产生永久变形,如有变形,需对旁承体纵向压缩侧板时其侧面承压面积和纵向压缩后尺寸复测,不合格时重新分解检修。使用下旁承磨耗板上平面至滚子上部距离测量尺复测 *B* 值,复测合格时标注检测合格标识,放入合格品配件存放箱,复测不合格时重新分解检修。

192. 简述弹簧自动检测作业要点。

答:(1)使用枕簧自动检测机对枕簧按辆份逐个进行检测。先选择转向架型号,然后点击显示器界面上的"开始测量"或按下控制面板上的"测量"按钮,系统开始工作。

(2)将内、外枕簧分开依次排列在传送链上,系统即可自动进行弹簧的测量,依次逐个进行检测。枕簧自动测量机校验不合格不得使用。枕簧须逐个进行自由高测量,若枕簧自动检测机出现故障,必须逐个进行人工检测。对枕簧自动检测机测量的首辆份枕簧进行人工检测复核。

(3)测量时按辆份检测,当枕簧检测不合格时,根据各型圆弹簧规格表替换为合格枕簧。

193. 简述组合式斜楔更换主摩擦板作业步骤。

答:将组合式斜楔侧面向下,主摩擦板开口销劈开方向朝上,放置在检修平台上,使用劈销器将开口销两边闭合,使用手锤敲击退出开口销,取下调整垫圈,主摩擦板与斜楔体分离。使用游标卡尺测量调整垫圈厚度 A 值。选用合格主摩擦板,主摩擦板型号与斜楔体型号须一致,将斜楔主摩擦板塞入斜楔体圆孔内,按照要求选配安装调整垫圈,组装开口销,经质量复查合格后再将开口销劈开,劈开角度不小于 60°。

194. 简述制动杠杆、拉杆孔距检测作业步骤。

答:将杠杆、拉杆放置在检测平台上,依次检测固定杠杆、游动杠杆、拉杆,测量时将制动杠杆、拉杆孔距校对尺固定锥插于杠杆、拉杆中孔,调整支撑螺杆,使尺身保持水平,然后将活动锥分别插入上孔或下孔,推动滑尺贴靠工作面,读取滑尺刻线对应的示值。杠杆孔距,刻度值达到 ±3 mm 时超限。超限时使用白粉笔圈划出故障位置,并在杆体上标注"#"及"堵焊加工"加修标识。拉杆测量时,刻度值大于 10 mm 时超限。超限时使用白粉笔圈划出故障位置,并在杆体上标注"#"及"堵焊加工"加修标识。

195. 简述制动杠杆、拉杆腐蚀、磨耗检测作业步骤。

答:杠杆磨耗及拉杆腐蚀、磨耗检测。将杠杆、拉杆放置在检测平台上,依次对杠杆磨耗、拉杆腐蚀磨耗进行检测,杠杆每孔水平处均需测量,拉杆至少测量一处腐蚀、磨耗最大处。测量时将圆销孔综合检测量规 3Z 端垂直插入磨耗或腐蚀最深处,观察量规工作面与杠杆、拉杆未磨耗部位状态,发现工作面与杠杆、拉杆未磨耗部位均接触时,说明磨耗、腐蚀深度超限。杠杆磨耗超限时,使用白粉笔在杠杆上圈画出故障位置并标注"#"及"焊修"加修标识。拉杆腐蚀、磨耗超限时报废,报废时涂打报废标识。

196. 简述转 K2 型承载鞍顶面磨耗及顶面偏磨检测方法。

答:将承载鞍顶面朝上置于检测仪上,调整定位板螺栓,定位板卡紧承载鞍,移动滑座和百分表至承载鞍顶面,至少在两侧各测量 2 处,测量承载鞍顶面最大、最小尺寸,最大值为顶面磨耗深度,最大值与最小值的差值为偏磨量。顶面偏磨大于 1.5 mm 或磨耗大于 5 mm 时报废,涂打报废标识后,放入报废配件存放箱。

197. 简述交叉支撑装置转向架承载鞍导框底面磨耗检测方法。

答:使用承载鞍综合检测量规贴靠承载鞍导框底面一侧凸台中部位置。转 K6 型承载鞍导框底面水平距离原形为 285 mm,转 K2 承载鞍导框底面水平距离原形为 181 mm, 转 8B、转 8AB、转 8G、转 8AG 型承载鞍导框底面水平距离原形为 309 mm,样板插入(导框底面一侧磨耗大于 2 mm 或两侧磨耗之和大于 3 mm)时报废。以相同方法测量另一侧导框底面磨耗。报废时涂打报废标识,放入报废配件存放箱。

198. 简述承载鞍鞍面半径磨耗检测方法。

答:使用承载鞍综合检测量规圆弧垂直贴靠承载鞍鞍面一侧圆弧部位,观察量规圆弧测量面与承载鞍鞍面无间隙时合格。存在间隙时,使用 0.5 mm 针规检测,插入时报废。以同样方法测量另一侧圆弧部位。鞍面两侧凹槽不得存在高于内鞍面的凸起点,高于时报废。报废时涂打报废标识,放入报废配件存放箱。

199. 简述承载鞍推力挡肩磨耗检测方法。

答:使用承载鞍推力挡肩检测量规 Z 端放置于承载鞍推力挡肩内侧,下部与鞍面接触。转 K6 型原形为 163 mm,转 K2、转 8B、转 8AB、转 8G、转 8AG 型原形为 $153^{+1.6}_{0}$ mm,旋转量规,Z 端可通过推力挡肩时磨耗超限。转 K6 型两端存在磨耗但样板检查不超限(不大于 165.8 mm)时,转 K2、转 8B、转 8AB、转 8G、转 8AG 型两端存在磨耗但样板检查不超限(不大于 155.8 mm)时,使用角磨机对推力挡肩磨耗部位边缘凸起位置进行打磨,消除棱角,平滑过渡。样板检测超限时报废。使用相同方法至少在推力挡肩前、中、后部各测量 1 处。报废时涂打报废标识,放入报废配件存放箱。

200. 简述轴箱橡胶垫承载层橡胶与金属衬板裂纹检测方法。

答:目视检查发现轴箱橡胶垫承载层橡胶与金属上、下衬板粘接处(上侧或下侧)存在裂纹时,使用钢板尺测量裂纹长度,同时使用钢板尺插入裂纹内测量出裂纹深度。累计裂纹长度大于230 mm,且深度大于5 mm时橡胶垫报废,涂打报废标记,放入报废品存放箱。

201. 简述轴箱橡胶垫橡胶体表面裂纹检测。

答:目视检查轴箱橡胶垫橡胶体表面出现裂纹时,使用钢板尺测量裂纹长度,同时使用钢板尺插入裂纹最深处,测量裂纹深度,裂纹累计长度大于180 mm,且深度大于5 mm时橡胶垫报废,涂打报废标记,放入报废品存放箱。

202. 简述转K4、转K5型转向架更换导框摇动座选配要求。

答:转K4、转K5型转向架承载鞍和导框摇动座需要更换时,同一转向架更换的承载鞍和导框摇动座必须相互匹配,即无识别标记的*R*250 mm大圆弧半径承载鞍配无识别标记的*R*125 mm大圆弧半径导框摇动座;识别标记为"A"和"A1"的*R*80 mm小圆弧半径承载鞍配识别标记为"A1"的*R*70 mm小圆弧半径导框摇动座。转K4型转向架装用的识别标记为"A"的承载鞍和导框摇动座报废需补充时,应补充识别标记为"A1"的承载鞍和导框摇动座;转K5型转向架装用的识别标记为"A"的承载鞍和导框摇动座报废需补充时,应补充识别标记为"A1"的承载鞍和导框摇动座。同一转向架导框摇动座的圆弧半径必须相同。

203. 简述横跨梁触板磨耗板更换作业要点。

答:将待修横跨梁放到加修平台上,切除旧磨耗板,使用A302或E306H不锈钢焊条在横跨梁触板上焊装材质为0Cr18Ni9的触板磨耗板,焊修时两长边须满焊。磨耗板规格:转8AG、转8G、转8AB和转8B型横跨梁触板磨耗板规格为150 mm×70 mm×(5~20)mm,其他型式横跨梁触板磨耗板规格为175 mm×95 mm×(5~20)mm。

204. 简述制动梁各部位限度检测要求。

答：(1)安全链链环直径检测。链环直径磨耗不大于3 mm，使用制动梁综合检测量规测量安全链链环直径磨耗。用量规9Z端插入组合式制动梁安全链链环磨耗处，插入量超过安全链环半径时超限。

(2)安全链吊座厚度检测。安全链吊座剩余厚度不小于4 mm，使用制动梁综合检测量规测量安全链座剩余厚度。将量规4Z端插入安全链座上、下平面，止住时合格，止不住时超限。

(3)安全链座孔距上边缘剩余宽度检测。安全链座孔距上边缘剩余宽度不小于8 mm，使用制动梁综合检测量规8Z端测量制动梁安全链座孔距上边缘剩余宽度，卡入超限。

(4)安全链卡子磨耗检测。使用制动梁综合检测量规2Z端测量安全链卡子局部磨耗，卡入超限。经检查，状态良好的安全链卡子可不分解。

205. 简述更换制动梁卡子作业步骤。

答：(1)使用氧—乙炔割炬对安全链卡子螺栓进行切除，使用手锤敲出切割后的螺栓，取下安全链卡子，放入报废品存放箱内。

(2)卡子选配，同一制动梁两安全链卡子型号须一致，将良好制动梁安全链卡子套装到制动梁架上。

(3)确定安装位置，使用卷尺以制动梁支柱中心为中心线，向两侧各测量500 mm确定为安全链卡子中心线，两安全链卡子的中心距符合(1 000 ± 5) mm，在安装位置处涂抹防锈底漆。

(4)用专用工具将安全链卡子压装在制动梁架上。

(5)将制动梁安全链上的长孔眼环螺栓穿入安全链卡子孔内，组装垫圈和螺母，紧固后检查卡子切点B、C间隙不大于4.5 mm，合格后对螺栓进行点焊固。

206. 简述制动梁涂打检修标记作业要求。

答：(1)拿起字模，让字模正面左端与支柱右侧贴靠，拿白粉笔在梁架上标注字模标记位置。取下字模,使用油漆刷涂刷黑色底漆,要求底漆高度与梁架等宽,宽度方向覆盖字模标记位置。

(2)待底漆干燥后(以不粘手为准),拿起字模,字模正面左端与支柱右侧贴靠,此时标记位置距离支柱中心200 mm,使用白色油漆喷枪涂打标记,包括检修车间简称和检修年月。检修年月为4位数字,字号为20号。

207. 简述制动梁支柱螺栓组装作业要求。

答:将螺栓穿上平垫圈、标志牌,从支柱一侧穿入支柱和夹扣,在夹扣一侧的螺栓头部穿入平垫圈、弹簧垫圈,拧上螺母。L-A、L-B型组合式制动梁支柱螺栓使用扳手紧固后,将螺母与螺栓点焊固。L-C型组合式制动梁支柱螺栓紧固力矩符合为80~120 N·m,使用扭矩扳手进行紧固,紧固后将螺母与螺栓点焊固。

208. 制动梁闸瓦托铆钉更换时须符合哪些要求?

答:将制动梁固定后,使用设备上的铣刀切除L-A、L-B型制动梁原瓦托铆钉头,使用手锤、冲子冲出铆钉,并放置到报废品存放箱内。L-A型、L-B型组合式制动梁用拉铆钉或小半圆头铆钉将瓦托与梁架紧固。原采用拉铆钉连接的可更换为直径13 mm,杆长58 mm,材料为BL3的小半圆头铆钉。原采用小半圆头铆钉的仍采用同型号铆钉。

209. 简述制动梁闸瓦托铆钉铆接要求。

答:将制动梁运输到制动梁闸瓦托铆钉工位,并固定牢靠。检查油缸与液压站连接状态,启动液压站。将新选配的铆钉放置于铆钉加热炉内加热至橘红色,使用钳子将加热的铆钉放在铆接孔之中,再将下压头抵住铆钉头,上压头垂直在铆钉尾的下方。按下铆接按钮,上压头下移使铆钉尾部变形成半圆形球面。仔细观察铆接过程,待铆固完成上、下压头归位后检查铆固质量。

210. 简述制动梁闸瓦托分解作业过程。

答:将制动梁固定在制动梁综合检修设备上,使用设备上的铣刀切除 L-A、L-B 型制动梁原瓦托铆钉头，使用手锤、冲子冲出铆钉，并放置到报废品存放箱内。启动制动梁综合检修设备液压站，通过高压橡胶软管接通液压油，按下向前按钮，压头向前贴到旧的闸瓦托以后松开按钮；再放下拉钩，使拉钩钩住闸瓦托的端面；再按住向后按钮，旧的闸瓦托慢慢离开制动梁架；最后停留在闸瓦托定位滑板上，松开按钮并将拉钩翻起向上，取下旧闸瓦托并放入报废品存放箱内。

211. 简述制动梁更换闸瓦托选配要求。

答：(1)L-A 型、L-B 型组合式制动梁用拉铆钉或小半圆头铆钉将瓦托与梁架紧固。原采用拉铆钉连接的可更换为直径 13 mm，杆长 58 mm，材料为 BL3 的小半圆头铆钉。原采用小半圆头铆钉的仍采用同型号铆钉。

(2)L-A、L-B 型组合式制动梁更换闸瓦托时，不得将制动梁架上的铆钉孔堵焊后重钻。止孔底壁厚为 7.5 mm 的闸瓦托须与长度为(1 606 ±2) mm 制动梁架配套使用；止孔底壁厚为 10.5 mm 的闸瓦托须与长度为(1 600 ±2) mm 制动梁架配套使用。

(3)L-A、L-B 型组合式制动梁更换闸瓦托时，闸瓦托、支柱及夹扣须配套。瓦鼻槽底至止孔边距为 28 mm 的闸瓦托，配套的支柱孔中心至 U 形槽中心距为(183 ±1) mm，夹扣与支柱配合面至 U 形槽中心距为 64^{+0}_{-1} mm；瓦鼻槽底至止孔边距为 18 mm 的闸瓦托，配套的支柱孔中心至 U 形槽中心距为(175 ±1) mm，夹扣与支柱配合面至 U 形槽中心距为 58^{0}_{-1} mm。

212. 简述制动梁两闸瓦托组装后检测项目。

答：(1)制动梁两闸瓦托中心距测量。使用制动梁全长及托距测量尺固定测头和活动测头分别置于闸瓦托上中部支承面中部，活动测头压片刻线所对应主尺上的刻线示值，组合式制动梁为 1 520 ~1 530 mm 时合格。

(2)制动梁两闸瓦托中心至支柱中心距离差(L 差)检测。使用制动梁 L 差测量尺固定测头和活动测头分别置于两闸瓦托支承面中部，L 差测头插入支柱。压片刻线对应主尺的示值与 L 差测头右侧边对应滑尺的示值之差不大于 15 mm 时合格，超限时重新更换闸瓦托。

(3)制动梁两闸瓦托扭曲检测。使用制动梁两闸瓦托扭曲量具放置两闸瓦托上，测头与上支承面端部三点接触，用塞尺测第四处与量具 $R451$ mm 弧的间隙，大于 10 mm 时超限。超限时重新更换闸瓦托。

(4)制动梁两闸瓦托倾斜度检测。使用制动梁两闸瓦托倾斜度量具置于两闸瓦托上，测头 1∶20 斜面与支承面中部贴靠。用 2 mm 塞尺分别测两闸瓦托外侧间隙，大于 2 mm 时超限，超限时重新更换闸瓦托。

(5)组合式制动梁支柱孔中心至闸瓦托弧面中心距检测。使用组合式制动梁支柱孔中心至闸瓦托弧面中心距检测量规两端定位板置于闸瓦托支撑面中部，将测头插入支柱孔。压片所对应滑尺示值为 51 ~ 60 时合格。超限时重新更换闸瓦托。

213. 简述制动梁更换支柱时选配及压装作业要求。

答:(1)支柱选配。检测取下的支柱长度，根据检测长度，在检测长度 ±1 mm 范围内，选配同型号支柱。更换支柱时须选配，方向与原结构一致，L-A 型、L-B 型组合式制动梁梁架张开量 1~4 mm。

(2)定位。使用卷尺测量两闸瓦托铆钉中心线。在梁架上划出中心线后，用专用划针在制动梁梁架中心线两侧 40 mm 处划出支柱定位线(两定位线间距为 80 mm)。

(3)支柱压装。使用平衡吊将待压装支柱的制动梁吊运至支柱压装机上，并固定牢靠。将支柱头部卡在制动梁弓形杆顶部，支柱 U 形槽头部须位于两条支柱定位线之间，用支柱压装机将支柱向制动梁架上压装。支柱与梁架弓形梁或弓形杆圆弧须贴合，使用检点锤敲击检查，不得松动。

214. 简述制动梁支柱夹扣组装要求。

答:(1)螺栓连接结构。将L-A型、L-B型组合式制动梁夹扣置于梁架两定位线之间,与支柱中心对正,用液压卡钳将夹扣与已压装的支柱夹紧,夹扣U形槽两平面与制动梁架翼面配合无间隙。将梁架上捆绑的制造标牌取下,穿入螺栓上,再将螺栓、标牌从支柱上端螺栓孔处穿入,在螺栓另一侧穿上ϕ16 mm的平垫圈、弹簧垫圈,拧上螺母,使用风动扳手进行紧固,紧固后对螺栓进行点焊固,焊波不小于螺栓直径的1/3圈。

(2)拉铆连接结构。将L-A型、L-B型组合式制动梁夹扣置于梁架两定位线之间,与支柱中心对正,用液压卡钳将夹扣与以压装的支柱夹紧,夹扣U形槽两平面与制动梁架翼面配合无间隙。将梁架上捆绑的制造标牌取下,穿入拉铆销上,再将拉铆销、标牌从支柱上端螺栓孔穿入,在拉铆销头部套上套环,使用拉铆枪对拉铆销进行拉铆。

215. 简述更换制动梁支柱衬套作业过程。

答:(1)分解衬套。

①将制动梁水平固定在压力机的工作台上,使压力机压头对正衬套。

②按下压力机启动按钮,压力机压头自动将衬套缓慢压出。

③待压头归位后,取出旧的衬套放到报废品存放箱内。

(2)检查销孔及衬套。目视检查销孔表面不应有裂纹,衬套内、外表面不应有裂纹、破损、缺角、夹杂物及氧化锈蚀等缺陷。

(3)使用游标卡尺分别测量衬套外径与孔的内径,计算过盈量为0.05~0.10 mm。

(4)镶套。使用毛刷在衬套外表面涂刷白铅油,然后将衬套水平放在销孔上,使压力机压头对准衬套中心。按下压力机启动按钮,压头自动将衬套缓慢压入镶套孔内。待压头归位后,使用平衡吊将制动梁吊运检测平台。

216. 简述制动梁拉力试验作业步骤。

答:打开微控制动梁拉力试验机电源开关,接通设备电源;开启计算机,运行操作系统。

(1)启动油泵电机,观察运行情况,无异常后,开始试验。

(2)标定。使用平衡吊将制动梁吊运到试验台上,点击"标定开始"选项,系统自动找到相应的程序标定,当最后一个力标定完成后,点击"返回"选项退出标定程序。

(3)参数设置。点击制动梁试验菜单,在制动梁型号框中选择相应的制动梁型号,根据《制动梁检修卡》(ZG-27)在制动梁编号框中输入制动梁编号,在制动梁基本信息框中输入制造时间、制造厂家、制造编号。

(4)拉力试验。点击试验"开始"按钮,进行拉力试验。预加载69 kN,保持2 min,连续3次后,再加载至103.5 kN,挠度须不大于2.5 mm,设备自动完成试验。

(5)打印试验数据。试验完成后点击"打印"按钮,打印试验所得的图形及数据报表。合格的制动梁清除"拉力试验"标识,并使用平衡吊吊运到合格制动梁存放架上,不合格的制动梁清除"拉力试验"标识后,使用白粉笔在支柱上标注"#"及"换柱"标识,使用平衡吊吊运到待加修制动梁存放架上。

217. 简述制动梁检查作业步骤。

答:制动梁检查时将制动梁以支柱为界分为两部分,单侧检查流程依次为:滑块磨耗套检查→闸瓦、闸瓦托检查→支柱检查→涂打标记检查→安全链及安全链卡子(吊座连接处)检查。每个制动梁承载小车上放置有两根制动梁,每次检查单侧两根制动梁,检查完毕后旋转小车180°,再根据检查流程检查另一侧。

218. 交叉支撑装置转向架检修主要包含哪些方面?

答:分解挡键,构架与轮轴分解,构架冲洗,分解下心盘及磨耗盘,分解下旁承,分解承载鞍及轴箱橡胶垫(橡胶弹簧),分解横跨梁，分解制动拉杆、杠杆及支点，分解制动梁，分解减振装置，构架正位检查，构架翻转位检查，分解交叉支撑装置（需要时），分解后的配件集中加修，侧架导框检修，侧架立柱磨耗板检修，侧架滑槽磨耗板，横跨梁托检修，摇枕斜楔摩擦面磨耗板检修，摇枕固定杠杆支点座、安全链吊座、上拉杆托架检修，检修合格的配件辆份制配送，组装交叉支撑装置（需要时），组装减振装置，组装制动梁，组装制动拉杆、杠杆及支点，组装横跨梁，组装承载鞍及轴箱橡胶垫，组装下心盘及磨耗盘，组装下旁承，组装轮轴，组装挡键，转向架落成检查。

219. 摆式转向架检修主要包含哪些方面？

答：分解挡键，构架与轮轴分解，构架冲洗，分解下心盘及磨耗盘，分解下旁承，分解轴箱悬挂装置，分解横跨梁，分解制动拉杆、杠杆及支点，分解制动梁，分解减振装置，构架正位检查，构架翻转位检查，分解弹簧托板、摇动座（DZ2 型），分解后的配件集中加修，侧架导框及导框摇动座检修，侧架立柱磨耗板检修，侧架滑槽磨耗板，横跨梁托检修，摇枕斜楔摩擦面磨耗板检修，摇枕固定杠杆支点座、安全链吊座、上拉杆托架检修，检修合格的配件辆份制配送，组装弹簧托板及摇动座（DZ2 型），组装减振装置，组装制动梁，组装制动拉杆、杠杆及支点，组装横跨梁，组装轴箱悬挂装置，组装下心盘及磨耗盘，组装下旁承，组装轮轴，组装挡键，转向架落成检查。

220. 副构架转向架检修主要包含哪些方面？

答：分解挡键，构架与轮轴分解，构架冲洗，分解下心盘及磨耗盘，分解下旁承，分解轴箱悬挂装置（DZ3 型），分解制动拉杆、杠杆及支点，分解制动梁，分解减振装置，分解轮对径向装置，构架正位检查，构架翻转位检查，分解后的配件集中加修，侧架止挡凸台检修，侧架滑槽磨耗板，摇枕斜楔摩擦面磨耗板检修，摇枕固定杠杆支点座、安全链吊座检修，检修合格的配件辆份制配送，组装轮对径向装置、组装减振装置、组装制动梁，组装制动拉杆、杠杆及支点，组装轴箱悬挂装置，组装下心盘及磨耗盘，组装下旁承，组装轮轴，组装挡键，转向架落成检查。

221. 三大件式转向架检修主要包含哪些方面？

答：分解挡键，构架与轮轴分解，构架冲洗，分解下心盘及磨耗盘，分解下旁承，分解承载鞍，分解横跨梁，分解制动拉杆、杠杆及支点，分解制动梁，分解减振装置，分解后的配件集中加修，构架正位检查，构架翻转位检查，侧架导框检修，侧架立柱磨耗板检修，侧架滑槽磨耗板，横跨梁托检修，摇枕斜楔摩擦面磨耗板检修，摇枕固定杠杆支点座、安全链吊座检修，检修合格的配件辆份制配送，组装减振装置，组装制动梁，组装制动拉杆、杠杆及支点，组装横跨梁，组装承载鞍，组装下心盘及磨耗盘，组装下旁承，组装轮轴，组装挡键，转向架落成检查。

222. 构架式转向架检修主要包含哪些方面？

答：分解空重车传感阀装置，分解轴箱吊杆及轴箱定位装置，轴箱弹簧，构架与轮轴分解，构架冲洗，分解下心盘，分解下旁承，分解制动梁，分解制动拉杆、杠杆及支点，分解后的配件集中加修，构架正位检查，构架翻转位检查，构架各梁检修，构架导框座，斜楔座检修，检修合格的配件辆份制配送，组装制动拉杆、杠杆及支点，组装制动梁，组装下心盘，组装下旁承，组装轴箱定位装置，组装轴箱吊杆及轴箱、轴箱弹簧，构架与轮轴组装，组装空重车传感阀装置，转向架落成检查。

223. 转向架检修时应及时采用哪些装备？

答：应及时采用以下装备：具备拍照、图像放大、存储功能的摇枕内窥检查装置，承载鞍自动检测装置，斜楔自动检测装置，弹性旁承组成分解组装及刚度检测装置，转向架性能检测装置等。

第二部分　轮　　轴

224. 装用滚动轴承的车辆电焊时,为什么须将轮对与侧架分离或架车后进行?

答:这样做的目的是防止电流通过轴承。因为电焊电流通过轴承时会在轴承内部零件滚子、内圈、外圈、保持架之间引起打火现象。滚子、内圈、外圈上产生电蚀,严重影响轴承质量,危及行车安全。

225. 为什么滚动轴承各滚动面会产生表面剥离?

答:滚动轴承各滚动面产生表面剥离,最基本的原因是材料表层发生早期疲劳。其主要原因有四点:

(1)轴承材料制造缺陷或热处理不良。

(2)轴承在长期使用中受交变载荷的作用。

(3)轴承滚动面发生腐蚀或电蚀。

(4)滚动表层发生局部外伤、过载、偏载而引起接触应力增大。

226. 简述滚动轴承游隙的种类和用途,其过大或过小有什么危害?

答:滚动体在内、外圈之间的径向或轴向间隙叫游隙,游隙分为径向游隙及轴向游隙,其用途是保证滚动体自由转动和均匀地承担载荷。若游隙过小,则滚动体转动困难,容易增加磨损引起热轴。若游隙过大,则使轴承局部负荷加大,缩短其使用寿命。

227. 车轴裂纹的定义是什么?

答:(1)外部检查能看到的轴身局部断裂缝隙,或用电磁探伤检查时,轴身有锯齿状聚粉痕迹不散,是车轴的外部裂纹。

(2)用超声波探伤检查出车轴内部缺陷,由里向外的局部断裂是车轴的内部裂纹。

(3)车轴在使用过程中,由于受碰撞外伤、严重腐蚀以及车轴材质缺陷导致车轴裂纹,称为疲劳裂纹。

(4)裂纹长度方向与车轴中心线之夹角在45°以下的称为纵向裂纹,在45°及以上的称为横向裂纹。

228. 铁路货车轮轴修程分为哪些?分别要达到怎样的检修目的?

答:铁路货车轮轴修程分为轮轴一级修、二级修、三级修、四级修,一级修的目的是维护轮轴的基本使用性能,二级修、三级修的目的是维护轮轴的技术性能,四级修的目的是恢复轮轴的技术性能。

229. 铁路货车轴承修程分为哪些?分别要达到怎样的检修目的?

答:铁路货车轴承修程分为一般检修和大修,轴承一般检修的目的是维护轴承的技术性能,轴承大修的目的是恢复轴承的技术性能。

230. 铁路货车轮轴修复后可装用于哪些修程货车?

答:(1)一级修是经过对轴承、车轮外观技术状态检查,不需要退卸轴承,仅对车轮踏面进行旋修的轮轴检修,主要结合货车站修进行,修复后可装用于辅修、临修货车。

(2)二级修是经过对轮轴外观技术状态检查,不需要退卸轴承但需探伤的轮轴检修,主要结合货车段修、入段厂修进行,修复后可装用于段修及以下修程货车。

(3)三级修是经过对轮轴外观技术状态检查,需退卸轴承而不需退卸车轮的轮轴检修,主要结合货车段修、入段厂修、工厂(公司)厂修进行,修复后可根据要求装用于各级修程货车。

(4)四级修是检修过程中需退卸车轮并进行重新组装的轮轴

检修，主要在车辆段轮轴（车轮）车间和工厂（公司）进行，修复后可装用于各级修程货车。

231. 车轴在哪些情况时应报废？

答：（1）50 钢、LZ45CrV 钢材及进口车轴使用时间满 25 年。

（2）40 钢车轴使用时间满 22 年。

（3）车轴使用时间满 20 年有横向裂纹时。

（4）使用时间达到 20 年的国产 RD_2 型 40 钢车轴轮对需退轮时。

（5）使用时间达到 15 年的国产 RD_2 型 D1 等级车轴轮对需退轮时。

（6）RD_2 型 D1 等级车轴使用时间满 20 年。

（7）轴端有"++"标记的车轴，使用时间满 20 年。

（8）长大货物车、机冷车轮对使用时间满 30 年。

232. 如何计算轴承的使用寿命？

答：轴承的使用寿命以新造、大修轴承的使用时间或里程为准，新造、大修轴承的使用时间或里程自首次压装时间开始分别计算。

233. 轴承的工作原理是什么？

答：滚动轴承是借助于滚子在轴承内、外圈滚道上滚动来实现力的传递。轴承的内圈通过过盈配合与车轴轴颈相配合，当车轮带动车辆运行时，轴承内圈随车轴轴颈转动，并带动轴承滚子围绕其轴心自转，在自转的同时，带动滚子沿轴承内外圈滚道公转。在滚子转动过时，通过保持架来固定各滚子之间的位置，保证滚子沿滚道均匀分布，同时防止滚子倾斜、脱落，引导每列滚子转动有序，互不干涉。

234. 铁路货车滚动轴承有哪几部分组成？

答：由七部分组成，分别为外圈、内圈、滚子、保持架、中隔圈、密封装置和塑钢隔圈。

235. 无轴箱双列圆锥滚子轴承质量保证要求有哪些?

答:(1)新造轴承自首次装车之日起,在质量保证期内,因轴承材料缺陷原因或轴承制造质量原因造成的行车事故,由轴承制造单位承担事故责任。在运用过程中发现的由于材料缺陷或制造质量原因造成的故障轴承,由轴承制造单位免费更换。

(2)大修轴承自首次装车之日起,在质量保证期内,因轴承大修质量原因或轴承零部件材料缺陷原因造成的行车事故,由轴承大修单位或轴承零部件制造单位承担事故责任。在运用中发现的由于轴承大修质量原因造成的故障轴承,由轴承大修单位免费更换。

(3)一般检修轴承自装车之日起,在1个段修期内,由于一般检修质量问题造成的行车事故,由一般检修单位承担事故主要责任。轴承自压装之日起,在1个段修期内出现轴承压装松动等压装质量问题时,由轴承压装单位负责。

(4)轴承不退卸只进行外装检查时,经外观检查确认良好的轴承,可继续装车使用,并由装车单位承担3个月的外观质量保证责任。

(5)实行寿命管理的轴承,当剩余寿命小于1个段修期时,经检查确认良好可继续装车使用,并由装车单位承担超出使用质量保证期部分的质量保证责任。

236. 轮轴检修主要包括哪些工装设备?

答:轴端三孔加工设备、车轴数控车床、车轴成型磨床、车轴外圆磨床、车轴荧光磁粉探伤机、数控立式车床或数控立式镗床、轮对自动压装机或轮对自动组装单元(含专用样板轮对)、轴端标记刻打机、微控轴承压装机、标志板刻打机、轴端螺栓智能力矩扳机、轴承磨合机。

237. 轮轴检修主要检测器具有哪些?

答:车轴全长及轴肩距测量尺、车轴圆弧检查样板、轴端螺栓孔塞规、轴端三孔位置度量规、游标深度尺（深度游标卡尺）、粗糙度测量仪、粗糙度比较样块、内径千分尺（表）、标准样环、轮对内侧距检测尺、轮位差测量尺、车轮检查器、轮径尺、车轮踏面形状检查样板、轮对偏心测量器、外径千分尺、轴承轴向游隙检测仪、扭矩扳手。

238. 如何进行车轮踏面外观状态检查?

答:检查前用标记笔在踏面上涂打起始标记“—”，车轮踏面附着异物时，须用扁铲等工具清理干净。用检点锤敲击检查车轮踏面，敲击声音应清脆、连续、不沙哑，发现疑似裂纹或声音沉闷等情况时要重点检查。车轮踏面剥离、擦伤、局部凹陷、碾宽及出现裂纹、缺损、粘有熔渣时，须旋修消除。

239. 轮对检测要求有哪些?

答:（1）轮对轮位差不大于 3 mm。

（2）轮对内侧距离为（1 353 ± 2） mm，其任意三处差不大于 1 mm。

（3）同一车轮相互垂直的直径差不大于 0.5 mm；同一车轴上的两车轮直径差不大于 1 mm。

（4）同一车轮相对于轴颈表面的径向跳动不大于 0.6 mm。

（5）轮对内侧距离不符合规定尺寸时不得压调。

240. 如何进行轴身外观状态检查?

答:用手电筒光照检查轴身表面，有打痕、碰伤、磨伤及电焊打火时用磨光机打磨修理，消除棱角后用深度游标尺测量深度。大于 2.5 mm 时，轮轴（轮对）须返四级修程。

241. 如何进行轮缘外观状态检查?

答:检查轮缘缺损、出现裂纹、碾堆、锋芒，须旋修消除。

242. 如何进行轮辋外观状态检查?

答:用手电筒光照和检点锤敲击检查车轮轮辋表面，敲击声音应清脆、连续、不沙哑，发现疑似裂纹或声音沉闷等情况时要重点检查。车轮轮辋裂纹无法消除或辗钢车轮轮辋外侧有沿圆周方向的重皮时，轮轴（轮对）须返四级修程。

243. 如何进行幅板外观状态检查？

答：用手电筒光照和检点锤敲击检查车轮辐板表面，敲击声音应清脆、连续、不沙哑，有锈皮或声音沉闷等情况时要重点检查。有下列情况之一者，轮轴（轮对）须返四级修程。

（1）辐板出现裂纹。

（2）车轮辐板孔存在周向裂纹或纵向裂纹。

（3）辗钢车轮辐板上有沿圆周方向的重皮。

（4）辗钢车轮有铲槽。

244. 双列圆锥滚子压装前应注意哪些事项？

答：（1）轴承压装应在清洁的工作间内进行。压装间的温度应不低于10 ℃。检测和选配前，轴承及附件、轮对及检测器具须同室存放，放置时间应不少于8 h；不能同室存放时，存放处温差不应超过5 ℃。

（2）每班开工前由轴承压装机操作者、工长、检查员、验收员共同对轴承压装机进行日常性能校验，对压装机的主要性能指标进行校验，填写日常性能校验记录并签字，合格后方可开工。

（3）同一轮对上须压装同型号、同厂家的轴承。

（4）轴承压装前，须对轮对实物进行检查核对，确认车轴制造单位代号、车轴制造顺序号、车轴制造时间等信息，保证与轮轴卡片一致。

（5）轴承压装前，须进行外观质量检查，确认无错、缺零件和其他异常现象，车轴轴端中心孔及螺栓孔内无铁屑和污物。

（6）轴承压装前，须将轴颈、防尘板座擦拭干净，测量轴颈直径、圆柱度和防尘板座直径。

（7）轴承压装前，须对轴承制造单位提供记录中的轴承内圈内径尺寸进行复查、确认，根据车轴轴颈尺寸选配轴承，配合过盈量须符合规定。

(8)须根据车轴防尘板座尺寸选配后挡，配合过盈量须符合规定。

(9)轴承压装前须用乙醇或汽油擦拭车轴轴颈、轴颈根部、轴颈后肩、防尘板座。

245. 如何测量轴颈直径、圆柱度和防尘板座直径?

答:按照要求测量轴颈直径、圆柱度和防尘板座直径。车轴轴颈直径须测量Ⅰ、Ⅱ两个截面，每个截面测量2点，测量位置均须相差90°,2点算术平均值为每个截面车轴轴颈直径，Ⅰ、Ⅱ两截面轴颈直径的算术平均值为车轴轴颈直径，Ⅰ、Ⅱ截面轴颈直径之差除以2为车轴轴颈圆柱度，直径不允许在全长范围内向轴颈端部方向逐渐增大;防尘板座直径测量Ⅲ截面，测量2点，测量位置须相差90°,2点算术平均值为防尘板座直径。

246. 如何用乙醇或汽油擦拭车轴轴颈、轴颈根部、轴颈后肩、防尘板座?

答:先在轴颈根部、轴颈后肩、防尘板座配合面上均匀涂刷一层厚度约为0.5 mm的PR-1型车轴轴颈卸荷槽专用防锈脂后，再在轴颈上均匀涂刷一层厚度约为0.5 mm的Ⅱ号防锈极压锂基脂。

247. 轴承压装过程中应注意哪些事项?

答:轴承压装过程中应旋转轴承外圈，保持其旋转灵活;卡滞时须停止压装，退卸检查。轴承的压装力及终止贴合压力须符合规定限度，并保压3 s及以上。

248. 轴承压装后应注意哪些事项?

答:(1)轴承压装后须左右旋转3~5圈，转动须灵活，不得有卡滞。

(2)轴承压装后，须在294~490 N轴向推(拉)力下检测轴承的轴向游隙，轴向游隙须符合规定限度。

(3)轴承压装后,轴端须组装轴承前盖、标志板、防松片、轴端螺栓,并对轴端螺栓用施封锁施封。

249. 轴端螺栓紧固后对防松片有何要求?

答:轴端螺栓紧固后防松片的所有止耳须撬起,每组两个止耳中至少有一个须贴靠在轴端螺栓的六方平面上,防松片只可使用一次。

250. 轴承压装后对标志板有何要求?

答:标志板须使用0.5~1 mm的软性不锈钢板按图样要求制作,组装前须按规定刻打标记,标记刻打须准确、清晰。

251. 轴承压装后对施封锁有何要求?

答:施封锁上须有装用单位和施封锁制造单位代号、“D”或“E”或“F”代号标记,施封锁锁闭后手拉不得开锁。

252. 轴承压装后对轴端螺栓有何要求?

答:轴端螺栓须使用35钢制作,螺栓头部带有锻造的35钢种标记、制造年标记、制造单位代号标记。螺栓组装前须进行外观检查,螺栓不得有滑扣、弯曲、拉长、裂纹,有锈蚀、毛刺者应清除。

253. 轴承压装后还需进行哪些操作?

答:轴承压装后,进行转速不低于200 r/min,时间不少于5 min的磨合测试。轴承转动时不应有异音。应使用测温仪测试轴承温升,宜使用专用诊断测试仪器测试轴承状态,并作好记录。磨合过程中轴承温升不应高于40 ℃。

254. 轴承压装不合格退卸时须符合哪些要求?

答:(1)轴承退卸时,应保证压力机活塞中心与车轴中心在同一直线上。

(2)轴承退卸时,应采取措施防止磕伤轴颈和轴承。

255. 轴承压装后在哪部位涂刷醇酸清漆或非苯类清漆?

答:轴承压装后,须在车轴防尘板座非配合面和轮座外露等部位涂刷醇酸清漆或非苯类清漆。

256. 吊装车轴、车轮、轮对及轮轴时应注意哪些事项?

答:车轴、车轮、轮对及轮轴吊装须采用专用吊具,严禁吊具的金属部位直接接触车轴、车轮的加工配合部位。

257. 轮对在进入自动测量机之前应注意哪些事项?

答:轮对在进入自动测量机之前必须对轮对踏面,轮缘,车轮轮辋内、外侧等测量部位进行清洗和擦拭,确保测量表面无油污、水渍、锈渍等污物,要确保测量部位不附着影响测量精度的其他异物。

258. 如何手工测量车轮直径?

答:(1)用轮径尺测量车轮直径,用标记笔将测量值标注于对应辐板内侧面上,精确到十分位(数值保留小数点后一位)。

(2)有下列情况之一时,轮对须旋修:

①同轮对两车轮的直径差大于1 mm时。

②同一车轮相互垂直的直径差大于0.5 mm时。

259. 如何手工测量轮辋宽度?

答:用长脚游标卡尺测量车轮轮辋宽度,用标记笔将测量值标注于对应辐板内侧面上,精确到十分位(数值保留小数点后一位)。

(1)HDZ型车轮轮辋宽度须在135~140 mm。

(2)其他型车轮轮辋宽度须在137~140 mm。

(3)车轮内距比1 350小1 mm及以下时(1 349~1 350 mm),可旋修轮缘内侧面调整。

(4)轮辋宽度134 mm者,其内距符合1 350~1 356 mm时可继续使用。

(5)不符合上述限度时,须返四级修程。

260. 如何手工测量轴身直径?

答:(1)用长脚游标卡尺测量轴身中央位置直径,用标记笔将测量值标注于轴身表面,精确到十分位(数值保留小数点后一位)。

(2)有下列情况时,轮轴(轮对)须返四级修程:

车轴轴身直径比原形公称直径的减少量≤4 mm（RD_2 型小于 170 mm；RE_2、RE_{2A}、RE_{2B} 型小于 180 mm；RF_2 型小于196 mm）。

261. 如何手工测量轮对内距？

答：（1）先将车轮沿圆周三等分并用标记笔做出标识，用内距尺分别测量三处轮对内距，用标记笔将测量值标注于左侧辐板内侧面上，精确到十分位（数值保留小数点后一位）。

（2）有下列情况之一时，轮轴（轮对）须返四级修程：

①HDZ 型车轮轮辋宽度在 135 ~ 140 mm 时，内距大于 1 356 mm 或小于 1 349 mm 时。

②其他型车轮轮辋宽度在 137 ~ 140 mm 时，内距大于 1 356 mm 或小于 1 349 mm 时。

③轮对内侧距离三处差大于 3 mm 时。

262. 如何手工测量轮辋厚度？

答：（1）用第四种检查器测量车轮轮辋厚度，用标记笔将测量值标注于对应辐板内侧面上，精确到十分位（数值保留小数点后一位）。

（2）有下列情况之一时，轮轴（轮对）须返四级修程：

①无辐板孔车轮轮辋厚度小于 26 mm 时。

②有辐板孔车轮轮辋厚度小于 28 mm 时。

263. 如何手工测量轮缘厚度、垂直磨耗？

答：（1）用货车第四种检查器测量车轮轮缘厚度、垂直磨耗，用标记笔将测量值标注于对应辐板内侧面上，精确到十分位（数值保留小数点后一位）。

（2）有下列情况之一时，车轮须旋修：

①轮缘厚度小于 26 mm 时。

②轮缘厚度大于 33 mm 时。

264. 如何手工测量踏面圆周磨耗？

答：用第四种检查器测量车轮踏面圆周磨耗，用标记笔将测量值标注于对应辐板内侧面上,精确到十分位(数值保留小数点后一位)。踏面圆周磨耗深度大于 3 mm 时,车轮须旋修。

265. 如何手工测量踏面擦伤或局部凹陷深度?

答:用第四种检查器测量车轮踏面擦伤或局部凹陷深度,用标记笔在缺陷位置的轮辋内侧面用弧线标出缺陷位置。

266. 如何手工测量踏面剥离?

答:(1)用第四种检查器测量车轮踏面剥离尺寸,用标记笔在缺陷位置的轮辋内侧面用弧线标出缺陷位置。

(2)有下列情况时,车轮须旋修:

①轮对车轮踏面剥离长度 1 处大于 15 mm 或 2 处及以上且有任何 1 处大于 8 mm 时。

②三级修轮轴装用于厂修车时不得存在剥离。

267. 如何手工测量轮辋外侧碾宽?

答:(1)用钢板尺测量车轮轮辋外侧辗宽,轮辋外侧碾宽大于 5 mm 时,车轮须旋修。

(2)三级修轮轴装用于厂修车时不得存在碾宽。

268. 轴承标志板左右刻打内容?

答:(1)轮轴左端轴承的标志板刻打内容:

A 栏:轴承首次装用年月,等级轴承标记,轴承制造(大修)单位代号,轴承分类代号。

B 栏:轮对第一次组装年月日,左,轴号。

C 栏:轴承本次装用年月日,车轴制造年月、车轴钢钢种代号、车轴制造单位代号。LZ50 钢钢种标记为"W",LZ45CrV 钢钢种标记为"H",LZ40 钢钢种标记为"S"。

D 栏:轴承本次装用单位代号,一般检修单位代号,一般检修符号。

(2)轮轴右端轴承的标志板刻打内容:

A 栏:轴承首次装用年月,等级轴承标记,轴承制造(大修)单位位代号，轴承分类代号。

B栏：轮对最后一次组装年月日，轮对组装单位代号。

C栏：轴承本次装用年月日。

D栏：轴承本次装用单位代号，一般检修单位代号，一般检修符号。

269. 哪些情况轴承须退卸，判定为一般检修？

答：(1)检查标志板A、D栏信息，各型新造、大修轴承在6个月内达到“铁路货车新造、大修轴承使用时间或运行里程”规定的使用时间或运行里程（使用时间以首次压装时间开始计算），但剩余寿命小于6个月者只能做一次一般检修。

(2)检查左端标志板B栏信息，使用时间达到20年的国产RD_2型40钢车轴上的轴承。

270. 哪些情况轴承须退卸，判定为送厂大修？

答：检查标志板A栏信息，各型新造轴承压装后达到“铁路货车新造、大修轴承使用时间或运行里程”规定的使用时间或运行里程（使用时间以首次压装时间开始计算）时，轴承须退卸，判定为送厂大修。

271. 哪些情况轴承须退卸，判定为报废？

答：检查标志板A栏信息，各型大修轴承达到“铁路货车轴承新造、大修质量保证期限及使用时间（运行里程）表”规定的使用时间或运行里程（使用时间以首次压装时间开始计算）时，轴承须退卸，判定为报废。

272. 如何进行轴承外观检查？

答：(1)外圈检查前要对轴承外圈及附件进行除尘，除尘时不得损伤轴承外圈及附件的磷化层。外圈除尘后应保证轴承外圈及密封装置表面无油污和其他附着物，外圈环带中轴承造修标记清晰可辨识。

(2)施封锁状态不良或丢失时，用标记笔在对应车轮辐板外侧面上涂打“施封锁不良”或“施封锁丢失”,需要开盖的轴承在其前盖上用标记笔画“⌒”标识。

273. 哪些情况轴承须退卸,判定为一般检修?

答:(1)轴承前盖、后挡、轴端螺栓、密封装置有裂纹、碰伤、松动、变形和其他异状。

(2)密封罩、密封座、油封、密封组成有裂纹、碰伤、松动、变形,密封组成高于外圈端面。SKF197726、353130B、353132A(352132A)、353132B(353132X2-2RS)型轴承密封组成中。骨架与油封脱胶影响密封性能。

(3)轴承密封失效,有甩油、混砂、混水或油脂变质现象。

(4)铁路货车安全防范系统预报需退卸的轴承。

274. 哪些情况轴承须退卸,判定为报废?

答:(1)发生燃轴或火灾的轴承。

(2)外圈破损的轴承。

(3)外圈出现制造、大修单位或年代不清的轴承。

275. 如何进行轴承转动检查?

答:(1)轴承转动检查前,在外圈上涂打检查起始标记“|”,再进行圆周分段转动检查(保证覆盖一周),然后连续进行转动检查,转动检查判定轴承良好时,在外圈上涂打“√”标记。

(2)转动检查轴承时,应至少满足在相互垂直的四个轴颈面上进行转动检查。

(3)转动时双手紧压轴承外圈,感知轴承内部摩擦和配合情况。

(4)发现有异音、卡滞及其他异状现象时,要通知班组工长和检查员共同确认。

(5)轴承有异音、卡滞、跳动或其他异常现象时须退卸,判定为一般检修。

(6)锈蚀严重,不能正常转动的轴承须退卸,判定为报废。

276. 如何测量轴承轴向游隙?

答:(1)将轴承轴向游隙检测仪置于轴承外圈上,扳动手柄,凸轮自动夹紧轴承外圈,轴向向前(向后)扳动定值扳手,当达到预定力矩时自动打响,不再加力,同时调整百分表到零位;然后在轴向向后(向前)扳动定值扳手,当达到预定力矩时自动打响,此时百分表的读数为轴向游隙值,松开手柄,取出测量仪,完成测量。用标记笔将测量值分别标注于对应车轮轮毂外侧面上,数值保留两位小数。

(2)轴承轴向游隙超过0.75 mm时须退卸,判定为一般检修。

277. 轮对有哪些情况须加工修理?

答:(1)车轮踏面剥离、擦伤、局部凹陷、碾宽、圆周磨耗超限及出现裂纹、缺损、粘有熔化金属。

(2)车轮轮缘厚度超限或轮缘垂直磨耗超限,轮缘缺损、裂纹、碾堆。

(3)同一轮对的两车轮直径差超限。

(4)同一车轮相互垂直的直径差超限。

(5)轴颈、防尘板座有1处尺寸超限。

(6)轴颈及防尘板座出现裂纹,表面有磕伤、碰伤、拉伤、划伤、凹痕、锈蚀等状态。

(7)轴颈蹾粗。

(8)轴身出现裂纹,表面有打痕、碰伤、磨伤及电焊打火等状态。

(9)轴端螺栓孔不能起紧固作用。

(10)中心孔损伤影响加工定位。

(11)同一车轮踏面滚动圆跳动量超限。

(12)出现其他需要加工修理的缺陷。

278. 轮轴二级修主要工装设备有哪些?

答:轮对清洗除锈机、前盖清洗装置、轮轴磁粉探伤机、微机控制超声波探伤机、超声波探伤仪、数控车轮车床、轴端螺栓智能力矩扳机、轴承磨合机。

279. 轮轴二级修主要检测器具有哪些?

答: 车轮检查器、轮径尺、轮对内侧距检测尺、游标卡尺、粗糙度比较样块、轴承轴向游隙检测仪、车轮踏面形状检查样板、扭矩扳手。

280. 轮轴二级修车轮踏面及轮缘加工须达到哪些要求?

答:(1)车轮踏面及轮缘须按磨耗型(LM 型)踏面的外形加工及测量,车轮踏面及轮缘须采用数控的方式加工(仅轮辋碾宽超限时,可只旋除碾宽部分),轮缘高度须恢复到(27 ±1) mm。

(2)检修轮对车轮踏面及轮缘须符合规定限度,车轮踏面磨耗深度须符合规定限度。

(3)轮对的两车轮直径差不大于 1 mm,同一车轮相互垂直的直径差不大于 0. 5 mm,车轮踏面及轮缘旋修后,轮缘外侧及踏面部位可局部留有黑皮,但连接部位应平滑过渡,黑皮处不得有裂纹、碾皮等缺陷。

(4)车轮踏面及轮缘存在裂纹、缺损、碾堆、剥离、擦伤、局部凹陷、辗宽等缺陷超限时,须将缺陷全部旋除。

(5)车轮踏面及轮缘加工后,其加工部位的表面粗糙度须达到 *Ra* 25 μm。

281. 轮轴二级修时如何对车轴轴身进行检修?

答:(1)车轴轴身的打痕、碰伤、磨伤及电焊打火深度不大于 2. 5 mm 时,经打磨光滑,消除棱角后可继续使用。

(2)检修车轴轴身纵向裂纹总数不超过 3 条,单个长度不大于 60 mm,并且不在同一横断面上时可不处理。

282. 轮轴三级修的基本工序是什么?

答:主要包括铁路货车安全防范系统信息核对(车辆段)、轴承外观技术状态检查、轴承退卸、轮对外观技术状态检查、轮对收入尺寸检测、轮对清洗除锈、轮对荧光磁粉探伤、轮对超声波探伤、车轮轮缘踏面加工、轮对支出尺寸检测；轴颈、防尘板座擦拭，轴颈、防尘板座、轴承、后挡检测，轴承与轴颈、后挡与防尘板座选配，轴颈、防尘板座涂脂，轴承压装、刻打标志板、轴承附件组装、轴向游隙检测、轴承磨合测试、轮轴涂漆、轮轴检查、轮轴支出。

283. 轮轴三级修的主要工装设备有哪些?

答:固定式轴承退卸机，轮对清洗除锈机，轮对荧光磁粉探伤机，超声波探伤仪，数控车轮车床，前盖、后挡清洗装置，微控轴承压装机，标志板刻打机，轴端螺栓智能力矩扳机，轴承磨合机。

284. 轮轴三级修的主要检测器具有哪些?

答:车轮检查器，轮径尺，车轮踏面形状检查样板，粗糙度测量仪，粗糙度比较样块，轮对内侧距检测尺，轮位差测量尺，轮对偏心测量器，外径千分尺，内径千分尺(表)，标准样环，前盖、后挡检测样板(尺)，轴承轴向游隙测量仪，扭矩扳手。

285. 轮轴三级修退卸轴承时应注意?

答:(1)轴承退卸时，应保证压力机活塞中心与车轴中心在同一直线上。

(2)轴承退卸时须采取措施防止磕伤轴颈和轴承。

286. 轮轴三级修时如何对车轴轴身进行检修?

答:(1)车轴轴身的打痕、碰伤、磨伤及电焊打火深度不大于2.5 mm时，经打磨光滑，消除棱角后可继续使用。

(2)车轴轴身的打痕、碰伤、磨伤及电焊打火深度大于2.5 mm或轴身弯曲时，须将缺陷旋除，旋除后的轴身直径可比原形公称直径小4 mm。

(3)车轴轴身检修后表面粗糙度须达到 Ra 3.2 μm。

287. 轮轴三级修时对轴端螺栓如何处理?

答:轴端螺栓应集中清洗、集中检查，组装前应进行外观检查，螺栓不得有滑扣、弯曲、拉长、裂纹，有锈蚀、毛刺者应清除；螺纹有磨损时用螺纹环规检查;标识不清或无法确认制造时间的不得使用。

288. 四级修轮对分解时有哪些要求?

答:(1)轮对分解时,车轴的中心线与压力机活塞的中心线应保持一致,并采取保护措施,防止轴颈蹾粗和磕、碰伤,车轮压退时的最大压应力不超过车轴材质的下屈服强度。

(2)在规定的最大许可压力下车轮退不下来时,可在车轮的轮毂部位均匀加热后再压退,但加热温度不超过 200 ℃;仍退不下来时,可将车轮切割,但不得损伤车轴。

289. 双列圆锥滚子轴承一般检修基本工序有哪些?

答:清洗及分解,刻写编号,外圈除锈、磁粉探伤及清洗,零件外观检查及手工修磨,尺寸检测,一般检修标记,清洗及组装。

290. 双列圆锥滚子轴承一般检修主要工装设备有哪些?

答:轴承拔罩设备、轴承零部件清洗设备、外圈除锈设备、外圈喷淋设备、轴承零部件退磁机、轴承清洗设备、密封组成或内油封组成或外油封组成压装设备、轴承注脂及匀脂机、标记刻写(打)字设备。

291. 轴承外圈除锈、磁粉探伤及清洗有何要求?

答:(1)外圈外径面应除锈。

(2)外圈须按要求进行复合磁化磁粉探伤检查,发现裂纹时该套轴承报废。

(3)探伤合格的外圈应退磁,剩余磁感应强度不超过 0.3 mT(3 Gs)。

(4)探伤合格的外圈须清洗,去除表面附着的磁粉,并进行防锈处理。

(5)轴承其他零件须进行剩余磁感应强度检测,剩余磁感应强度不得超过 0.3 mT(3 Gs),超标者须进行退磁处理。

292. 更换保持架时有哪些要求?

答:(1)同一套轴承更换的保持架须为同一型号、同一制造单位的新品。

(2)不同列组件的滚子不得混淆。

(3)保持架脱落时须进行滚子直径相互差检查,每列组件滚子直径相互差应符合一般检修限度的规定。

(4)保持架径向游动量须符合一般检修限度规定。

(5)保持架的组装须符合的规定。

293. 收集轴承附件时应注意哪些事项?

答:(1)收集前盖、轴端螺栓,集中送配件清洗间。

(2)前盖、轴端螺栓在装、卸时要轻拿轻放,不得扔摔,避免相互磕碰。

(3)轴承前盖、轴端螺栓在运输中要放置在专用塑料插排中,不得堆放,避免磕碰。

(4)收集施封锁、防松片及退卸轴承的标志板入废料筐存放。

(5)如一端轴承不退卸,须将原标志板固定在轮轴相应端,避免丢失。

294. 填写台账记录时应注意哪些事项?

答:(1)填写《轮轴卡片》(车统—51C)滚动轴承栏的开盖原因并在开盖者处签章,要求项目齐全、字迹清晰、内容准确、不涂不改,不错不漏。

(2)确认填写好的《轮轴卡片》与实物(轮轴)轮对相符后,将《轮轴卡片》卷起放入磁力筒内,磁力筒吸附在该轮轴左端外侧辐板上随工位传递。

295. 如何对轴端及轴端螺栓孔外观检查?

答:(1)用干净的棉布擦拭轴端面,清除油污、锈迹。

(2)检查车轴端面如有磕、碰伤时退卸轴承。

(3)检查轴端螺栓孔。螺栓孔内有铁屑等异物时,用通针清理干净。螺纹有损伤或滑扣时,累计不得超过3扣,且不得连续,毛刺须清除(用丝锥旋入螺栓孔清除毛刺,再用通针、棉布等工具将螺栓孔内的铁屑清理干净,清理时注意不得将异物残留在轴端及轴承内);超限时,轮轴(轮对)须返四级修程。

296. 如何对轴端螺栓孔通止检查?

答:轴端螺栓孔须用螺纹塞规进行检查。用通端螺纹塞规测试时须旋合通过,用止端螺纹塞规测试时,在距端面5扣内须止住,且止规不得有明显晃动(手试);螺纹有损伤或滑扣时,累计不得超过3扣,且不得连续,毛刺须清除。超限时,轮轴(轮对)须返四级修程。

297. 等级车轴标记如何刻打?

答:车轴轴颈公称直径比原形公称直径小0.5 mm的等级车轴,在本次组装日期和组装单位下面刻打D1标记,字体高7 mm,等级车轴标记须永久保留。

298. 铸钢车轮上须有哪些基本标记?

答:(1)制造年月;(2)车轮型号;(3)制造工厂代号;(4)车轮钢种代号;(5)车轮顺序号。

299. 辗钢车轮上须有哪些基本标记?

答:(1)制造年月;(2)车轮型号;(3)制造工厂代号;(4)车轮钢种代号;(5)熔炼炉罐号;(6)车轮顺序号(2003年以后生产)。

300. 退卸轴承时应注意哪些事项?

答:(1)轴承退卸前应检查退卸机状态良好,各传感探头不松动、无位移。

(2)分别检查退卸机顶针与轮对中心孔,不得有磕、碰伤及附着异物。

(3)轴承退卸时须采取措施防止磕伤轴颈和轴承。

(4)将轮对推入轴承退卸机,在操作面板上选择作业方式,旋转“手动”或“自动”开关,再选择轴承退卸端“左端”“右端”“双端”。选择自动退卸时,按启动按钮,设备进行自动退卸轴承作业;选择手动作业时,分别按升起、缸进、爪合、杆进、杆退、爪分、缸退、降下等按钮,设备将执行相应的动作,按下复位按钮,则解除操作。

(5)轴承退卸时须确认顶针与中心孔配合正位,不顶偏,应保证压力机活塞中心与车轴中心在同一直线上。

(6)轴承退卸时要注意观察设备运行状态,如发现异常情况,须立即停机处理。设备发生故障时,填写设备故障临修单,并报告工长。

(7)轴承退卸完毕后,卡爪分开,轴承滚入托盘中,顶镐落下,将轮对推出轴承退卸机。

(8)轴承退卸过程中,轴承及附件均不得落地。

301. 收集轴承及附件时应注意哪些事项?

答:(1)将退卸的轴承(密封座必须齐全)整齐码放到运送小车上,并及时转入存放间。退卸轴承按型别(SKF197726、352226X2-2RZ、353130B)及修程(一般检修、大修、报废)分类存放,轴承堆码不得超过4层。

(2)收集后挡,集中送附件清洗间。

(3)后挡在装、卸时要轻拿轻放,不得扔摔,避免相互磕碰。

(4)后挡在运输中要放置在专用塑料插排中,不得堆放,避免磕碰。

302. 擦拭轴颈时应注意哪些事项?

答:(1)轮轴退卸轴承后要及时去除轮对轴颈及防尘板座表面附着油污及杂物。

(2)用洁净的棉布蘸乙醇或汽油等有机溶剂将车轴轴颈、轴颈根部、轴颈后肩、防尘板座擦拭干净,如果油污或锈蚀严重时,可采用无腐蚀作用、防锈性强、除污性强的金属洗涤剂浸泡清洗。

303. 如何检查轴颈外观状态?

答:检查轴颈、防尘板座外观状态。有下列情况之一时,轮对须返四级修程：

（1）轴颈卸荷槽严重锈蚀时，用00号砂布蘸机油打磨，打磨仍无法露出基本金属面。

（2）轴颈上，在距轴颈后肩50 mm以内部位存在划痕或擦伤、凹痕。

（3）轴颈上，在距轴颈后肩50 mm以外部位存在的纵向划痕深度大于1.5 mm或擦伤、凹痕总面积大于60 mm^2或擦伤、凹痕总面积不大于60 mm^2、深度大于1 mm。

（4）轴颈上，在距轴颈后肩80 mm以内部位存在横向划痕或由于密封座和中隔圈引起的凹陷环带深度大于0.05 mm。

（5）轴颈上，在距轴颈后肩80 mm以外部位存在横向划痕宽度或深度大于0.5 mm。

（6）防尘板座上存在的纵向划痕深度大于1.5 mm或擦伤、凹痕总面积大于40 mm^2或擦伤、凹痕总面积不大于40 mm^2，深度大于1 mm。

（7）轴颈及卸荷槽（轴颈根部）有磕、碰伤及缺损时，不得使用。

304. 轮对除锈作业时应注意哪些事项？

答：（1）将装有《轮轴卡片》的磁力筒和轮座外侧不退卸轴承标志板解下，放在工作台。

（2）对未退卸轴承轮轴加装轴承防护套。

（3）轮对在车轴轴身、轮座外侧外露部位和防尘板座部位涂刷脱漆剂（除锈剂）。

（4）轮轴只在车轴轴身涂刷脱漆剂（除锈剂）。

（5）将轮轴或轮对推至上料位，点击设备控制面板“上料”按钮，推送轮轴或轮对进清洗机，设定轮轴或轮对除锈模式，特别是单头退卸轴承的轮对，带轴承一端不得放下（或升起）除锈刷头，防止损伤轴承及密封装置。

（6）设备自动关门进行清洗除锈作业，作业时间设定为4 min

(可根据清洗除锈效果适当调整),作业完毕,门升起,点击"下料"按钮,轮对自动推出。

305. 轮对除锈不合格时应如何处置?

答:(1)轮对局部除锈质量不符合要求时,可用角向磨光机进行人工补除锈。面积较大时,须进行二次冲洗除锈。

(2)轴端或轴承进水或淋湿时,须在对应车轮辐板上涂打故障名称及轴承退卸标识,返回轴承退卸岗位处理。

306. 如何测量磁悬液浓度?

答:(1)按线圈闭合及喷液按钮,喷嘴开始喷淋磁悬液,待磁悬液充分搅拌均匀后(时间不得少于5 min),用锥形长颈沉淀管从喷嘴口接取磁悬液100 mL。做静止沉淀试验时,沉淀管须垂直放置,沉淀时间为30 min,观察沉淀管底部磁粉容积值,荧光磁粉磁悬液体积浓度为0.2~0.6 mL/100 mL。

(2)体积浓度不符合时重新调配,调配后的磁悬液,应按上述操作方法再次进行体积浓度测定。

(3)磁悬液检测合格后,用pH试纸蘸取磁悬液,比对色卡,水基磁悬液的pH值为7~9,不符合时重新调配。

(4)磁悬液最长更换周期不应超过一个月,磁悬液变味、变色、混砂、混油时须及时更换。将水箱中磁悬液排空重新配置,并进行体积浓度和pH值测量。

307. 轮轴、轮对须按哪些规定施行复合磁化荧光磁粉探伤检查?

答:(1)轮轴、轮对在施行二级修和三级修时,车轴外露部位(轮轴如不退轴承时,防尘板座及轮座外侧的外露部位除外)及车轮内侧辐板孔部位施行复合磁化荧光磁粉探伤检查。

(2)车辆颠覆或脱轨事故卸下轮对的车轴外露部位。

(3)手工探伤发现轴颈根部或卸荷槽部位有可疑波(轴身上标识有"退轴承磁粉探伤"字样)需复探确认的轮对。

308. 车轴裂纹和发纹要求有哪些?

答:(1)车轴不得存在裂纹和横向发纹,各圆弧处、轴肩不得存在发纹。

(2)车轴表面纵向发纹限度。

①轴颈:单条发纹长度不大于 6 mm,所有发纹总长度不大于 50 mm。

②防尘板座:单条发纹长度不大于 10 mm,长度为 5 ~ 10 mm 的发纹总长度不大于 50 mm。

③轮座:单条发纹长度不大于 10 mm,长度在 5 ~ 10 mm 的发纹总长度不大于 100 mm。

④轴身:单条发纹长度不大于 10 mm,任意 300 mm 长度内周向全表面上,长度在 5 ~ 10 mm 的发纹总长度不大于 40 mm。

(3)已有铲槽或轴端有“ + + ”标记的车轴再发现裂纹时,轮对须送厂。

(4)车轮辐板孔内侧不得存在裂纹。

309. 退磁检查时应注意哪些事项?

答:(1)磁痕观察完毕后,按线圈闭合和退磁按钮,对轮轴、轮对进行退磁,打开遮光门帘,按“下料”按钮,将轮轴、轮对推至离探伤机距离不少于 4 m 处,用磁强计在车轴两端中心孔处(轴承未开盖时,在螺栓端头)测量检查退磁效果,轮轴剩磁不得超过 1.0 mT (10 Gs),轮对剩磁不得超过 0.7 mT(7 Gs);不合格时,应将轮轴、轮对推入探伤机重新退磁及剩磁检查。

(2)在探伤过程中应抽查剩磁,每 4 条轮轴(轮对)抽查一次(剩磁测量比例应不少于当日探伤工作量的四分之一),将剩磁测量值记录在车统—53A 备注栏中。

310. 如何判定及处理大裂纹?

答:(1)确定缺陷存在的位置:根据缺陷波在荧光屏水平线上所处的格数,即可按照线性比例关系计算缺陷所处的位置。

（2）判定缺陷的性质：根据缺陷的位置采取不同的判定方法。如可疑缺陷处于轴身外露部位，应使用磁粉探伤方法进行确认是否为车轴表面裂纹；如缺陷的位置处于镶入部，则使用横波或小角度纵波探伤方法加以判定或退轮处理。

311. 手工超声波探伤检查如何涂打标记？

答：每条轮轴、轮对探测结束后，用白粉笔在轮轴、轮对左端车轮辐板内侧面涂打手工超声波探伤检查标记"C"。确认车轴有缺陷时，须通知工长、质检员、验收员共同鉴定，判定送厂时，用自喷漆在车轴轴身注明缺陷性质和位置。

312. 探头不合格时如何处置？

答：（1）探头经测试不合格后，须在探头上粘贴不合格标签，打印测试记录保存，该探头报废。

（2）测试不合格探头须单独存放，严禁与其他探头混放并定期销毁。

313. 轮对旋修后，检查各部尺寸须符合哪些要求？

答：（1）轮缘高度须恢复到（27 ± 1） mm。

（2）车轮踏面及轮缘上出现裂纹、缺损、碾堆、剥离、擦伤、局部凹陷等缺陷须全部消除。

（3）车轮踏面及轮缘加工后，其加工部位的表面粗糙度须达到 *Ra* 25 μm，各部位尺寸须符合规定限度。轮缘外侧及踏面部位可局部留有黑皮，但连接部位须平滑过渡。

（4）加工后同一轮对的两车轮直径差不大于 1 mm，同一车轮相互垂直的直径差不大于 0.5 mm。

（5）检查旋修后车轮外侧倒角符合 5 mm × 5 mm 要求。

（6）车轮踏面磨耗深度须≤3 mm，无辐板孔的轮辋厚度≥26 mm、轮缘厚度≥26 mm，有辐板孔的轮辋厚度≥28 mm、轮缘厚度≥26 mm。

314. 旋修不合格品如何处置？

答：轮对踏面故障无法消除或旋修后无辐板孔车轮轮辋厚度

小于 26 mm(有辐板孔车轮轮辋厚度小于 28 mm)时,在轴身涂打“△2 入厂”标识。

315. 如何测量轴承内径和密封座内径?

答:(1)测量前,检查轴承外观无裂纹、碰伤、变形和其他异状。

(2)测量轴承内圈、密封座内径,轴承内圈、密封座内径为截面相垂直两个方向测量直径的算术平均值,测量位置及内径尺寸须符合轴承内径测量限度表。

(3)先测量一端轴承内径及密封座内径,再将轴承反过来,测量另一端轴承内径及密封座内径,将测量值分别标注于对应端轴承外圈上。轴承 1、2 位端换向时,须轻拿轻放。

316. 竣工检查时车轮轮辋宽度应符合哪些要求?

答:(1)HDZ 型车轮轮辋宽度须在 135 ~ 140 mm。

(2)其他型车轮轮辋宽度须在 137 ~ 140 mm。

(3)车轮内距比 1 350 mm 小 1 mm 及以下时(1 349 ~ 1 350 mm),可旋修轮缘内侧面调整。

轮辋宽度 134 mm 者,其内距符合 1 350 ~ 1 356 mm 时可继续使用。

(4)不符合上述限度时,须返四级修程。

317. 三级修轮轴装用于厂修车时,除符合段修限度外,还应符合哪些条件?

答:(1)所有轮轴上安装的轴承必须为新品轴承。

(2)无辐板孔车轮轮辋厚度应≥28 mm。

(3)有辐板孔车轮轮缘厚度应≥28 mm。

(4)车轮不得存在踏面擦伤、局部凹陷、剥离、碾宽等缺陷。

318. 轮辋厚度小于 30 mm 的车轮不得装用在哪些车上?

答:轮辋厚度小于 30 mm 的车轮不得装用在毒品车、罐车、长大车、军用车上。

319. 轮轴检修的基本工序主要包含哪些方面?

答:路货车安全防范系统信息核对,轮轴外观技术状态检查,轮对尺寸测量,修程判定,轴承开盖,轴端信息抄录,轴承退卸,轮对清洗除锈,轮对荧光磁粉探伤,轮对超声波探伤,车轮轮缘踏面加工,轴颈、防尘板座擦拭,轴承与轴颈、后挡与防尘板座检测与选配,轴颈、防尘板座涂脂,轴承压装,轴承压装到位检测,刻打标志板,轴承附件组装,轴向游隙检测,轴承磨合测试,轮轴涂漆,轮轴检查,轮轴支出。

320. 轮轴检修时应及时采用哪些装备?

答:轮对尺寸自动检测装置、轴承内部状态不分解诊断装置、后挡与防尘板座自动测量选配装置、轴承与轴颈自动测量选配系统、轮轴支出自动选配系统、轮对自动涂漆机等。

第三部分　车　　体

321. 车体检修应配置哪些主要工艺装备?

答:金属测厚仪,调梁调柱机,铆接机具,温控铆钉加热炉及电焊机。检修罐车的单位还应配置:微机控制呼吸式安全阀试验台、微机控制下卸阀试验台、微机控制罐体水压试验设备、加温装置试验设备、可燃气体测爆仪及罐车洗刷装置等。检修有棚顶和带有押运间、操纵间铁路货车的单位还应配置漏雨试验装置。

322. 段修时车体各通用零配件作业要求?

答:(1)车体各零配件存在裂纹、裂损、磨耗、腐蚀、变形超限及变质、松动、焊缝开裂时修理或更换,丢失时补装。

(2)扶手、扶手座及各圆钢制杠杆托出现裂纹或弯角处损伤时更换。

(3)挖补、截换时,须符合原设计的材质、形状和厚度的要求。

(4)侧梁、枕梁、枕梁盖板、敞车上侧梁、侧柱截换时须斜接,接口与梁、柱纵向中心线夹角为:侧梁、枕梁、上侧梁腹板、侧柱不大于45°;枕梁、中梁及牵引梁下盖板不大于60°。

(5) 原为拉铆结构组装的配件,重新铆装时仍须为拉铆结构。铆接后零部件的接触面间须严密,在距铆钉中心 50 mm 范围内用 0.5 mm 的塞尺测量,不得触及铆钉杆。

323. 段修时哪些情况下中梁或鱼腹形侧梁须进行补强?

答:(1)下翼板横向裂纹、上翼板横向裂纹长度大于单侧翼板宽的50%时,补角形补强板。

(2)腹板横向裂纹端部至上、下翼板的距离不大于 50 mm 或裂纹长度大于腹板高的20%时,补角形补强板。

(3)上翼板横向裂纹长度不大于单侧翼板宽的50%,腹板横向裂纹端部至上、下翼板的距离大于50 mm或裂纹长度不大于腹板高的20%时,补平形补强板。

324. 段修时侧梁、端梁、枕梁、横梁、斜撑梁翼板修理时须符合哪些要求?

答:侧梁、端梁、枕梁、横梁、斜撑梁翼板横向裂纹长度不大于翼板宽的50%时焊修;横向裂纹长度大于翼板宽的50%但未延及腹板时,补平形补强板;延及腹板时补角形补强板。

325. 简述段修时各梁焊修规定。

答:(1)各梁出现纵向裂纹时焊修。枕梁、横梁与中梁(包括牵引梁)、侧梁连接处焊缝开裂时,须割除原焊波重焊,焊波高于基准面2 mm。

(2)中梁(包括牵引梁)翼板与枕梁上、下盖板连接处(指枕梁盖板覆盖处)出现横向裂纹未延及腹板时,焊修后在两翼板间、中梁的两侧对称水平焊装厚度为10~12 mm的三角形补强板,其直角边长度不小于150 mm。

(3)牵引梁接长部分的对接焊缝出现裂纹时重新焊接,焊后对焊缝进行磁粉探伤检查。

326. 段修时哪些情况下C_{76}型敞车整体铸造牵引梁裂纹须进行补强?

答:(1)下翼板横向裂纹长度大于单侧翼板宽度的50%时,焊修平整后补角形补强板。

(2)腹板横向裂纹端部至顶部、下翼板的距离不大于50 mm,或裂纹长度大于腹板高的20%时,焊修平整后补角形补强板。

(3)铸造牵引梁其余各部裂纹时焊修。

327. 段修时上心盘座隔板修理时须符合哪些要求?

答:上心盘座隔板出现裂纹时焊修,上心盘座两隔板焊缝开裂或裂纹延及中梁时,腹板横向裂纹长度小于 30 mm 时焊修;焊缝开裂时,补焊成 8 mm×8 mm 的焊角。上、下翼板横向裂纹长度不大于翼板宽的 50% 时焊修,焊波须高于基准面 2 mm。G_{70B} 型罐车心盘座隔板出现裂纹时,进行焊接补强。

328. 段修时各梁上、下盖板修理时须符合哪些要求?

答:各梁上、下盖板出现裂纹时焊修、截换或补强,中梁下盖板横向裂纹(包括对接焊缝开裂)时须补强。燕尾形盖板根部出现裂纹时,焊装马蹄形补强板;尾部出现裂纹时,两侧对称焊装平形补强板。

329. 段修时 DL_1 型专用车中央大横梁下盖板与侧梁连接板修理时须符合哪些要求?

答:DL_1 型专用车中央大横梁下盖板与侧梁连接板间的横向焊缝出现裂纹时焊修后磨平,中央大横梁下盖板与侧梁连接板间的横向焊缝部位须焊装材质为 Q450NQR1、厚度为 12 mm 的加强板。

330. 段修时 X_{4K} 型集装箱车中部冷弯型钢修理时须符合哪些要求?

答:X_{4K} 型集装箱车中部冷弯型钢侧梁出现纵向裂纹时焊修,出现横向裂纹时更换。小横梁斜撑出现裂纹时施修,小横梁与斜撑夹角部位出现裂纹无法直接焊修时,可更换小横梁斜撑。

331. 段修时双层集装箱车端梁、端侧梁、枕梁、中部底架各梁、侧墙组成各梁柱翼板修理时须符合哪些要求?

答:双层集装箱车端梁、端侧梁、枕梁、中部底架各梁、侧墙组成各梁柱翼板横向裂纹不大于翼板宽的 50% 时焊修;横向裂纹长度大于翼板宽的 50% 但未延及腹板时,补平行补强板;延及腹板时,补角形补强板。

332. 段修时各梁及盖板腐蚀测量部位及修理有何规定?

答:(1)翼板以全宽的 50% 处为准,腹板以腐蚀最深处为准,均测量原厚度的减少量。边缘腐蚀或个别腐蚀凹坑超限时,不作腐蚀深度的测量依据,但须焊修。

(2)中梁下翼板、腹板腐蚀深度大于50%时,堆焊或补平形补强板;侧梁、端梁、枕梁、横梁下翼板、腹板、斜撑梁腐蚀深度大于50%或金属辅助梁腐蚀严重时,堆焊、挖补、截换或更换。

(3)无中梁铁路货车牵引梁接长部分腐蚀深度大于30%时堆焊、挖补或补强,大于50%时挖补、截换或更换;挖补时,不能两面焊时须开单面坡口焊。

(4)中梁、侧梁下翼板、腹板及中梁下盖板麻点腐蚀直径大于ϕ20 mm且深度大于原板厚度的50%,或直径小于ϕ20 mm且穿孔时,堆焊或补强。

(5)中梁下盖板腐蚀深度大于50%时补强。其他梁盖板腐蚀严重时,补强、挖补或截换。

333. 段修时牵引梁磨耗修理时须符合哪些要求?

答:牵引梁内侧局部磨耗深度大于3 mm时堆焊或挖补。牵引梁腹板内侧面的磨耗深度在同一横断面大于梁厚的50%,高度大于梁高的50%时,堆焊或挖补,挖补后在外侧焊装补强板,同一侧前、后从板座处均磨耗超限需补强时,须连接两从板座,补通长补强板。

334. 段修时车体翼板补强时,须符合哪些要求?

答:翼板平形补强板:厚度、宽度与翼板相同,长度须盖过裂纹每侧300 mm以上或盖过腐蚀部位边缘两端各50 mm以上。

335. 段修时车体腹板补强时,须符合哪些要求?

答:腹板补强板(平形、角形)厚度须大于原梁腹板厚度的90%,高度须大于腹板高度的50%,且须盖过腹板上的裂纹或腐蚀边缘50 mm以上,长度大于梁高的1.5倍,补强板四角须倒角。

336. 段修时车体中梁补强时,须符合哪些要求?

答:(1)中梁上的补强板距主管孔、杠杆孔、枕梁、横梁腹板小于 50 mm 时，长度须盖过上述孔或腹板外侧 50 mm 以上，高度须大于腹板高度的 80%。

(2)两根中梁(牵引梁除外)的相对补强板两端部均须错开 150 mm 及以上。同一根中梁相邻两补强板内端部距离须不小于 300 mm。

337. 段修时车体侧梁补强时，须符合哪些要求？

答：侧梁在侧柱内侧局部腐蚀穿孔时，补强板须穿过枕梁、横梁，长度盖过侧柱两翼板边缘各 50 mm 以上，宽度与侧梁腹板高度相同；侧梁横向裂纹、腐蚀距枕梁、横梁腹板大于 100 mm 时，补强板可不穿过枕梁、横梁，可与枕梁、横梁相连接，同一根侧梁相邻两补强板内端部距离须不小于 100 mm。

338. 段修时上、下盖板补强板须符合哪些要求？

答：(1)各梁上、下盖板补强板厚度不小于原盖板厚度，宽度与原盖板相同，补强板长度须盖过裂纹每侧 300 mm 及以上。腐蚀补强时，须盖过腐蚀边缘 50 mm 以上。

(2)燕尾形盖板尾部的补强板长度须盖过裂纹每侧 200 mm 及以上。枕梁或跨过中梁的横梁下盖板横向裂纹位于中梁下方或两侧各 100 mm 以内时，须焊装元宝形补强板，长度盖过中梁两侧 200 mm 及以上。

339. 中梁、侧梁补角形补强板时须符合哪些规定？

答：中梁、侧梁补角形补强板时，以补强部位为支撑点，将修理部位调修到水平线以上，在没有自重弯曲应力条件下焊修后补强，裂纹末端延及腹板时，须钻 $\phi 8 \sim 10$ mm 的止裂孔(止裂孔不焊堵)。

340. 段修时除 P_{63K} 型棚车、进口 C_{62BK} 型敞车外对于从板座修理须符合哪些规定？

答：(1)前、后从板座工作面磨耗深度大于 3 mm 时焊修，其他部位磨耗深度大于8 mm时焊修后恢复原形；内距为625_{-3}^{0} mm，超限时，不分解者，可焊装厚度不大于4 mm的钢板调整，同一断面上的两从板座工作面位置度为2 mm；分解者，须堆焊后加工。修理后同一断面上的两从板座工作面位置度为1 mm。

(2)出现裂纹时焊修，但横向裂纹长度大于该处截面高的50%时更换，弯曲时调修。

(3)新热铆从板座与牵引梁间隙不大于1 mm。(用1 mm塞尺检测不得触及铆钉杆)。

(4)B型后从板座侧面裂纹延及上平面或下平面时，焊修后在裂纹处下平面补平形补强板，补强板规格为250 mm×80 mm×10 mm，中间部分出现裂纹时焊修。

(5)原设计前、后从板座有磨耗板者，内距超限时更换磨耗板，材质为27SiMn，工作面位置度为1 mm；C_{63A}(C_{63})型敞车后从板座磨耗板剩余厚度小于4 mm时更换，磨耗板材质为Q345B；C_{100A}型敞车后从板座磨耗板磨耗深度大于3 mm时更换，磨耗板厚度可以在10～12 mm之间调整，磨耗板材质为Q345E，尺寸为220 mm×65 mm，更换时须同时更换两侧磨耗板，组焊后两侧磨耗板工作面位置度2 mm。螺栓组装的前、后从板座磨耗板紧固后点焊。

341. 段修时对于P_{63K}型棚车、进口C_{62BK}型敞车从板座修理须符合哪些规定?

答: P_{63K}型棚车、进口C_{62BK}型敞车后从板座横向裂纹与工作面的距离不大于300 mm，长度大于该处截面高的30%时，须更换后从板座；横向裂纹与工作面的距离不大于300 mm，长度不大于该处截面高的30%时，或横向裂纹与工作面的距离大于300 mm，长度大于该处截面高的30%时，焊修后须在裂纹处下平面补平形补强板。与后从板座一体的上心盘座出现裂纹时焊修或更换。

342. 段修时对于车体冲击座的修理须符合哪些规定?

答: (1)冲击座裂纹长度不大于裂纹部位截面宽度的50%时焊

修,大于时更换;变形大于 20 mm 时分解后调修。

(2)与冲击座一体的车钩弹性支撑装置座腔裂纹长度不大于 50 mm 时焊修,大于时更换;变形大于 5 mm 或影响车钩支撑装置作用时调修。

(3)装用活动车钩托梁的冲击座,插托梁的方孔下角出现裂纹时焊修后补强或更换,侧框上、下内侧距离差大于 8 mm 时修理。

343. 段修时对于可拆卸式平面上心盘检修须符合哪些规定?

答:(1)外圆周裂纹总长度大于 200 mm 或其他平面处裂纹大于 80 mm 时,分解焊修,圆周裂纹焊修后须加工恢复原形;不大于时,可不分解,但须焊修后磨修光滑。上心盘圆周裂纹总长度大于周长的 50% 时,分解后焊修并加工恢复原形。

(2)直径磨耗大于 3 mm 或平面磨耗大于 6 mm 时分解修理,须使用自动焊机堆焊,焊后热处理并加工恢复原形。

(3)上心盘更换为新品时,须采用锻钢上心盘。原装用低合金高强度钢时,须装用原材质或锻钢上心盘。

344. 段修时对于整体平面上心盘检修须符合哪些规定?

答:(1)上心盘与中梁下翼缘、隔板组成或枕梁下盖板间的焊缝开裂时重新焊修,焊角为 10 mm × 10 mm;上心盘与中梁内顶面的段焊缝须补焊为连续焊缝。

(2)外圆周裂纹总长度大于 300 mm 或其他平面处裂纹大于 100 mm 时更换;小于时焊修,焊后加工或磨修光滑。

(3)直径磨耗大于 3 mm 或平面磨耗大于 6 mm 时,机械焊修后加工。

(4)C100A 型敞车三位心盘销套裂损或磨耗剩余厚度小于 5 mm 时更换。装用交叉支撑转向架时心盘销套材质为含油尼龙。

345. 段修时对于球面上心盘检修须符合哪些规定?

答:(1)平面裂纹未延及球面时焊修,焊前须钻止裂孔,焊修后须热处理并磨平。但外圆周裂纹长度大于周长的30%时更换。

(2)球面局部磨耗深度不大于2 mm,且面积不大于总面积的30%时,须消除棱角;大于时,须堆焊后加工或更换。

(3)球面局部剥离深度不大于1.5 mm,且1处面积不大于200 mm^2或多处面积之和不大于总面积的20%时,须消除棱角;大于时,堆焊后加工或更换。

(4)球面剩余厚度小于26 mm时,堆焊后加工或更换。

346. 段修时对于上旁承修理须符合哪些规定?

答:(1)状态良好者可不分解,裂损时更换。

(2)上旁承横向中心线至上心盘中心距离应为(760±2) mm,同一端两上旁承下平面与上心盘下平面平行度为1.5 mm,两上旁承下平面高度差不大于1 mm。

(3)上旁承焊缝开裂时焊修,磨耗板磨耗大于2 mm或存在裂纹时更换。上旁承磨耗板、调整垫板、上旁承体间的组装间隙均不得大于0.5 mm,组装螺栓下面不得超出磨耗板下平面,组装螺栓与螺母须点焊固。

347. 段修时对于脚蹬修理须符合哪些规定?

答:(1)出现裂纹时,焊修后补强或截换、更换,弯曲时调修。

(2)棚车车门处脚蹬原为铆结构者仍须铆装。1、4位脚蹬的最下一阶处须有护板,焊装的踏板下面须有筋板。

348. 段修时对于防火板修理须符合哪些规定?

答:(1)棚车、木(竹)质地板车及其他原设计装有防火板的铁路货车须安装防火板,PB型棚车和B_{15E}型代用棚车除外。

(2)防火板为平板型或曲折型,其厚度应为2~3 mm,长度大于850 mm,宽度大于400 mm。

(3)安装防火板时,防火板纵向中心线与中梁纵向中心线的间距为720~800 mm,与地板下面的间距须大于35 mm(原结构小于35 mm时除外),与枕梁上盖板重合量不小于20 mm,防火板以螺栓组装或分段焊接牢固,段焊长度为 30～50 mm。

(4)现车防火板剩余厚度小于 1 mm 孔时更换。

349. 段修时对于人力制动机检修须符合哪些规定?

答:人力制动机踏板或支架弯曲、变形时调修,出现裂纹、腐蚀严重时更换;组装螺栓须紧固后点焊。人力制动机靠近滑轮的拉杆托架采用 50 mm 等边角钢与牵引梁焊接者,须焊装三角形加强筋。

350. 段修时 JC 系列弹性旁承永久性标识牌焊缝开裂时补焊、丢失时补装,补装时须符合哪些规定?

答:(1)标识牌材质须为耐候钢钢板。标识牌字体为宋体,字高 15 mm,字宽为字高的 2/3,字深 0.7～1.2 mm。全部字体应采用模压成型方法或腐蚀法制作,字体应清晰完整。钢板表面采用与原车相同的底面漆。

(2)旁承形式根据现车装用型号标识为:JC-2、JC-3。

(3)“落成间隙”标识为间隙范围值。

(4)标识在 1、4 位枕梁内侧、旁承上方枕梁上盖板下部 100 mm 处腹板上。

351. 段修时对于斜楔均载装置分解检查须符合哪些规定?

答:(1)斜楔均载装置须分解检查,清除油垢。

(2)斜楔均载装置拆卸和安装时,必须同时在旁承工艺销孔和斜楔工艺销孔插上工艺销,安装完毕须取出工艺销。工艺销直径为 ϕ12～15 mm、长度 150～200 mm 的圆钢。

352. 段修时斜楔均载装置分解检查时须分解哪些零配件?

答:连杆组成、斜楔滚轮组成、斜楔组成、销轴、连接杆组成、旁承滚轮组成、旁承组成、安装座组成。

353. 段修时对于车体安装座磨耗板检修须符合哪些规定?

答:任意一侧磨耗板磨耗深度超过 3 mm 或出现裂纹时,须同时更换两侧磨耗板。更换时选用厚度4~5 mm、热处理硬度45~50HRC、材质为27SiMn的磨耗板。更换磨耗板时,须清除焊缝,并对焊缝处打磨光滑。磨耗板与安装座组焊完后须满足:焊缝不能超出磨耗板工作面;同一磨耗板平面度不能大于0.5 mm,不平时修磨;两磨耗板间距为$140^{+3}_{+0.5}$ mm。

354. 段修时对于车体均衡拉杆组成检修须符合哪些规定?

答:(1)均衡拉杆须探伤检查,出现裂纹时更换。

(2)加强铁与均衡拉杆焊缝开裂时焊修,组焊后对焊逢进行探伤检测。

(3)衬套裂损或内径大于42 mm时更换。衬套材质为奥—贝球铁。

355. 段修时对于拉杆托架组成检修须符合哪些规定?

答:(1)拉杆托架组成焊缝开裂时重焊。

(2)螺栓变形,磨耗套不能在螺栓上自由转动时,更换螺栓、螺母及垫圈,螺母与螺栓焊固。

(3)磨耗套横向裂纹长度大于20 mm或直径小于22 mm时更换磨耗套。磨耗套材质为含油改性尼龙。

356. 段修时对于连杆组成检修须符合哪些规定?

答:(1)连杆应探伤检查,同一安装座内任意一连杆出现裂纹时,须同时更换两连杆。

(2)衬套裂损或内径大于42 mm时更换。衬套材质为奥—贝球铁。

(3)磨耗套裂损或内径大于42 mm或外表面与连杆外表面高度差小于1 mm时,更换磨耗套,磨耗套材质为Q235-A。

357. 段修时对于连接杆组成检修须符合哪些规定?

答:(1)连接杆须探伤检查,出现裂纹时更换。

(2)衬套裂损或内径大于42 mm时更换。衬套材质为奥—贝球铁。

358. 段修时对于斜楔滚轮组成检修须符合哪些规定?

答:(1)斜楔滚轮须探伤检查,出现裂纹时更换。

(2)斜楔滚轮直径磨耗量大于 3 mm 时更换,组装后的斜楔上 4 个滚轮直径差不大于 1 mm。

(3)滚轮衬套出现裂损或内径大于 61 mm 更换。滚轮衬套材质为 SF2 复合材料。

359. 段修时对于斜楔组成检修须符合哪些规定?

答:(1)斜楔须探伤检查,出现裂纹更换,新换斜楔须符合规定。

(2)滚轮垫板磨耗深度大于 2 mm 时更换。滚轮垫板与斜楔采用 GB/T 119 要求的销连接,销孔配钻,销的下端面应低于滚轮垫板的工作平面 1 ~ 2 mm。

(3)斜楔滚轮衬套裂损或内径大于 62 mm 时更换,衬套材质为奥—贝球铁。

(4)连接杆衬套裂损或内径大于 42 mm 时更换,衬套材质为奥—贝球铁。

360. 段修时对于旁承滚轮组成检修须符合哪些规定?

答:(1)旁承滚轮须探伤检查,出现裂纹或直径磨耗量大于 3 mm 时更换。

(2)滚轮衬套出现裂损或内径大于 61 mm 更换。滚轮衬套材质为 SF2 复合材料。

361. 段修时对于 2 位转向架旁承组成检修须符合哪些规定?

答:(1)旁承滚轮轴套裂损或内径大于 62 mm 时,同时更换两个旁承滚轮轴套,旁承滚轮轴套材质为奥—贝球铁。

(2)2 位转向架旁承滚轮座裂损时更换。

(3)2 位转向架旁承体组成。

① 2 位转向架旁承体裂损时更换。

② 2 位转向架磨耗板裂损或磨耗剩余厚度小于 7 mm 时,同时

更换两块磨耗板,更换的磨耗板厚度根据2位转向架空车高选配。

③ 定位磨耗板裂损或磨耗剩余厚度小于9 mm时更换

362. 段修时对于3位转向架旁承组成检修须符合哪些规定?

答:(1)旁承滚轮轴套裂损或内径大于62 mm时,同时更换两个旁承滚轮磨耗套,旁承滚轮轴套材质为奥—贝球铁。

(2)3位转向架旁承滚轮座裂损时更换。

(3)3位转向架旁承体组成。

① 3位转向架旁承体裂损时更换。

② 3位转向架磨耗板裂损或磨耗剩余厚度小于7 mm时更换。

363. 段修时除$C_{100A(H)}$型敞车斜楔均载装置组装要求有哪些?

答:(1)组装时应保证各零件滚动面及摩擦面清洁、无杂物。

(2)分解的零部件须原位原装(更换零部件时除外),不得换位装。

(3)斜楔均载装置组装时,滚轮滚动面及各磨耗轴、套间须涂润滑脂。

(4)斜楔均载装置安装座安装时,螺栓安装方向为从下往上穿。

364. 段修时对车号自动识别标签安装,防护及修理时须符合哪些规定?

答:(1)除国铁集团指定不安装标签的铁路货车外,均应安装技术状态良好的标签。

(2)需高温洗罐、调修处理、抛丸除锈、焊修等作业时,须对标签进行防护;对标签安装部位进行修理时,应将标签拆下,修理完毕后应将标签装回原车原位。

365. 段修时对车辆标签申请和安装或补装时须符合哪些规定?

答:(1)车辆标签丢失、损坏、失效需进行补装、换装时,填写

《车辆标签补装换装改写申请表》一式两份，验收员应确认并且盖名章，一份由检修单位自存，一份在当日报国铁集团运输调度指挥中心。

（2）车辆标签信息的车种车型与现车不符、车种车型改变、自备车变更车号、写标签失败、标签错写时应改写标签。

（3）在传真上报《车辆标签补装换装改写申请表》的同时，还应报电子版。

366. 段修时标签丢失时须符合哪些规定？

答：（1）无防盗底板或附加底板等安装痕迹者，用初次安装程序申请标签：

①返回车号为原车号时即安装。

②返回车号不是原车号时，应报告国铁集团运输调度指挥中心申请核对，与中央数据库核对现车制造时间和制造单位等辅助信息，不一致时（重号）正常安装；车号等信息均一致时（丢失），应用运用补写程序申请安装，同时报国铁集团运输调度指挥中心。

（2）有防盗底板或附加底板安装痕迹时应按规定抄录“再次安装车辆标签申请表”，用运用补写程序申请安装，同时报国铁集团运输调度指挥中心。

367. 段修时标签失效及损坏时须符合哪些规定？

答：标签变形失效时更换，用运用补写程序补写标签；标签铆钉破损、失效、丢失时重新铆装。损坏标签应用白色油漆画“×”。

368. 段修时标签内容与车体标记不符时须符合哪些规定？

答：（1）标签内容与车体标记不符时应报国铁集团运输调度指挥中心。

（2）标签内车种、车型与现车结构一致，车号不符时以标签为准，更改车体标记。

（3）标签内车种、车型与现车结构一致，标签内新造时间与现车涂打新造时间标记不符时，应以标签为准，更改车体标记。

(4)标签内车种、车型与现车结构不一致,应以现车为准,报国铁集团运输调度指挥中心批准后更换标签。拆下标签按规定清空。

(5)标签内车种、车型与现车结构一致,标签内新造单位与现车涂打新造单位标记(或车辆生产厂家铭牌)不符时,报国铁集团运输调度指挥中心核准后更换标签或更改车体标记。拆下标签按规定清空。

369. 段修时防盗底板检修须符合哪些规定?

答:(1)防盗底板破损、出现裂纹时更换,变形时调修。附加底板破损、出现裂纹、变形时修理或更换,更换附加底板时不得伤及车体或底架母材。

(2)更换防盗底板时,应将原焊装防盗底板位置磨平,防盗底板四爪应与附加底板或底架盖板密贴,三面满焊,防盗底板纵向中心线与车体横向中心线的夹角误差应小于3°,防盗底板横向中心线与车体纵向中心线偏移量应小于30 mm,特种车型偏移量应小于200 mm;防盗底板端面应用5号钢印刻打安装单位代表略号和安装年、月,字迹应清晰,现车安装时该端面朝向现车1位侧。在液化石油气等罐车上安装时应符合有关规定。

370. 段修时车顶走板、端走板检修须符合哪些规定?

答:车顶走板、端走板须安装牢固,螺栓连接时须将螺母与螺栓点焊固。新换装的拉网板厚度不小于4 mm,腐蚀大于50%或破损时,截换或更换;截换时须为搭接,并不小于2个网孔长度。

371. 段修时车体钢结构、各部钢板检修须符合哪些规定?

答:车体钢结构、各部钢板出现裂纹、腐蚀严重、破损时焊修、挖补、补强或截换;补强板须盖过腐蚀处边缘20 mm以上,其厚度不小于原板厚度。

372. 段修时车体地板检修须符合哪些规定?

答:地板腐蚀挖补或截换时,焊缝须位于底架各梁上,钢地板在侧梁上部边缘腐蚀时，可沿车体长度方向通长截换，且最小宽度不小于200 mm。

373. 段修时车体端墙板检修须符合哪些规定？

答：(1)侧墙板腐蚀挖补或截换时，长度方向接口须在侧柱或角柱内侧平面处，搭接量不小于20 mm，截换高度不小于150 mm 。

(2)端墙板腐蚀长度超过车体宽度的30%时，须沿车体宽度方向通长截换，高度不小300 mm。

374. 段修时车体票插检修须符合哪些规定？

答：装用在钢结构上不符合规定的票插须更换。票插变形时调修，丢失时补装；更换时须装用符合材质为TCS345的冲压组焊结构票插，60 t级铁路货车更换冲压组焊结构票插时，可采用09CuPCrNi-A耐候钢材质。

375. 段修时各型罐车的卡带、鞍木检修须符合哪些规定？

答：(1)卡带与卡带连接杆焊缝外露部分须采用渗透探伤方法进行探伤，应无裂纹等线性缺陷，焊缝有缺陷时补焊，并将焊缝表面打磨光滑后复探。

(2)卡带裂损时截换，同一卡带接口不超过2个，截换长度每段不小于300 mm，卡带须斜接；卡带与连接杆新焊接时须搭接，搭接量不小于100 mm，四周满焊，焊后复探。

(3)卡带拧紧后锁紧螺母外侧螺纹露出长度不小于10 mm，两螺杆内侧不得接触。

(4)鞍木变质、破损时更换。鞍木与罐体须密贴，局部间隙不大于1 mm。鞍木与罐体间隙大于6 mm时，更换鞍木。鞍木与罐体间隙不大于6 mm时，可在鞍木托座上加1块长度不小于200 mm的钢板调整，钢板与托座接触面须涂防锈漆，并将钢板与托座点焊牢固。

376. 段修时操纵室、押运间检修须符合哪些规定？

答：(1)备品须齐全，与车体间须连接良好，紧固件松动时紧固,焊缝存在裂纹时焊修,破损时修理或更换,丢失时补装。

(2)门、窗开关作用须良好。车门挂钩、安全链齐全,门锁作用不良时修理或更换;车门折页须转动灵活,折页及折页座裂损时应更换为新品,紧固件缺失时补装。车窗安全防护栏须作用良好,变形时调修、折断时更换。

(3)顶板、侧板、端板、地板腐蚀深度大于板厚的50%时,挖补、截换或更换。顶板修换时可搭接,搭接量不大于15 mm。侧板、端板、地板修换时对接两面焊。

(4)隔断墙腐蚀大于50%时更换,各焊缝须满焊;瞭望孔破损时修理,密封作用良好。

(5)内衬板变质、脱胶或破损时截换或更换。地板布破损时截换或更换。

(6)端部渡板及支架、挂链须齐全,作用良好。

(7)毒品车押运间茶座上部须安装不锈钢标志牌。标志牌上的字体为宋体,并采用酸蚀处理,深度不小于0.2 mm,颜色为红色。

377. 段修时敞车撑杆检修须符合哪些规定?

答:(1)撑杆变形大于100 mm时调修;裂损或腐蚀深度大于50%时堆焊、截换或更换,截换时采用斜接;撑杆座焊缝出现裂纹时焊修,紧固件损坏或丢失时补装。

(2)C_{80}型系列敞车水平撑杆更换时须全部采用改进型。原车水平撑杆距上侧梁上平面距离为425 mm者;原车水平撑杆距上侧梁上平面距离为622 mm者。

(3)C_{80B}型系列敞车更换撑杆时,三组水平撑杆组成须采用下凹式改进型C_{80B}型系列敞车水平撑杆。水平撑杆变形大于100 mm时调修,裂损时更换,紧固件损坏或丢失时补装。

(4)C_{80C}型敞车撑杆折断或弯曲大于100 mm时更换;撑杆端头焊缝开裂时焊修,焊角不小于5 mm。

378. 段修时木(竹)板拼接须符合哪些规定?

答:(1)两段拼接的部位:棚车门口处、平车的地板。

(2)厚度拼接的部位:金属梁的衬木。

379. 段修时木(竹)板组装须符合哪些规定?

答:(1)平车或棚车门口处地板两段拼接时,接口须搭在中梁上;平车地板两段拼接时,相邻板须为整板。

(2)各拼接板的相邻接口须错开,并须搭在中梁上,相邻地板上平面高低差大于10 mm时,须削棱过渡。

(3)平车木地板厚度须为70 mm,竹地板厚度须为50 mm。

380. 段修时棚车及毒品车对于门锁装置的检修须符合哪些规定?

答:(1)门锁损坏时更换,丢失时补装,车门下方的手柄压紧装置须作用良好。

(2)门锁装置的锁钩、锁轴、锁钩座、锁座、锁铁、锁紧铁、备用施封座变形时调修或更换,出现裂纹时更换,焊缝开裂时焊修;更换备用施封座时,错位不大于5 mm。

381. 段修时棚车及毒品车排便器检修须符合哪些规定?

答:(1)各紧固件应连接良好,丢失时补装,新更换的螺钉、螺母安装后须点焊固。

(2)排便器不得松动,取消橡胶导便桶及卡箍。

(3)排便器盖腐蚀严重时须截换或更换,排便器盖提手变形或丢失时应补充新品。

382. 段修时毒品车遮阳板检修须符合哪些规定?

答:(1)局部凹陷大于30 mm时调修,腐蚀严重时挖补或截换。

(2)连接螺栓及开口销须齐全,螺栓松动时紧固。与车顶间的连接铆钉、与弯梁及侧梁间的铆钉松动或损坏时须切除原铆钉重新铆接。

(3)两端出现裂纹时焊修,破损时截换,焊接后端头应打磨平整、光滑。

383. 段修时钢结构敞车上端梁、上侧梁检修须符合哪些规定?

答:(1)上端梁、上侧梁腐蚀深度大于50%时挖补或截换,弯曲大于50 mm时调修。截换时,上侧梁接口不超过4个,侧开门处两侧柱间不得有接口;上端梁接口不超过2个。

(2)篷布护铁焊缝开裂时焊修,出现裂纹时更换,丢失时补装。外露结合部位须满焊,上侧梁与上端梁结合焊缝开裂时焊修。更换时,该部位如无连接板,焊装连接板。C64K、C63(A)等型系列敞车车体四角为平板连接时,焊装角部加强铁;出现裂纹时焊修;角部加强铁裂纹时更换。

(3)拴结座外观检查有下列情况之一时修理:

①与车体的焊缝开裂须补焊。

②变形影响使用时调修或更换。

③剩余厚度或边缘宽度不足10 mm时更换。

(4)捆绑座出现裂纹、焊缝开裂时焊修,裂损时更换,丢失时补装。

384. 段修时钢结构敞车侧柱、侧柱内补强座检修须符合哪些规定?

答:(1)侧柱外胀大于30 mm时调修。调修时,须清除侧柱内补强座与地板间的焊缝,调直后重新焊接。侧柱内补强座腐蚀大于50%时更换。

(2)侧柱纵向裂纹长度不大于50 mm或横向裂纹未延及铆钉孔时焊修,裂纹超限或腐蚀大于50%时,补强、挖补或截换。

(3)侧柱翼板横向裂纹长度不大于翼板宽的1/2时,补平形补强板;长度大于翼板宽的1/2或延及铆钉孔时补角形补强板;侧柱根部补强时,须用6 mm厚的角形补强板。下端补强时,补强板上边缘的高度须大于侧梁上平面100 mm,下端较底面缩进量不大于15 mm;两侧补强时,上端须错开50 mm以上。但厂修周期为8年及以上时须截换或更换。

(4)侧柱挖补或截换时,须采用原形号、原材质的侧柱。截换时,接口错位不大于2 mm,接口下角须高出侧梁平面200 mm以上;相邻侧柱接口须错开,每根侧柱只允许有一个接口,但帽形钢侧柱在侧柱连铁以上的新制接口不计。

(5)耐候钢车侧柱下部截换时与侧梁连接处须涂密封胶。

385. 段修时钢结构敞车角柱检修须符合哪些规定?

答:(1)角柱截换时,须斜接单面开坡口焊接,接口只准有一个,新制接口不计。

(2)槽钢与角柱板组焊的角柱组成截换时,槽钢与角柱的接口须错开100 mm以上;槽钢须斜接两面焊,角柱板开坡口,斜接满焊;接口只准有一个,新制接口不计。

(3)角柱内侧面与钢地板间沟槽须封焊,可加钢板条焊固。

386. 段修时钢结构敞车车门限位装置检修须符合哪些规定?

答:限位挡焊缝开裂时焊修,丢失时补装,变形影响作用时更换。C80E(H、F)型敞车限位销组成须作用良好,限位销变形、损坏时进行调修或更换,丢失时补装,组装后限位销与垫圈应周圈焊固。

387. 段修时钢结构敞车侧开门检修须符合哪些规定?

答:(1)侧开门门锁开闭作用良好,作用不良时更换或调修;零部件丢失补装,锁杆弯曲调修;焊缝开裂时焊修;上门锁杆插入量小于20 mm时更换或调修。上门锁杆与手把间的螺母与螺杆须点焊。

(2)通用敞车侧开门锁闭位置时上门锁手把支座止挡铁与手把支座的距离为16~20 mm,手把与止挡铁对应部位的直径为25~29 mm,上门锁手把与止挡铁搭接量不小于7 mm。

(3)侧开门组装圆销须加装垫圈,组装后将垫圈与圆销焊接,焊缝长度应大于1/2圆周,新焊装的垫圈与折页座的距离为3~

8 mm。

(4)侧开门门板中部变形大于30 mm、门缝隙大于8 mm时调修;门板四周及压型部位破损或变形大于30 mm时,须使用模具整体调修。

388. 段修时钢结构敞车下侧门检修须符合哪些规定?

答:(1)下侧门折页焊缝开裂时焊修,裂损时更换。门折页须斜接,同一下侧门门折页接口须错开150 mm以上,门折页与门板须满焊。

(2)下侧门须有两套车门吊钩组成,且作用良好。补充下侧门挂环时,挂环接口须在角部,装配后对接圆周满焊。

(3)门缝隙大于8 mm时调修。

389. 段修时钢结构敞车门搭扣检修须符合哪些规定?

答:(1)门搭扣须作用良好,组装螺栓、垫圈、扣铁、衬套磨耗、腐蚀过限影响作用时更换,扣铁、搭扣座出现裂纹时更换,铆钉松动时重新铆接。C70型系列敞车须对下侧门旧型搭扣扣铁组装螺栓、螺母须点焊固。

(2)一级闭锁式搭扣须闭锁、开锁试验须作用良好。搭扣组成处于锁闭位时,锁铁与扣铁应处于自锁状态,自锁须可靠;锁铁顶面至扣铁上平面的距离a值应为8～12 mm,锁铁与搭扣座之间的搭接量b值不小于6 mm,锁铁与扣铁座在c点须接触。自锁解除后,锁铁应能自由转动至开锁位,锁铁自由转动角度不小于175°,扣铁自由转动角度不小于155°。各零部件须齐全,丢失时补装;搭扣座、扣铁、锁铁裂损时更换为新品;铆钉或拉铆销钉松动应切除重新铆接。

(3)两级锁闭搭扣组成第一、二级闭锁、开锁试验须作用良好。搭扣组成处于锁闭位时,锁铁与内、外层扣铁应处于自锁状态,自锁须可靠;自锁解除后,锁铁应能自由转动至开锁位;各零部件须齐全,丢失时补装;搭扣座、锁铁、内层扣铁、外层扣铁裂损时更换为新品;拉铆销钉松动时应切除重新铆接。

390. 段修时钢结构敞车侧墙检修须符合哪些规定?

答:(1)侧墙板内凹、外胀大于 30 mm,端墙板内凹、外胀大于 50 mm 时调修。C80E(H、F)型敞车门框变形时调修,腐蚀严重、破损时进行挖补或截换。

(2)端墙绳座弯曲时调修,出现裂纹时更换。

391. 段修时钢结构敞车钢结构浴盆检修须符合哪些规定?

答:(1)浴盆板腐蚀深度大于 30% 时堆焊或挖补,挖补面积不小于 250 mm×250 mm,接口错牙量不大于 2 mm,挖补板焊接采用单面坡口清根双面施焊,且不得出现十字交叉焊缝。

(2)浴盆板纵向裂纹长度不大于 100 mm 时,焊修处理并在裂纹末端钻止裂孔;横向裂纹长度不大于 100 mm 时进行焊修并贴板补强,补强板应大于裂纹 50 mm 以上。裂纹长度大于 100 mm 或破损时进行挖补,挖补面积不小于 250 mm×250 mm,接口错牙量不大于 2 mm,挖补板焊接采用单面坡口清根双面施焊,且不得出现十字交叉焊缝。

392. 段修时铝合金结构敞车铝合金型材上侧梁、下侧梁检修须符合哪些规定?

答:上侧梁、下侧梁在相邻两侧柱间上、下弯曲大于 30 mm 且左、右旁弯大于 25 mm 时调修;上侧梁上平面磨耗深度大于 8 mm 时焊补,更换时须采用原形上侧梁;下侧梁外平面磨耗深度大于 6 mm 时修补或更换,更换时须采用原形下侧梁。

393. 段修时铝合金结构敞车下侧门检修须符合哪些规定?

答:(1)门折页及门折页座弯曲时调修,出现裂纹时修理或更换。门折页销、门搭扣、门口钢护板等附属配件,须齐全良好、安装牢固。

(2)下侧门内侧面下部支撑座焊缝开裂时焊修,丢失时补装。

394. 段修时铝合金结构敞车换件修时须符合哪些规定?

答:换件修时,在钢材质的零部件与铝合金材质的零部件相接触的部位均须安装防电化腐蚀专用胶带。施修与铝合金材质相接触的钢材质零部件时,不得损坏其间的防电化腐蚀专用胶带,损坏时应重新安装。钢材与铝合金材料接触部位电化腐蚀大于20%时,须分解且安装防电化腐蚀专用胶带重新铆接或更换。

395. 段修时不锈钢结构敞车不锈钢型材检修须符合哪些规定?

答:(1)上侧梁、侧柱、撑杆、枕柱、上端缘和横带的裂纹长度大于40 mm或腐蚀深度大于2 mm时补强、截换或更换。补强、截换时应与原梁、柱的截面匹配,补强板采用角形或U形。

(2)在全长内上侧梁旁弯大于50 mm、上端梁旁弯大于40 mm时调修;在两柱间上侧梁及上端梁上、下弯曲大于30 mm,旁弯大于20 mm时调修;侧柱及枕柱外胀大于30 mm时调修。

(3)角柱、端柱、横带弯曲大于30 mm时调修。

396. 段修时不锈钢结构敞车下侧门检修须符合哪些规定?

答:(1)折页及折页座弯曲时调修,裂损时修理或更换。

(2)下侧门内侧面下部须有两个支撑座,支撑座焊缝开裂时焊修,支撑座丢失时补装。

397. 车体预修主要包含哪些方面?

答:车体除锈、涂漆;分解呼吸式安全阀、下卸阀;更换故障车门;更换、调修故障车体附属配件;分解车体钢、木(竹)结构变质、破损严重部位;调修车体钢结构变形超限处等。

398. 车体基本工序入库检修主要包含哪些方面?

答:架车,底架各梁检修、底架附属件检修、车体检修、木(竹)结构组装等。

399. 车体检修时应及时采用哪些装备?

答:更换车门专用机具,移动式车体整形装置,气割专用装置,电焊机(含气体保护焊机),拉铆钉机,热铆接机具,铆钉加热炉等。

400. 简述对车体钢结构变形的测量方法及要求。

答:在墙板、侧柱连接铁凸出、外胀部位两侧未变形部位,使用定位铁拉与墙板、侧柱连接铁平行的测绳,测绳处于变形部位最外侧,测绳不得与墙板、连接铁等相抵触,用盒尺测量墙板、连接铁外胀最大处与测绳的距离,实测值与定位铁高度差即为变形量:侧墙板内凹、外胀变形不大于 30 mm,端墙板内凹、外胀变形不大于 50 mm(不锈钢结构、铝合金结构敞车端墙板内凹、外胀变形不大于 40 mm),侧柱连接铁弯曲变形不大于 20 mm,超限时重新调修。

401. 简述罐体测爆作业内容。

答:(1)测爆作业人员将安全带挂钩牢固挂在罐顶栏杆上进行安全防护。

(2)测爆作业人员将探杆伸入人孔(里侧下边缘以下),启动测爆仪进行测爆检查,同时观察测爆仪显示结果。按人孔口、罐体内中部、罐体底部共三点进行测试,并沿罐体长度方向向其两端测试,任意一处不得发生连续“滴滴”声音报警。

(3)测爆过程中测爆仪连续发生“滴滴”声音且“报警”指示灯闪烁时为测爆不合格。罐体内可燃气体浓度达到或超出报警设定临界值时,测爆仪将自动发出闪烁报警灯,发出蜂鸣报警音。对罐体内部三次测试过程中,发生任何一次上述现象,则判定罐体内可燃气体浓度超标,罐体洗刷不合格。

(4)当测爆仪测试时未发生自动报警时,作业人员必须确认设备屏幕显示的可燃气体的含量合格。

402. 简述罐体明火试验作业要求。

答:(1)明火试验作业人员穿戴好防护用品,沿罐体扶梯登上罐体顶部,将安全带扣在罐车顶部护栏上。

(2)明火试验作业人员打开车辆人孔盖,并检查确认无异状后,取下安全带,下到地面。明火试验时罐体上不得有人作业。

(3)明火试验作业人员确认待明火试验罐车上部无人后,点燃吊具内的固体酒精。

(4)明火试验作业人员用试验吊杆将点燃的火种吊起,慢慢吊入人孔内,在罐内停留不少于1 min,无爆炸反应时,确认明火试验合格。明火作业须由两人以上在地面共同完成,并指定安全防护人员进行安全监护。作业期间无关人员不得进入明火试验区。

(5)发生燃爆为不合格,须重新进行洗罐、测爆作业。

(6)罐车入库施修前2 h内应进行二次测爆明火试验,合格后方准入库检修;二次测爆明火试验步骤要求与一次测爆明火试验相同。

403. 更换敞车下侧门时如何选配车门?

答:(1)检修车门人员使用盒尺先测量车体上的下侧门两门折页座外侧距离,然后再测量两门折页座内侧距离。

(2)测量检修合格的下侧门两门折页间的距离进行选配,选配的合格下侧门符合:

①两门折页外侧距离小于门折页座外侧距离5 mm以上。

②两门折页内侧距离大于门折页座内侧距离5 mm以上。

(3)确认符合要求后将装用的车号、位数写在下侧门门板上。

404. 简述底架各梁弯曲变形检查方法。

答:将定位铁分别贴靠在中梁与1、2位枕梁结合处下翼板下边缘或侧梁与1、2位枕梁结合处腹板外侧下边缘,拉直测绳,用钢直尺测量中梁或侧梁下垂最低点与测绳的垂直距离,大于30 mm时为超限;将定位铁分别贴靠在1、2位枕梁与中梁或侧梁结合处下翼下平面边缘,拉直测绳,用钢直尺测量中梁或侧梁旁弯最大与测绳的水平距离,大于30 mm时超限;中梁、侧梁变形超限时,在中门对应的下侧梁上用粉笔涂打施修标记"#"。

405. 简述棚车内部检查方法及要求。

答:(1)打开车门,进入车内。目视检查侧柱、端柱、角柱、车顶椽子裂纹、腐蚀深度大于50%时，用粉笔在侧墙上进行标注施修部位和施修方法。

（2）目视检查顶板、侧墙板、端墙板破损时挖补或更换；压条损坏、丢失时修理或更换；用粉笔标注施修部位和施修方法。

（3）目视检查地板状态，木地板破损、折断时用粉笔在故障部位标注“更换”，竹制地板破损、开胶、开裂时用粉笔在故障部位标注“更换或修补”；地板边缘护铁或压铁不良时用粉笔在故障部位标注“更换或修理”。

（4）车体外胀超过40 mm时，用粉笔在外胀处做调修标识“#”。

406. 简述更换标签防盗底板作业要求。

答：更换防盗底板时，须将原焊装防盗底板位置磨平，防盗底板四爪须与附加底板或底架盖板密贴，三面满焊。防盗底板纵向中心线与车体横向中心线的夹角误差须小于3°，防盗底板横向中心线与车体纵向中心线偏移量须小于30 mm，特种车型偏移量须小于200 mm。防盗底板端面须用5号钢印刻打安装单位代表略号和安装年、月，字迹须清晰，现车安装时该端面朝向现车1位侧。在液化石油气等罐车上焊装时须符合有关规定。

407. 车辆标签申请和安装或补装时须符合哪些要求？

答：（1）车辆标签丢失、损坏、变形失效、读取失效、标签信息与现车不符、标签信息与标签库不符、国铁转自备、自备转国铁、试验车销号、货车改造等须补装、换装、改写标签时，须通过铁路货车车号管理软件填写《货车标签补装换装改写申请表》，明确原因，打印后由相关管理人员确认盖名章，扫描后通过铁路货车车号管理软件上报国铁集团车辆调度管理部门审核，通过后进行标签写入。

（2）其他情况，报国铁集团车辆调度管理部门。

408. 简述车钩支撑座卡滞检查方法。

答：装用17型车钩的冲击座需人工进行支撑座卡滞检查：车钩

分解前,使用长度2 m的撬棍,沿车体纵向将撬棍一端插入钩体与冲击座之间的间隙处,采用人工压住撬棍另一端。撬棍压住钩头上部,使钩头及支撑座下移,支撑座下移距离应不小于10 mm,撤销撬棍后支撑座应能恢复原位。检查发现卡滞时,检查冲击座内腔磨耗板是否存在局部凸起或翘曲变形等故障,发现故障时更换磨耗板。

409. 简述更换冲击座时铆接要求。

答:(1)使用铆钉加热设备将铆钉加热到微红色(800 ~ 1 100 ℃),使用夹具夹紧铆钉并取出,将铆钉传递至铆接作业区域。加热的铆钉须递送,严禁抛掷。

(2)铆接时,要缓慢用力,待铆钉蹾粗过程完成后,再用力向前推动铆枪。确认铆钉帽内侧平面与从板座平面密贴后,使用铆枪将铆钉铆固。重复上述步骤,直至铆接所需铆钉全部铆接完成。铆接时,应在冲击座两侧铆钉孔对角铆装。当铆钉帽下平面与端梁腹板无法密贴时,更换铆钉。

(3)铆接作业中,操作者不要直视铆钉枪的前端;铆钉枪不准对准人。

410. 简述冲击座检修基本要求。

答:冲击座裂纹长度不大于裂纹部位截面宽度的50%时焊修,大于时更换;与冲击座一体的车钩弹性支撑装置座腔裂纹长度不大于50 mm时焊修,大于时更换;装用活动车钩托梁的冲击座,插托梁的方孔下角出现裂纹时,焊修后补强或更换,侧框上、下内侧距离差大于8 mm时修理。原装用凹槽型冲击座时不得换装其他型冲击座,同一辆车两端冲击座形式须一致。ST缓冲器可换装为MT-3缓冲器,装用缓冲器需匹配平形冲击座。装用MT-3型缓冲器时须配套装用凹槽型冲击座。

411. 简述冲击座铆钉检查方法。

答:(1)看:电筒照射目视检查铆钉头周围有锈迹和金属粉末

时,须重点检查铆钉是否露杆,铆钉头是否折断、丢失。

(2)敲:用检点锤敲击铆钉头观察铆钉头是否移动。

(3)听:用检点锤敲击铆钉头声音为实音时,铆钉质量良好,声音异常(虚声)时,铆钉折断或松动。

(4)摸:用检点锤敲击铆钉头声音异常时,手摸铆钉头一端,检点锤敲击另一端,手上有振动感为铆钉松动,无振动感为铆钉折断。

412. 简述上旁承检查作业要点。

答:检查上旁承状态良好时可不分解,出现裂纹时更换。上旁承焊缝开裂时焊修,磨耗板磨耗大于 2 mm 或出现裂纹时更换。上旁承磨耗板、调整垫板、上旁承体间的组装间隙均不得大于0. 5 mm,组装螺栓下面不得超出磨耗板下平面,组装螺栓与螺母须点焊固。

413. 简述上旁承检修作业要求。

答:(1)上旁承与枕梁翼板焊缝开焊时进行焊修。

(2)清除焊缝开裂处旧焊波,并清除上旁承开焊部位表面(离焊缝边缘不小于20 mm 宽度范围内)的油垢及氧化物。对上旁承焊缝开裂进行焊修时,焊角 5 mm。

(3)磨耗板磨耗超限时更换处理。

(4)上旁承垫板数量不符合要求时,分解上旁承螺栓,对垫板进行调整处理,垫板块数及总厚度须满足要求。并使用塞尺检查上旁承磨耗板、调整垫板、上旁承体间的组装间隙均不得大于0. 5 mm。

(5)上旁承横向中心线至上心盘中心距离超限及上旁承出现裂纹须更换上旁承时,须对上旁承进行定位并进行翻转焊接。

(6)上旁承组装螺母松动及重新组装时,螺母须紧固,并将螺母与组装螺栓进行点焊。

414. 简述整体式上心盘检查作业要点。

答:(1)用钢丝刷对心盘进行除锈,表面不得有锈皮、锈渣。

(2)直径磨耗大于3 mm或平面磨耗大于6 mm时分解修理,焊修后加工恢复原形。

(3)上心盘与中梁下翼缘、隔板组成或枕梁下盖板间的焊缝开裂时进行更换。

(4)外圆周裂纹总长度大于300 mm或其他平面处裂纹大于100 mm时更换;小于时焊修,焊后加工或磨修光滑。

415. 简述牵引挂、绳栓检修质量复查要点。

答:(1)检查调修后的牵引钩、绳栓无裂纹、裂损。

(2)检查新铆装的牵引钩、绳栓型号符合要求,铆钉无松动,热铆的铆钉间隙不大于1 mm,用1 mm塞尺检查不得触及铆钉杆;拉铆的用0.5 mm的塞尺在距铆钉孔中心50 mm范围内测量,不得大于0.5 mm,通止规测量套环直径符合要求,检查凸点符合拉铆要求。

416. 简述人力制动机检修质量标准。

答:(1)人力制动机踏板弯曲、变形时调修,安装座焊缝开裂时须清除原焊波重新焊固。

(2)人力制动机踏板本体不得有裂纹及严重缺陷,腐蚀超过50%时更换。

(3)更换的踏板须与原结构相同。

(4)采用螺栓连接的人力制动机踏板,螺栓紧固后须将螺母点焊固。

417. 简述人力制动机踏板调修作业要点。

答:使用氧—乙炔焰对变形部位加热烘烤后使用手锤锤击调修。锤击调修作业流程如下:

(1)熔接工对人力制动机踏板须调修且画有“#”号标记的部位使用氧—乙炔焰进行加热烘烤,至红热状态。

(2)调修作业人员佩戴好防护目镜,选取合适位置呈跨步状态站稳,使用大锤对红热的调修部位进行锤击,直至故障部位达到合格状态，过程中可反复烘烤。锤击前须确认锤挥动区域内无其他作业人员，挥动大锤时不得带手套。

（3）质量复查：调修完毕后，须对踏板调修后的质量进行复查，确认调修合格；防止调修锤击导致踏板本体产生裂纹或安装面焊缝开焊等问题。

418. 简述各托架及吊座检修要求。

答：（1）制动吊架与底架焊缝开裂时，须割除原焊波重新焊固。各圆钢制杠杆托出现裂纹或弯角处损伤时更换。

（2）安全吊、托滚吊出现裂纹或吊板厚度小于 2 mm 时更换。其他附属件腐蚀、磨耗深度大于 30% 时更换。

（3）缓解阀拉杆吊座孔边缘距离小于 7 mm 时，堆焊补孔或更换。

（4）空气制动装置的制动支管无固定吊座的，须在距集尘器（截断塞门）300 mm 范围内加装吊座，长度应根据车型确定，且不得影响截断塞门操作。吊座与中梁焊缝起弧和收弧点应距中梁边缘 20 mm 以上，且其他部分必须满焊。

（5）人力制动机靠近滑轮的拉杆托架采用 50 mm 等边角钢与牵引梁焊接者，须焊装三角形加强筋。

419. 简述制动系统各吊架、托架更换作业要点。

答：确认故障标识。确认故障下有清晰的“更换”字样。

（1）配送相关配件。由作业人员领取相应型号的吊、托架放至作业位置。

（2）分解准备。使用白色粉笔在下侧门门板中上部明显位置标注“割除××吊座”字样，由熔接工割除。

（3）割除吊座。熔接工根据作业人员标注信息，割除指定的割除吊座，割除时，须注意不得割伤原吊座安装面，留有 1～2 mm 熔茬，并使用角磨机将安装面打磨平整。

（4）组焊吊架。组焊前检查确认新吊、托架质量，不得有裂纹、缺损,使用相应的焊条进行组焊,主管、支管、连通管吊架焊角为4×4 mm,各风缸吊架座焊角为5×5 mm,按原结构进行满焊或三面满焊。

420. 简述焊条电弧焊焊接作业要点。

答:(1)一手握住面罩手把,用面罩遮挡住焊工面部。

(2)另一手握住焊钳手把,手腕轻轻摆动,使焊条端部与安装面接触产生电弧。

(3)通过面罩观察焊缝成型情况,确认后匀速移动焊条直至整条焊缝焊接完毕,

(4)焊接完毕用除渣撬棍清除焊渣,检查焊接质量检查焊接质量(如发生气孔、夹渣等缺陷时及时进行补焊)。

(5)作业完毕后,对焊接部位及本体检修检查。确认焊缝质量符合要求,本体不得有裂纹、缺陷。

421. 简述下侧梁检查作业要点。

答:(1)侧梁与地板、小横梁纵向、横向焊缝质量须良好,焊缝无漏焊、开焊等质量缺陷。

(2)各梁出现纵向裂纹时焊修。枕梁、横梁与侧梁连接处焊缝开裂时,须割除原焊波重焊,焊波高于基准面2 mm。

(3)侧梁截换时须斜接,接口与梁、柱纵向中心线夹角不大于45°。

(4)侧梁翼板横向裂纹长度不大于翼板宽的50%时焊修;横向裂纹长度大于翼板宽的50%但未延及腹板时,补平形补强板;延及腹板时补角形补强板。补强板厚度不小于本体厚度的90%,长度不小于梁高的1.5倍,高度不小于腹板高度的50%,补强板须盖过裂纹边缘50 mm以上。

(5)侧梁腐蚀深度大于50%时,堆焊、挖补、截换或更换。

(6)侧梁在侧柱内侧局部腐蚀穿孔时,补强板须穿过枕梁、横梁,长度盖过侧柱两翼板边缘各50 mm以上,宽度与侧梁腹板高度

相同;侧梁横向裂纹、腐蚀距枕梁、横梁腹板大于 100 mm 时,补强板可不穿过枕梁、横梁,可与枕梁、横梁相连接。

422. 简述牵引梁弯曲变形检查质量标准。

答:(1)牵引梁左、右旁弯不大于 20 mm。

(2)牵引梁扩张单侧超过 20 mm 或两侧之和超过 30 mm 时调修。

(3)牵引梁上挠或下垂不大于 20 mm,以两枕梁中心为测量基准,超过时调修。

423. 简述牵引梁调修作业要点。

答:采用加热与外加顶力的方法调修牵引梁,选择支撑点、固定点、施力点及加热点。

(1)支撑点:应选择在靠近开始发生弯曲的部位。

(2)施力点:一般在弯曲点,除根据变形位置选定外,还应考虑施力时便于操作。

(3)固定点:应选择在支点与力点之间,或支点外方。

(4)加热点:选定在局部拉伸变形最大的部位,对缓和的弯曲变形,选定梁高 1/2 ~ 2/3 处向下三角形作为加热点。

(5)加热区域,分数处进行,对较大弯曲部分或凸起部分应普遍加热。

424. 简述牵引梁调方法。

答:牵引梁弯曲调修时可采用千斤顶冷调,用千斤顶调整牵引梁,上挠量达水平线以上 15 ~ 20 mm 时停镐,并保持 2 ~ 5 min 若冷调不能达到要求时,应采用热调,在该处使用千斤顶进行梁弯曲调修。加热后禁止用水浇降温。待加热处自然冷却至常温后方可将千斤顶落下。局部变形时,在变形处加热到 700 ~ 800 ℃(不得超过 800 ℃),当金属呈现微红色时用镐顶或锤打恢复原形。

425. 简述牵引梁调修后质量要求。

答:(1)牵引梁上挠或下垂可调至水平线 ±5 mm(以两枕梁中

心为测量基准)。

(2)牵引梁左右旁弯可调至≤5 mm。

(3)牵引梁扩张可调至限度范围内(单侧不超过20 mm,两侧之和不超过30 mm)。

(4)详细检查调修后梁体、焊缝有无因调修后产生的裂纹、开焊等缺陷,有缺陷时在车体上标识,进入检修库内后进行施修。

(5)对加热部位补底漆和面漆。

426. 简述牵引梁翼板检修质量标准。

答:(1)梁体出现纵向裂纹时焊修。牵引梁翼板与枕梁上、下盖板连接处(指枕梁盖板覆盖处)横向裂纹未延及腹板时,焊修后在两翼板间、中梁的两侧对称水平焊装厚度为10~12 mm的三角形补强板,其直角边长度不小于150 mm。

(2)牵引梁接长部分的对接焊缝出现裂纹时重新焊接,焊后对焊缝进行超声波探伤检查。

(3)无中梁铁路货车牵引梁接长部分腐蚀深度大于30%时堆焊、挖补或补强,大于50%时挖补、截换或更换;挖补时不能两面焊时须开单面坡口焊。

427. 如何测量中梁在两枕梁间的下垂量?

答:(1)一人将长线置于1位端中梁与枕梁翼板焊缝连接处,另一人将长线置于2位端中梁与枕梁翼板焊缝连接处。

(2)找到长线与中梁间隙最大处,将钢直尺测量起始端与间隙最大处中梁下翼板垂直密贴,长线与钢直尺重叠部位尺寸即为中梁下垂尺寸。

428. 简述枕梁下盖板检查要点。

答:由于枕梁承担的载荷大,心盘座组焊时又有多条焊缝交汇,应力集中,燕尾板与枕梁下盖板连接焊缝易产生裂纹而且裂纹大多延及盖板本体,当发现连接焊缝存在裂纹时须对焊缝周围盖板本体仔细检查。心盘四角是下盖板产生裂纹的重点部位,铆接心盘时违反作业规程用电焊将心盘四角与盖板焊接进行定位后更易产生裂纹,在进行下盖板检查时该部位是重点检查部位,从心盘边缘起向外 200 mm 范围易产生裂纹。

429. 简述各梁盖板腐蚀检修要求。

答:使用金属测厚仪检测各梁盖板腐蚀或麻点的剩余厚度,中梁下盖板麻点腐蚀直径大于 ϕ20 mm 且深度大于原板厚度的 50%,或直径小于 ϕ20 mm 且穿孔时,画堆焊标识。各梁盖板腐蚀深度大于 35% 时,画截换标识"截换"。中梁下盖板腐蚀深度大于 50% 时,画截换标识"截换";小于 50% 时,画补强标识"补强"。

430. 简述侧柱检修质量标准。

答:侧柱出现裂纹或腐蚀深度大于 50% 时,焊补或截换。门挡座与侧板和侧柱的焊缝开裂时焊修。侧柱外胀大于 30 mm 时调修。调修时,须清除侧柱内补强座与地板间的焊缝,调直后重新焊接。侧柱内补强座腐蚀大于 50% 时更换。

431. 简述侧柱连铁检查顺序。

答:环绕车内顺次检查侧柱连铁外观质量,检查顺序为:一侧端部侧柱连铁焊缝及本体质量→立面及上平面焊缝及本体质量→另一侧端部柱连铁焊缝及本体质量→底平面焊缝及本体质量。依次环绕检查。

432. 简述侧柱连铁更换作业程序。

答:割除需截换的侧柱连铁。割除时,须注意不得割伤侧柱、斜撑及侧墙板。确认侧柱连铁连接焊缝割除完毕后,锤击侧柱连铁,使割除部位侧柱连铁与侧墙及侧柱分离。根据割除的侧柱连铁尺寸,熔接工按所需组装侧柱连铁的尺寸进行切割。将切割成型侧柱连铁组装至原位置。用电焊焊接牢固。如遇下侧门折页座部位侧柱连铁割除时,需采用下侧门组装模具对下侧门折页座进行组装定位。用电焊焊接固定下侧门折页座。

433. 简述对敞车上端梁外观状态检查作业要求。

答:(1)正对车辆上端,沿上端梁→上侧梁→上端梁→上侧梁逆时针方向进行检查,目视顺次检查,检查顺序为:上端梁与角柱连接处→上端梁外侧本体→上端梁与墙板连接处→上端梁与角柱连接处→上端梁与上侧梁对接焊缝连接处→上侧梁外侧、下侧本体,与墙板连接处,上侧梁与斜撑连接处→上侧梁与侧柱连接处→上侧梁外侧、下侧本体,与墙板连接处,上侧梁与斜撑连接处→上侧梁与侧柱连接处→上侧梁与端梁连接处→上侧梁上平面及角部加强铁本体、连接处→上端梁上平面及角部加强铁本体、连接处→重复前面所有检查过程,完成剩余上端梁、上侧梁的检查。

(2)重点检查:

①端梁与角柱连接处;②端梁与墙板连接处;③端梁与侧梁对接焊缝处;④上侧梁、上端面明显变形处;⑤上侧梁、上端梁破损处;⑥上侧梁与端梁对接焊缝上平面补强板连接处;⑦上端梁内凹、外胀检测;⑧上侧梁内凹、外胀检测。

(3)如因架车原因,导致视觉距离超过1 m时,应使用登高梯,就近检查折页座组成各部质量。

434. 简述敞车上端梁检查质量标准。

答:上端梁、上侧梁腐蚀深度大于50%时挖补或截换,弯曲大于50 mm时调修。截换时,上侧梁接口不超过4个,侧开门处两侧柱间不得有接口;上端梁接口不超过2个。上侧梁接口纵向中心线夹角不大于45°。篷布护铁焊缝开裂时焊修,出现裂纹时更换,丢失时补装。外露结合部位须满焊,上侧梁与上端梁结合焊缝开裂时焊修。更换时,该部位如无连接板,须焊装连接板。C_{64K}等型系列敞车车体四角为平板连接时,焊装角部加强铁;出现裂纹时焊修;角部加强铁出现裂纹时更换。

435. 简述各梁进行补强时有何作业要求。

答:(1)侧梁补角形补强板时,以补强部位为支撑点,将修理部位调修到水平线以上，在没有自重弯曲应力条件下焊修后补强。不补强的焊缝须有 2 ~ 3 mm 的增强焊波；补强的焊缝须打磨平整。

(2)根据裂纹部位及长度、腐蚀面积等具体情况确定补强板规格；长度大于 500 mm、高度大于 200 mm 时，须钻塞焊孔，孔距、孔与边缘距离均为 100 ~ 500 mm，孔径为 ϕ20 ~ 25 mm。根据裂纹方向及高度，腐蚀宽度、长度确定补角形或平形补强板；

(3)角形补强板上部为抹角梯形，下部煨边；平形补强板为长方形，抹去四角。

(4)同一梁上新装补强板与原有梁上良好补强板内端之间距离，侧梁不足 100 mm 时，须换为通长补强板。

436. 简述侧开门外观检查顺序。

答：从下至上，顺时针方向目视检查侧开门四个折页座组成外观质量，检查顺序为：折页座与侧柱下部横向焊缝→折页座下片本体→组装圆销尾部、组装垫圈及焊缝→折页座圆销孔周边→折页座下片与座板结合部→折页圆销孔周边→折页本体→折页与座板、门板周边焊缝→组装圆销杆身(外露部分)→折页座与侧柱垂向外侧焊缝→折页座上片与座板结合部→组装圆销头部→折页座下片本体→折页座与侧柱上部横向焊缝→(侧开门全开，上车)折页座与侧柱垂向内侧焊缝→折页座(上、下)圆销孔周边→折页圆销孔圆周边→折页与座板结合部→折页与门板内侧焊缝。

437. 简述侧开门检查质量标准。

答：(1)折页座与侧柱纵向、横向焊缝质量须良好，焊缝无漏焊、开焊等质量缺陷。

(2)折页座本体无裂纹，腐蚀不超过原形厚度的 50%，无变形或其他影响侧开门作用的故障。

(3)折页与门板纵向、横向焊缝质量须良好，焊缝无漏焊、开焊等质量缺陷。

(4)折页本体无裂纹,腐蚀不超过原形厚度的50%,无变形或其他影响侧开门作用的故障。

(5)门折页、门折页座弯曲时调修,裂损时修理或更换。

(6)折页圆销孔圆周部、弯折部无裂纹、裂损。

(7)组装圆销、垫圈须齐全,无裂纹、裂损。

(8)垫圈与圆销焊接良好,焊缝长度应大于1/2圆周。新焊装的垫圈与折页座的距离为3~8 mm。

(9)侧开门门板中部变形大于30 mm、车门缝隙大于8 mm时调修。门板四周及压型部位破损或变形大于30 mm时,须使用模具整体调修或更换。

438. 简述敞车内补强座检修作业过程。

答:(1)侧柱内补强座焊缝开焊时焊修。

(2)用白色粉笔在需焊修的部位作出标示,并在明显位置清晰写“H”字样,以通知电焊工对故障部位进行焊修处理。

(3)电焊工焊接前可用氧气对焊缝及周边进行烘烤除锈,清除锈后进行焊接作业。

(4)质量检查:焊接完毕除渣检查焊接质量。除渣作业时须戴防护眼镜。

(5)侧柱内补强座腐蚀大于50%时更换。

439. 简述敞车内补强座更换作业过程。

答:(1)割除需更换的侧柱内补强座。割除时,须注意不得割伤侧柱及衬板本体。确认侧柱内补强座连接焊缝割除完毕后,锤击分解侧柱内补强座。

(2)检查配送内补强座质量是否符合要求。

(3)组装质量合格内补强座,并对连接焊缝进行标注。

(4)将内补强座与地板及侧柱、衬板连接焊缝满焊。

(5)除渣检查焊接质量。

440. 简述 C_{80} 系列敞车撑杆检查顺序。

答：从左至右，目视顺次检查撑杆座、撑杆外观质量，检查顺序为：左侧撑杆座组成→撑杆杆体→右侧撑杆座组成。重点检查部位有：撑杆座组装螺栓、撑杆折弯处。

441. 简述 C_{80} 系列敞车撑杆检修要求。

答：(1)撑杆变形大于 100 mm 时调修；裂损或腐蚀深度大于 50% 时堆焊、截换或更换，截换时采用斜接；撑杆座焊缝出现裂纹时焊修，紧固件损坏或丢失时补装。

(2)C_{80} 型系列敞车水平撑杆更换时须全部采用改进型。原车水平撑杆距上侧梁上平面距离为 425 mm 者；原车水平撑杆距上侧梁上平面为 622 mm 者。

(3)C_{80B} 型系列敞车更换撑杆时，三组水平撑杆组成须采用符合要求的下凹改进型 C_{80B} 型系列敞车水平撑杆。水平撑杆变形大于 100 mm 时调修，裂损时更换，紧固件损坏或丢失时补装。

(4)撑杆座、撑杆端头焊缝质量须良好，焊缝无漏焊、开焊等质量缺陷。

(5)撑杆座紧固件须齐全，无松动。

(6)撑杆座无裂纹、缺损，腐蚀不超过原形 50%。

442. 简述更换撑杆作业过程。

答：(1)采用氧—乙炔焰将撑杆从撑杆座分解下来，切割时严禁割伤撑杆母材及撑杆座螺栓孔。

(2)拆卸支撑杆，并将支撑杆送往指定位置。

(3)按照车型组装符合技术规定的同型支撑杆。

(4)紧固组装螺栓并将组装螺栓圆周满焊。组装时，螺母与撑杆之间加装防松片，防松片小压角须与螺栓螺帽立面密贴，大压角须与撑杆圆弧面密贴。

443. 简述敞车地板检修要求。

答：地板腐蚀深度大于板厚的 50% 时，挖补、截换或更换。地板腐蚀挖补或截换时，焊缝须位于底架各梁上，钢地板在侧梁上部边缘腐蚀时，可沿车体长度方向通长截换，且最小宽度不小于200 mm。

444. 简述扶梯外观检查作业顺序。

答：从下至上，目视顺次检查扶梯外观质量，检查顺序为：左侧上、中、下扶梯座本体检查→扶梯座焊缝检查→扶梯本体检查→扶梯圆钢制杠杆托与扶梯连接焊缝检查→扶梯圆钢制杠杆托本体检查→右侧上、中、下扶梯座本体检查→扶梯座焊缝检查→扶梯本体检查→扶梯圆钢制杠杆托与扶梯连接焊缝检查。

445. 简述钢结构浴盆检修要求。

答：钢结构浴盆板腐蚀深度大于30%时堆焊或挖补，挖补面积不小于250 mm×250 mm，接口错牙量不大于2 mm，挖补板焊接采用单面坡口清根双面施焊，且不得出现十字交叉焊缝。需堆焊或挖补时，须用白色粉笔在堆焊或挖补的部位画圈，同时在侧墙板明显位置清晰分别写“堆焊”或“挖补”字样，并通知电焊作业人员对故障部位进行堆焊和挖补作业。钢结构浴盆板纵向裂纹长度不大于100 mm时焊修处理，并在裂纹末端钻止裂孔；需焊修时，须用白色粉笔在裂纹两侧画双竖线，同时在浴盆板明显位置清晰写“H”字样，并通知电焊作业人员对故障部位进行焊修。

446. 简述角柱截换作业标准。

答：角柱截换时，须斜接单面开坡口焊接，接口只准有一个，新制接口不计。槽钢与角柱板组焊的角柱组成截换时，槽钢与角柱的接口须错开100 mm以上；槽钢须斜接两面焊，角柱板开坡口，斜接满焊；接口只准有一个，新制接口不计。角柱内侧面与钢地板间沟槽须封焊，可加钢板条焊固。

447. 简述角柱截换后复检作业标准。

答：作业完毕后，对角柱焊接质量进行复查。确认角柱各部焊缝质量良好，无虚焊、断焊等质量问题，对焊缝的焊渣用小锤敲击后进行复查确认焊缝质量。对角柱调修质量进行复查，检查角柱变形部位已调修符合要求，调修后的部位本体无裂纹再次产生。

448. 简述敞车门搭扣外观检查作业过程。

答：从左至右，从上至下，顺时针目视顺次检查下侧门搭扣座组成外观质量，检查顺序为：搭扣座左侧及螺栓孔处→搭扣座上平面→搭扣座右侧及铆钉孔→搭扣座下平面及搭扣翻转作用检查。重点检查：搭扣座本体、搭扣翻转作用、搭扣孔处。

449. 简述搭扣座检修作业标准。

答：搭扣座铆钉松动时需重铆，铆接时需在车体明显位置清晰写"重铆"字样，以通知铆接作业人员对故障部位进行检修。搭扣座螺栓变形、磨耗需更换；螺栓松动时，需紧固，更换或紧固时需在车体明显位置清晰写"更换螺栓"或者"紧固螺栓"，以通知铆接作业人员对故障部位进行检修。搭扣出现裂纹时需更换，更换时需在车体明显位置清晰写"更换搭扣"，以通知铆接作业人员对故障部位进行检修。

450. 简述敞车墙板检修作业标准。

答：车体钢结构、各部钢板存在裂纹、腐蚀严重、破损时焊修、挖补、补强或截换。端墙板内凹、外胀不大于 50 mm，超限时调修，检测方法如下：将长线两端置于侧墙与角柱连接处，拉紧长线，测量侧墙板变形最大处尺寸即为侧墙板变形尺寸，在相应位置标准测量尺寸。

451. 简述敞车墙板外观检查作业顺序。

答：从左至右，目视顺时针方向检查侧墙板外观质量，检查顺序为：端墙板与左侧角柱垂向焊缝→端墙板与上端梁横向焊缝→端墙板上部本体→端墙板与端墙板与左侧角柱垂向焊缝→端墙板与横带上下焊缝→端墙板中部本体→端墙板下部本体→端墙板与下部横带上下焊缝→端墙板下部本体。重点检查：端墙板各连接焊缝、端墙板本体破损、腐蚀。

452. 简述敞车栓结座检修要求。

答:与车体焊缝焊接良好,变形不影响使用,剩余厚度或边缘宽度不小于10 mm。端墙绳座须符合要求,侧墙绳座弯曲时调修,出现裂纹时更换,焊缝开焊时焊修。变形时调修或更换,剩余厚度或边缘宽度不足10 mm时更换。

453. 简述下侧门折页座检修要求。

答:(1)下侧门折页圆销孔圆周部、弯折部无裂纹、裂损。组装圆销、垫圈须齐全,无裂纹、裂损。垫圈与圆销焊接良好,焊缝长度应大于1/2圆周。新焊装的垫圈与折页座的距离为3~8 mm。

(2)下侧门门板中部变形大于30 mm、车门缝隙大于8 mm时调修。门板四周及压型部位破损或变形大于30 mm时,须使用模具整体调修或更换。

454. 简述漏斗车车顶外观状态检查作业流程。

答:车辆钳工使用手电筒和点检锤对车顶进行检查,打开装货口盖检查,发现密封垫变质、破损时在装料口盖密封垫上划"×"字报废标识,装料口盖弯曲影响作用时划"#"字调修标识;并对装料口盖进行关闭检查,关闭须严密,折页、止卡、锁铁须作用良好,不良时更换;在装料口盖上划"#"字加修标识;发现装料口盖、防水盖弯曲、存在裂纹时,在装料口盖或防水盖上划"×"字报废标识。

455. 简述漏斗车车顶检修作业要求。

答:车顶板变形时,使用钢板尺、平尺检测变形量,大于30 mm时在变形处附近标注"调"。车顶板、装料口盖腐蚀深度大于50%或出现裂纹时补强或更换,车顶积垢须清除。检查、检测发现故障后,须在车体侧墙处标注具体故障,划箭头指向故障方向。装料口盖加修、报废时,标注"料盖换";防水盖报废标识时,标注"水盖换";密封垫更换时,标注"顶垫换";车顶板下垂时,标注"顶调";车顶板出现裂纹、腐蚀超限时,标注"顶切"。

456. 简述漏斗车车顶截换作业要求。

答:熔接工发现车体侧墙处有“顶切”标注后,登上车顶确认故障后,沿车辆钳工划出的切除线切除截换部位。车辆钳工根据现车截换车顶板尺寸,在待组装车顶板上面划线(搭接量不大于15 mm),熔接工沿划线部位切除多余部位。车辆钳工将待组装的车顶板运送到车顶故障部位,确认放置正位后通知熔接工焊固。车顶补板段焊固后,发现补板与周边顶板密贴不良时,使用氧—乙炔火焰加热,车辆钳工使用手锤进行调修,直至密贴后,熔接工对补板四周满焊。车顶焊修作业结束后,清除电焊残渣后,对焊缝质量进行检查,焊缝存在裂纹、夹渣、气孔、缺肉、未焊透等缺陷补焊,在侧墙上划漏雨试验标识。

457. 简述焊修整体平面上心盘作业要求。

答:熔接工发现车体侧墙板上标注“心盘 H”标识时,确认整体平面上心盘焊缝开焊部位,对整体平面上心盘与中梁下翼缘、隔板组成或枕梁下盖板间的焊缝开裂时重新焊修,焊角为 10 mm × 10 mm;上心盘与中梁内顶面的段焊缝须补焊为连续焊缝。焊修时选取直径为 ϕ4 mm 的 J506 焊条,电焊机焊接电流调整在 160 ~ 210 A 之间。焊修作业结束后,清除电焊残渣,对焊缝质量进行检查,如存在裂纹、夹渣、气孔、缺肉、未焊透等缺陷以及咬边深度超过 0. 5 mm 时重焊或补焊。

458. 简述更换上心盘作业程序。

答:(1)铆工发现车体侧墙板上标注“切换心盘”标识时,将上心盘分解组装升降小车推送至待分解的上心盘下方,通知熔接工切除全部铆钉。

(2)待切割作业结束后,铆工使用撬棍分解上心盘,使上心盘落在升降小车上,清除铆钉孔内的旧铆钉及上心盘座安装表面的毛刺、锈垢、氧化渣等异物。使用移动升降小车将切下的上心盘送至黑色报废区域。

(3)使用毛刷在上心盘和心盘座接触表面均匀涂刷防锈漆，将上心盘安装面向上平放在组装上心盘用的升降小车上，使用移动升降小车将上心盘与安装座螺栓孔对正，在上心盘外侧4个铆钉孔自上而下穿入螺栓，安装螺母，使用扳手对角均匀紧固螺母。

(4)铆工使用高频加热炉对铆钉进行加热至发红(800～1 100 ℃)。

(5)两名铆工使用铆接工具相互配合，一名铆工使用钳子将加热好的铆钉放入心盘孔内，并用铆接专用工具将铆钉固定住，另一名铆工使用铆枪铆固，铆装时先对角铆装内侧4孔，然后，分解上心盘外侧4个定位螺栓后，再对角铆装外侧4孔。

459. 简述从板座检修要求。

答：(1)前、后从板座工作面磨耗深度不大于3 mm，其他部位磨耗深度不大于8 mm；内距为622～625 mm不得超限。不分解时，焊装厚度不大于4 mm钢垫板调整；分解时，对焊后加工，修理后同一断面上的两从板座位置度为1 mm。

(2)出现裂纹时焊修，但横向裂纹长度大于该处截面高的50%时更换，弯曲时调修。

(3)新热铆从板座与牵引梁间隙不大于1 mm(用1 mm塞尺检测不得触及铆钉杆)。

(4)B型后从板座侧面裂纹延及上平面或下平面时，焊修后在裂纹处下平面补平形补强板，补强板规格为250 mm×80 mm×10 mm，中间部分出现裂纹时焊修。

(5)原设计前、后从板座有磨耗板者，内距超限时更换磨耗板，材质为27SiMn，工作面位置度为1 mm。螺栓组装的前、后从板座磨耗板紧固后点焊。

460. 简述漏斗车漏斗检修要求。

答：漏斗板、流砟板腐蚀、磨耗时，使用金属测厚仪检测剩余厚度，漏斗板、流砟板剩余厚度小于60%(检测腐蚀部位剩余厚度÷

检测未腐蚀部位厚度）时，将须截换部位划出切割线，并在故障附近标注“切”。仓内隔板、撑板、撑杆、拉杆、分砟梁剩余厚度小于50%时，并在故障附近标注“换”。漏斗板及流砟板变形时，使用平板尺、钢板尺配合进行检测，漏斗板变形大于50 mm，流砟板变形大于20 mm时，将须截换部位划出切割线，并在故障附近标注“切”，仓内隔板、撑板、撑杆、拉杆、分砟梁变形时，并在故障附近标注“换”。

461. 简述漏斗车漏斗截换作业。

答：（1）熔接工发现漏斗板及流砟板有“切”字标识时，沿车辆钳工标注的切割轮廓线进行切割作业，将割断部分放入小车，送至废品箱。

（2）切割作业结束后，车辆钳工使用角磨机对接口部位进行打磨处理。

（3）截换时选用与原车相同形式板材，将待安装板放在小车上，按照上述切割作业过程沿切割轮廓线截断。切割作业时应留有打磨加修余量。

（4）车辆钳工将打磨后的待安装板置于现车漏斗板及流砟板截换位置，将截换部位接口对齐，将连接处点焊固定，对漏斗板及流砟板截换部位满焊。

（5）焊修后清除药皮，检查焊缝质量，焊波与焊缝不得有裂纹、夹渣、气孔、缺肉及未焊透等缺陷，咬边深度不得超过0.5 mm。

462. 简述棚车端柱截换作业程序。

答：（1）熔接工根据端墙上标注的端柱故障标识，按照划线部位，切除端柱需截换的部位，切割须斜切，与端柱垂线方向不得大于45°。

（2）车辆钳工根据截取部位的长度，使用滑石笔在合格品端柱上划线，熔接工按照划线位置在截取端柱。

（3）车辆钳工使用角磨砂轮将切口处打磨平整，熔接工将截取好的端柱定位后，进行焊接，焊后彻底清除电焊残渣后，对焊缝质量进行检查，如存在裂纹、夹渣、气孔、缺肉、未焊透、咬边等缺陷时补焊。

463. 简述棚车车顶焊修作业要求。

答：熔接工根据故障标识，清除裂纹焊缝的焊波及附近表面的油垢及氧化物（离裂纹边缘不小于 20 mm 宽度范围内），然后对棚车车顶及椽子裂纹部位进行焊修。焊接完毕后清除焊渣，检查焊接质量，焊缝存在夹杂或缺损时及时补焊。

464. 简述棚车漏雨试验作业过程。

答：待车辆牵入到台位上时，在车辆最外端的车轮外侧打好止木，关闭棚车及毒品车押运间门、窗。车辆牵入后须打好止木，防止在作业过程中车辆溜放，危及作业人员。

（1）喷水作业：车辆钳工启动离心水泵开始抽水，当压力表压力超过 0.5 MPa 后，打开上水阀门，开始向车体进行喷水，向整车车顶喷水时间须大于 3 min。

（2）试验后检查：喷水试验结束，停止离心泵，关闭上水阀门，打开车门。车辆钳工进入车内，使用手电筒检查棚车车顶金属板修补处、内墙板及地板处是否有水迹，发现水迹时使用滑石笔在漏水处的外围划“○”漏水标识，同时，在对应车体外侧墙上划故障标识“有漏水点”，并通知工长该车漏水。由工班长通知车间技术人员组织进行重新检修处理，检修后重新试验，直至合格为止。

465. 简述棚车内墙板外观检查作业程序。

答：车辆钳工开放棚车车门，挂好已开放车门的内门划，使用手电筒按顺次对内墙板、凹形压铁等进行目视检查，使用检点锤对组装螺栓进行敲击检查。发现内墙板、压铁破损时划更换标识；组装螺栓松动时划紧固标识，螺母丢失划补装标识。发现 PB 型棚车内墙板局部破损（面积小于 0.1 mm^2）时划贴补标识，破损（超过于

0.1 mm^2)时划更换标识。

466. 简述拆解棚车内墙板作业程序。

答:熔接工根据车体端墙上故障标识,进入车内,切除相应的凹型压铁组装螺栓。车辆钳工使用手锤和弯铲分解凹型压铁和内墙板,外观检查凹型压铁,状态良好的放置在车内继续使用,破损、变形严重的凹型压铁、分解下来的内墙板、螺栓等废料集中运送到废料箱内。

467. 简述组装棚车内墙板作业程序。

答:车辆钳工先将螺栓置于侧墙板内侧的螺栓座槽内,然后依次安装内墙板、凹形压铁、内墙板上部,内端墙板更换整张竹编胶合板时,须加装环形压铁。使用扳手紧固组装自锁螺母(P64AK 型货车专项整备为 P65 型行包快运车辆的内墙板,须将原车使用的普通螺母更换为馒头螺母)。如使用普通螺母须通知熔接工将螺母点焊固,每根压铁至少点焊 2 条螺栓。

468. 简述拆解棚车内顶板作业程序。

答:拆除破损的内顶板。

(1)分解铁质压条竹编内顶板:熔接工根据车体端墙上故障标识,进入车内,切除车内相应的凹型压铁组装螺栓。两名车辆钳工配合作业,一人使用手锤、弯铲和撬棍从车辆一端开始依次分解凹型压铁、内顶板,另一人辅助将分解下来的顶板和压条放置在车内。

(2)分解实木压条内顶板:车辆钳工根据车体端墙上故障标识,进入车内,作业时须两名车辆钳工配合,一人使用手锤和起钉器分解内顶板及压条铁钉,另一人辅助将分解下来的实木内顶板及压条放置在车内。如内顶板整车需要更换时,须装用竹编胶合板。

(3)外观检查凹型压铁,实木压条状态良好的放置在车内继续使用,破损、变形严重的凹型压铁、实木压条、分解下来的内顶板、螺栓等废料集中运送到废料箱内。

469. 简述组装棚车内顶板作业程序。

答:先安装横向衬木,用螺栓将衬木安装在车顶衬木座上,紧固后通知熔接工点焊固;然后安装纵向托梁,其断面规格为40 mm×30 mm,将纵向托梁安装在两横向托梁间,纵向托梁尺寸比两横向托梁尺寸间距稍长,锤击纵向托梁使其与侧墙、车顶密贴,用铁钉与横向托梁斜向钉固;接着安装竹编胶合板,将竹编胶合板平铺在车顶托梁上,使用钢钉和手锤钉固。钉固竹编胶合板时,须从一端起顺序钉固到另一端,每间隔250 mm至少有一个钢钉;待竹编胶合板钉固后安装压条,安装压条须先横向后纵向。横向压条须从中间向两侧钉装,两顶板之间须搭接在横向托梁上;最后安装纵向压条,纵向压条的钉距为300 mm,纵向压条须盖过内顶板并牢固的钉装在纵向托梁上。

470. 简述棚车地板焊修作业要点。

答:车辆钳工将钢地板摆放到位,熔接工对拼装的钢地板车上部分的焊缝进行满焊,对车下部分的可视的对接焊缝进行满焊,对搭接在梁或盖板上的接口和在横梁上盖板、侧梁内翼缘结合处两侧各200 mm范围内均须满焊;其他部位施以100 mm的段焊,间隔200 mm(原车为满焊者仍应满焊)。车门口处须铺设防滑板(花纹钢板),防滑板须与钢地板满焊。

471. 简述棚车防火板组装要求。

答:(1)棚车须安装防火板,防火板为平板型或曲折型,其厚度应为2~3 mm,长度大于850 mm,宽度大于400 mm。

(2)防火板纵向中心线与中梁纵向中心线的间距为720~800 mm,与地板下面的间距须大于35 mm(原结构小于35 mm者除外),与枕梁上盖板重合量不小于20 mm,防火板分段焊接牢固,段焊长度为30~50 mm。

(3)现车防火板不符合上述规定者更换;剩余厚度小于1 mm时更换。

472. 简述平车端门检修质量标准。

答:外观检查工作者用手电、检点锤对端门及支架进行外观检查,端门弯曲时调修,出现裂纹或开焊时焊修,腐蚀、破损时挖补或更换,丢失时补装;门折页销弯曲时更换;端门折页弯曲时调修,出现裂损时焊修或更换;门折页锁铁丢失时补装,破损、弯曲时更换;检查N17K型系列平车端门折页根部无加强筋时补装;端门支架弯曲时调修,开焊时焊修,破损时更换,丢失时补装。端门关闭后用塞尺检查端门与地板间隙大于8 mm时修理。

473. 简述对平车折页座、柱插检修要求。

答:(1)调修折页座、柱插时,气割工作者使用氧—乙炔焰对调修部位进行加热,当金属呈现微红色时用撬棍或锤打调直。

(2)焊修折页座、柱插时,电焊工作者对折页座、柱插开裂处焊波清除后焊修。

(3)更换、补装折页座时,电焊工作者对折页座裂损处除锈后焊修。折页座损坏严重时,气割工作者使用氧—乙炔焰切除车门组装圆销,取下圆销、门锁铁。气割工作者使用氧—乙炔焰将损坏严重的折页座割除,对原折页座焊装位置处焊渣用角磨机打磨平整。选取同型号折页座,在原位置定位,点焊固,确认位置正确。电焊工作者对补装的折页座满焊,用焊角样板检测焊角为5 mm。

(4)更换、补装柱插时,气割工作者使用氧—乙炔焰将损坏严重的柱插割除,对原柱插焊装位置处焊渣用角磨机打磨平整。检修工作者选取同型号柱插,在原位置定位,电焊工作者点焊固,确认位置正确对补装的柱插满焊,用焊角样板检测焊角为5 mm。

474. 简述地板、地板压条及边缘角钢检修要求。

答:外观检查工作者用手电、检点锤对地板、地板压条及边缘角钢进行外观检查,地板有折断、腐朽、破损、丢失,地板压条及边缘角钢有腐蚀超限、弯曲、丢失等故障时,对故障部位用白粉笔进行标注,并在故障附近的侧梁上简明标识故障名称和施修方法。

检查平车、平车—集装箱共用车木地板侧、端部须有压铁或压条,丢失时补装。使用卷尺测量边缘角钢、压条腐蚀部位的剩余厚度,少于板厚的50%时截换。地板压条、边缘角钢弯曲时调修,对接焊缝开裂时焊修,螺栓丢失时补装,松动时紧固。木地板折断、腐朽、破损时更换,丢失时补装。

475. 简述对平车地板压条、边缘角钢截换、补装要求。

答: 对需截换部位进行画线。

(1)气割工作者使用氧—乙炔割炬割除需截换部位地板压条、边缘角钢的组装螺栓,沿画线切割地板压条或边缘角钢。

(2)测量需更换、补装的地板压条或边缘角钢的长度,地板压条选用5 mm×50 mm的扁铁,边缘角钢选用5 mm×50 mm×70 mm角钢。

(3)将待组装边缘角钢、地板压条放置正位后在螺栓孔位置做标记,在钻床上钻孔。

(4)将边缘角钢、地板压条与现车边缘角钢、地板压条对正位置后使用螺栓紧固边缘角钢、地板压条。地板压条沉头螺栓应紧固,边缘角钢螺母在侧梁处须加装偏垫。

(5)将边缘角钢、地板压条与现车边缘角钢、地板压条对正位置点焊定位后满焊。短节压条(中央部分)与相邻压条焊接后应平整。

476. 简述罐车牵引梁裂纹时焊修要求。

答:车体钢结构为普碳钢材质时,使用普碳钢Q235A(A3)钢板补强。须在裂纹末端钻截止裂孔,孔径为10 mm,裂纹处须开出60°~70°(V形或X形)坡口,坡口深度和长度应根据裂纹情况而定,以消除裂纹痕迹为准,分层施焊,每焊一层须彻底清除熔渣。焊波接头要错开20~30 mm。裂纹焊平后再加焊补强板,止裂孔不需焊堵。不须补强的焊缝须有2~3 mm的增强焊波;须补强的焊缝须打磨平整。

477. 简述罐车呼吸式安全阀检修作业要点。

答：呼吸式安全阀须分解、清洗。弹簧锈蚀、变形影响作用时、出现裂纹、折断或在弹簧测力机上检测不合格时须更换为新品。放泄阀弹簧清洗后进行性能试验，合格后涂黑色沥青漆。各部件分解过程中须采取保护措施，分解后应将各零件放置在专用存放盒内，避免磕碰损伤。

478. 简述罐车呼吸式安全阀清洗过程。

答：用水或清洗剂清洗（存在油污时允许用汽油或煤油清洗，清洗完成后用清水冲洗干净）零部件，清洗后须干燥，清洗或烘干温度不得高于 60 ℃。放泄阀、吸入阀清洗：放泄阀表面清洗干净，放泄阀密封圈凹槽及导向孔和吸入阀密封圈凹槽、丝扣处，清洗后须用水枪冲洗浮砂及污垢。用棉白细布擦拭放泄阀各部，不得有浮灰。阀盖、阀体清洗：阀盖、阀体内外表面清洗干净，零件表面不得有目视可见的污垢、灰砂、水分、纤维物和其他污物。阀体内部及零件工作面手感不得有颗粒存在。阀体密封面、滑动工作面用棉白细布擦拭，不得有浮灰。弹簧清洗：表面不得有目视可见的污垢、灰砂、水分、纤维物和其他污物。

479. 简述罐车呼吸式安全阀铅封组装过程。

答：使用专用的 $\phi 0.5 \sim 0.9$ mm 铁丝，依次连接阀盖铅封孔、阀底座铅封孔、铅封并拉紧，使用检修单位代号字样铅封，铅封后须确认检修单位代号字样清晰，并用手轻轻钩拉铁丝，确认铅封施封牢固，否则使用钳子清除铁丝和铅封，重新铅封。重新铅封时需使用新品铁丝和铅封，废旧铁丝和铅封须及时回收至废料箱；铅封钳使用后放回原位，不得随意散放。

480. 简述罐车下卸阀检修作业要点。

答：（1）阀座垫、中法兰垫片裂损、老化、变形时更换，O 形密封圈须更换为新品。

（2）阀盖、阀体、阀芯、开闭挡出现裂纹、破损时更换。

(3)阀芯、开闭轴磨损时更换。

(4)组装时开闭轴及螺栓处须涂润滑脂。

(5)各部件分解过程中须采取保护措施,分解后应将各零件放置在专用存放盒内,避免磕碰损伤。

481. 简述罐车排油管检修作业要点。

答:(1)排油管盖及密封垫丢失、损坏时补装或更换新型排油阀盖。

(2)各吊架、管卡折损、出现裂纹时焊修、补强或更换,并须安装牢固。

(3)链环直径小于 ϕ4 mm 时更换;盖、链放下后至轨面垂直距离小于 50 mm 时调修,各环接口须焊固。

482. 简述罐车下泄阀开闭轴组装要求。

答:轴端插入开闭挡方孔内,使用平垫圈(ϕ32 mm×3 mm)调整定位开口销(ϕ6 mm×80 mm)与开闭轴吊架内侧间隙,保证轴端不得从开闭挡方孔内脱落,劈开开口销,角度不小于 120°。开闭轴须能转动,外漏方头轴端刻线与下卸阀开闭一致(关闭位刻线"－"显示,开放位刻线"I"显示)。

483. 简述罐车加温装置组装作业过程。

答:(1)组装排水管:使用管钳安装紧固罐体下部排水管(DN40),紧固后 G_{17} 系列黏油罐车排水管下部弯管朝向车体横向中心外侧,防止积存水流落制动梁上。使用扳手组装排水管管卡,检查各部安装牢固。

(2)组装排气口盖:检查 G_{17} 系列黏油罐车 1、2 位罐体端头加温套上部排气口,口盖破损、丢失时,使用管钳补装,要求安装牢固。G_{17B} 系列黏油罐车无排气口。

(3)组装进气管路:先定位进气横管,使用扳手组装 DN50 进气横管两侧管卡,使用管钳组装进气管管件。

(4)组装排油管联通加热管:使用管钳组装由 DN50 进汽横管

引进排油管立管的 DN20 管及接头、活接等管件,不得松动破损。

(5)组装管盖调整盖链:组装装管盖及盖链,使用检点锤勾拉检查,管链焊接须牢固。

484. 简述罐车卡带更换及调整作业过程。

答:卡带更换及调整,使用扳手紧固卡带调整器,卡带调整器紧固后须拧紧锁紧螺母。其外侧螺纹露出长度不得小于 10 mm。两螺杆内侧间距不得小于 35 mm。卡带修理完毕后,须在安装座焊装新型卡带止挡,止挡与调整螺杆间隙为 10 mm。新制卡带连接杆端部 R10 mm 改为 R20 mm,卡带连接杆与卡带每侧焊缝应为一次连续焊接成形,采用二氧化碳混合气体保护焊接。

485. 简述罐车罐体水压试验作业要点。

答:(1)罐体焊修后或制造时间超过 15 年或制造时间不明的罐车须进行水压试验。

(2)水压试验必须达到定压,保压 5 min。G_{17DK}、G_{17DT} 型等"黏改轻"罐车不少于 30 min。

(3)用 0.5 ~ 1 kg 圆头锤轻敲距焊缝 15 ~ 20 mm 处,罐体不得发生渗漏或产生明显的永久变形。

(4)GHA_{70A} 型二甲苯罐车罐体焊修后,须进行 300 kPa 的水压试验,保压时间不少于 10 min,不得漏泄,然后将压力降到 200 kPa,对罐体进行检查,不得渗漏或有异常变形和响声。

486. 简述罐车罐体水压试验前准备工作。

答:(1)打压罐车对位:罐车人孔对准出水口,走行台活动扶梯对正罐车上部护栏。

(2)加装盲板:安装呼吸式安全阀数量为 2 个时,其中一个阀座上须加装盲板。安装呼吸式安全阀数量为 1 个时,不安装盲板。盲板与阀座间须加密封垫,盲板螺栓须对角平均紧固。下卸阀须关闭;拆下"黏改轻"罐车加温套排水口堵。

(3)在未安装盲板的阀座上安装水压试验装置。

(4)水压试验装置与阀座间须加密封垫,组装螺栓须对角平均紧固。

487. 简述罐车加温装置检修作业要点。

答:(1)加温套须进行蒸汽通汽试验,检查加温套通汽良好,除排气口外,其他部位不得有漏泄。

(2)内加温装置须进行蒸汽通汽试验,内加温装置通汽须良好。

(3)进汽口堵丢失时补装,并装链焊固;排水管丢失、损坏时补装或更换,并用管卡安装牢固。

488. 简述罐车加温套附属配件外观检查作业过程。

答:(1)使用检点锤敲击检查罐体下部排水管,排水管、排水管管卡须安装牢固。G_{17} 系列黏油罐车排水管下部弯管朝向车体横向中心外侧,G_{17B} 系列在车体中部,无须安装管卡。排水管、排水管管卡丢失时须在同一端罐体侧面用白色粉笔标明,如“排水管丢失”,并用箭头线引向丢失部位。

(2)检查 G_{17} 系列黏油罐车1、2位罐体端头加温套上部排汽口及口盖,要求安装牢固(G_{17B} 系列黏油罐车无排气口)。丢失时须在同一端罐体端面用白色粉笔标明,如“排汽口盖丢失”,并用箭头线引向丢失部位。

(3)检查进气管,依照 G_{17}/G_{17B}/GN_{70} 各类黏油车加温进气管结构,分别检查DN50管、DN40管各接头和管件,不得破损及松动。

(4)检查管盖及链,须配件齐全,管链焊接牢固,链环磨耗用样板检查剩余直径不小于 ϕ4 mm。超限时划“×”并用白色粉笔在罐体同一侧面标明,并用箭头线引向更换部位。

(5)检查排油管联通加热管,目视检查由DN50进气横管引进排油管立管的DN20管及接头、活接等管件,不得丢失、松动、破损。丢失、松动、破损时用白色粉笔在罐体同一侧面标明,并用箭头线引向故障部位。

(6)检查管卡,检查 DN50 管吊不松动,检查连排油管的 DN20 进汽加温管管吊卡无松动丢失。

(7)松动丢失时用白色粉笔在罐体同一侧面标明,并用箭头线引向故障部位。

489. 简述罐车罐体加温装置水压试验前准备。

答:(1)封排水堵,检查罐体下部 1、2 位枕梁外侧上方的加温套排水管孔,使用 500 mm 管钳拆下 DN40 管堵,缠绕生料带后重新安装紧固。

(2)封排气孔,使用管钳拆下罐体两端封头加温套 DN25 排气孔堵,重新缠绕生料带后使用管钳安装 1 位端孔堵,2 位端孔堵暂时不安装。

(3)使用 500 mm 管钳拆卸罐体两侧加温套进气管管堵。

(4)安装注水加压管,使用管钳把注水加压管安装在靠试验间一侧进气管孔上。

(5)安装压力传感器,使用管钳把带有压力传感器的管堵安装在另一侧进气管孔上。

490. 简述罐车加温套水压试验作业要点。

答:启动加压泵,加水压,保压。G_{17DK} 系列罐体加温套须进行压力为 20 ~ 25 kPa 的水压试验,GHB_{70} 型罐车罐体加温套须进行压力为 50 ~ 60 kPa 的水压试验,检查罐内罐体下部,出现裂纹时须割开加温套,焊修罐体。罐体焊修后按要求进行水压试验,罐体水压试验合格后对加温套进行焊补,并对加温套再次进行水压试验,保压时间不小于 5 min,不得渗漏。G_{17} 系列罐车加温套环向支铁处罐体出现裂纹或有补板时检修,G_{17} 系列罐车加温套包覆范围内的罐体内凹深度小于 15 mm 时须进行加温套水压试验,试验压力为 20 ~ 25 kPa,罐体内部不得渗水;罐体内凹深度大于 15 mm 时,罐体报废处理。

第四部分　车钩缓冲装置

491. 车钩缓冲装置基本作业应配置哪些主要工艺装备?

答:成套钩缓装置分解机、车钩三态作用试验装置、抛丸除锈机、钩尾框探伤机、钩舌探伤机、圆销扁销探伤机、钩舌 S 面加工设备、13 型钩尾销加工设备、气体保护焊机、配件热处理装置、销孔加工机具、镗孔设备、镶套机、成套钩缓装置组装机、17 型缓冲装置分解机、缓冲器压力机、17 型缓冲装置组装机、车钩存放架或存放线等。

492. 简述车钩缓冲装置除锈要求。

答:车钩须分解,钩尾框、转动套、钩舌、上锁销组成、下锁销组成、钩锁、钩舌推铁、钩舌销、钩尾销、钩尾销插托须抛丸除锈,外表面清洁度须达到 Sa2 级,局部不低于 Sa1 级。钩尾销螺栓须清除表面污垢。

493. 车钩缓冲装置哪些部件须进行磁粉探伤检查?

答:(1)钩舌、钩舌销、钩尾销、钩尾销插托、钩尾销螺栓、16 型转动套、钩尾框须磁粉探伤检查。对钩体、牵引杆疑似裂纹部位进行磁粉探伤检查确认。

(2)钩舌内侧面及上、下弯角处,上、下牵引台根部圆角部位须采用荧光湿法连续法探伤。

494. 对于钩体出现裂纹时检修有哪些规定?

答:(1)须清除钩腔内污垢,对钩体翻转检查。

(2)钩颈、钩身横向裂纹在同一断面长度之和不大于 50 mm 时焊修,大于时更换。

(3)钩耳裂纹长度不大于 15 mm 时焊修,大于时须更换。钩耳内侧弧面上、下弯角处裂纹长度之和不大于 25 mm 时焊修，大于时更换。牵引台、冲击台根部裂纹长度不大于 20 mm 且裂纹未延及钩耳体时焊修，裂纹长度大于 20 mm 或裂纹延及钩耳体时更换。

(4)16 型、17 型钩体钩尾销孔周围 25 mm 范围内存在裂纹时焊修，超过范围的裂纹深度不大于 3 mm 时铲磨清除，大于时更换。联锁套头、联锁套口裂纹长度不大于 50 mm 且深度不大于 5 mm 时焊后磨修，大于时更换。

(5)13 号、13A 型、13B 型钩体钩尾销孔后壁与钩尾端面间裂纹长度不大于 20 mm 时焊修，大于时更换。

495. 段修时 16 型、17 型钩体磨耗检修有哪些要求?

答:(1)钩耳孔直径磨耗大于 3 mm 时堆焊后加工。

(2)联锁套头或联锁套口磨耗深度大于 6 mm 或局部碰伤深度大于 5 mm 时堆焊后磨平，但禁止修理联锁辅助支架外形轮廓。

(3)16 型车钩尾端高度小于 151 mm 或 17 型车钩尾端高度小于 166 mm，钩尾销孔长、短轴磨耗大于 2 mm 时，可堆焊后磨修光滑。钩尾端部到钩尾销孔后壁的距离小于 83 mm 时堆焊后磨修光滑，小于 77 mm 时更换；钩身长度小于 567 mm 时堆焊后磨修光滑，小于 561 mm 时更换。

496. 段修时 13 号、13A 型、13B 型钩体各部磨耗检修时须符合哪些要求?

答:(1)钩耳孔或衬套孔直径磨耗大于 3 mm 时可扩孔镶套或换套；原有衬套松动、出现裂纹、缺损时更换。钩耳孔直径大于 ϕ54 mm 时可堆焊后加工，钩耳孔壁厚小于 22 mm 时更换。新衬套壁厚须为 4 ~6 mm，材质须为 45 钢，硬度须为 38 ~ 50HRC；衬套须压紧并与孔壁密贴，局部间隙不大于 1. 5 mm，深度不大于 5 mm，衬套不得有边缘裂纹。钩耳孔的异型衬套，长、短径方向不得错位，长径方向与钩体纵向中心线偏差不大于 5°。

(2)上锁销孔前后磨耗之和大于 3 mm 时，可堆焊后磨修并恢复原形尺寸。钩腔上防跳台磨耗大于2 mm时堆焊后磨修或更换，前导向角须恢复6 mm凸台原形尺寸。钩腔下防跳台磨耗大于2 mm时堆焊后磨修或更换,长度方向为16 mm。

(3)钩尾端部与钩尾销孔边缘的距离上、下面之差大于2 mm或钩尾销孔长径方向磨耗大于3 mm时堆焊后加工;钩尾端面与钩尾销孔边缘的距离小于40 mm时,可在钩尾端面堆焊或焊装磨耗板后四周满焊后磨平。

497. 段修时钩体变形作何处理?

答:(1)钩身弯曲大于10 mm时更换。钩耳上、下弯曲影响钩舌组装或三态作用时更换。

(2)13号、13A型、13B型钩体钩腕端部外胀大于15 mm时更换;影响钩舌与钩腕内侧距离时调修、堆焊或焊装厚度为5~15 mm、高度为60~70 mm的梯形钢板,钢板须有2个ϕ20 mm的塞焊孔,焊后磨修平整。

498. 钩体焊装金属磨耗板时须符合哪些要求?

答:(1)钩身下部有磨耗板凹槽或原焊装金属磨耗板时仍须焊装磨耗板;13B型、17型车钩钩身下部无金属磨耗板凹槽且原未焊装磨耗板时,不得焊装磨耗板;焊缝开裂时焊修,磨耗板出现裂纹或磨耗超限时更换为新品,丢失时补装。钩身磨耗时须堆焊磨平后焊装磨耗板。

(2)磨耗板须焊装在钩身下平面距钩肩50 mm处。有金属磨耗板凹槽者,磨耗板焊修后焊缝处应磨修光滑、边缘倒钝,清除棱角和毛刺。

499. 段修时车钩缓冲装置钩舌出现裂纹检修时须符合哪些要求?

答:(1)C级钢、E级钢钩舌弯角处出现裂纹时更换;内侧面的裂纹长度不大于30 mm时焊修,大于时更换。

(2)钩舌牵引台根部圆角发现裂纹时,磁痕长度大于30 mm或深度大于 1 mm 时报废；磁痕长度不大于 30 mm 且深度不大于 1 mm 的可磨修至与周围表面圆滑过渡，复探确认消除裂纹的可继续使用。牵引台根部圆角因裂纹经过一次磨修后，再次出现裂纹时报废。

(3)钩舌护销凸缘部分缺损时更换；裂纹向销孔内延伸，除凸缘高度外的长度不大于 10 mm 时焊修，大于时更换；钩舌护销凸缘处焊修时，焊波须高于基准面 1 ~ 2 mm。

(4)钩舌冲击台缺损或销孔边缘裂纹延及钩舌体时更换，未延及时焊修。

500. 车钩缓冲装置钩舌磨耗检修时须符合哪些要求?

答:(1)钩舌锁面磨耗大于 3 mm 时，须堆焊后磨平。

(2)16 型钩舌鼻部厚度磨耗大于 5 mm 或钩舌销孔内径磨耗大于 2 mm 时更换。钩锁承台高度须不小于 45 mm，小于时加工修理后恢复原形尺寸。

(3)13 号钩舌内侧面和正面磨耗剩余厚度小于 68 mm 时更换。13A 型、13B 型钩舌内侧面和正面磨耗剩余厚度小于 69 mm 时，须采用埋弧焊或气体保护焊等自动焊接工艺堆焊，焊后加工并恢复原形。钩锁承台高度须为 45 ~ 52 mm，大于 52 mm 时堆焊后加工，小于 45 mm 时加工修理。

(4)13 号、13A 型、13B 型钩舌销孔或衬套内径磨耗大于 3 mm 时换套或扩孔镶套；钩舌销孔直径大于 ϕ54 mm 时堆焊后加工或更换。原有衬套松动、出现裂纹、缺损时更换；须双向镶套，每个衬套长度不小于 60 mm，销孔镶套厚度应为 4 ~ 6 mm，材质为 45 钢，硬度为 38 ~ 50HRC；衬套须压紧并与孔壁密贴，局部间隙不大于 1.5 mm，深度不大于 10 mm，衬套不得有边缘裂纹。

(5)钩舌销孔或衬套孔测量部位由凸缘顶部深入孔内 20 mm 为准。

501. 16型,13号、13A型钩舌补充新品时须符合哪些要求?

答:16型钩舌补充新品时须补充标记为“16H”的钩舌。13号、13A型钩舌补充新品时须为13B型。

502. 段修时钩尾框裂纹检修时须符合哪些要求?

答:(1)16型、17型钩尾框前、后端上、下内弯角50 mm范围内,其他型钩尾框后端上、下弯角50 mm范围内出现裂纹时更换。

(2)锻造钩尾框出现横向裂纹时更换;铸造钩尾框出现横向裂纹长度不大于30 mm时焊修或更换,大于时报废。

(3)钩尾框其他部位出现纵向裂纹时焊修或更换。

503. 段修时对于钩尾框各部磨耗、变形检修有哪些要求?

答:(1)钩尾框各部位碾堆时须磨修,并与周围表面平滑过渡。C级钢、E级钢的钩尾框框身厚度磨耗大于3 mm,其他部位大于4 mm时,须纵向堆焊后磨平;16型、17型钩尾框框身剩余厚度小于22 mm时更换。测量部位:框身厚度深入边缘10 mm为准,其他部位比照未磨耗部位测量。钩尾框销孔磨耗超限时堆焊后加工。

(2)16型钩尾框距前唇内侧95 mm范围内任意点直径大于ϕ277 mm时更换;前唇厚度磨耗大于2 mm时更换;前唇内侧到尾部内侧距离大于845 mm时须在尾部内侧面堆焊后加工,大于862 mm时更换。17型钩尾框前端内腔高度磨耗大于3 mm时须堆焊后磨修光滑。

(3)13A型、13B型钩尾框的螺栓孔磨耗大于3 mm时堆焊后加工,内外侧面须平整;13B型铸造钩尾框的钩尾销固定挂耳缺损时焊后磨修。13B型锻造钩尾框插托凹槽宽度或高度磨耗大于3 mm时更换。

(4)铸造钩尾框一侧弯曲大于3 mm时报废;锻造钩尾框一侧弯曲大于3 mm时加热后调修或更换。

504. 车钩缓冲装置钩尾框金属磨耗板检修有哪些要求?

答:(1)13B型钩尾框及16型、17型锻造钩尾框不得焊装框身磨耗板,原装有磨耗板者须铲除后磨平;16 型、17 型铸造钩尾框无框身磨耗板者,不得焊装磨耗板。

(2)13 号、13A 型钩尾框须焊装框身磨耗板;16 型、17 型铸造钩尾框原有磨耗板者,仍须焊装磨耗板。框身下平面磨耗时须纵向堆焊磨平后焊装磨耗板;磨耗板焊缝开裂时焊修,出现裂纹或磨耗超限时须更换为新品,丢失时补装。

(3)磨耗板焊装位置:13 号、13A 型钩尾框磨耗板后端距钩尾框后端内壁 130 mm, 16 型、17 型钩尾框磨耗板以钩尾框后端内壁为基准面焊装。

505. 车钩缓冲装置钩尾销插托检修时须符合哪些要求?

答:(1)钩尾销插托出现裂纹时焊修或更换;焊修后磨修平整,并进行热处理。

(2)钩尾销插托两侧承台厚度磨耗大于 3 mm 或钩尾销承台磨耗深度大于 3 mm 时更换。

506. 下锁销组成选配有哪些要求?

答:(1)各零部件出现裂纹、变形时更换。

(2)16 型、17 型下锁销杆与下锁销间须转动灵活。下锁销杆处于工作位置时摆动下锁销,下锁销能够自由转动至极限位置,铆钉与下锁销杆间不应转动。

(3)13 号下锁销、下锁销体、下锁销钩间须转动灵活。提起下锁销体,下锁销及下锁销钩能够自由下垂;翻转下锁销体,下锁销及下锁销钩能够自由转动至极限位置。下锁销无防跳插销孔时加工。

507. 车钩缓冲装置下锁销组成检修时须符合哪些要求?

答:(1)下锁销轴直径磨耗大于 2 mm 或长度磨耗大于 3 mm 时更换。

(2)16 型、17 型下锁销杆防跳台须符合原形尺寸,下锁销组成其他部位磨耗后不能满足防跳性能或影响车钩三态作用时整套更换。

(3)16型、17型下锁销转轴直径磨耗大于2 mm或影响车钩三态作用时更换。

(4)13号下锁销组成其他各部须恢复原形,不能恢复原形时更换。

508. 车钩缓冲装置上锁销组成选配有哪些要求?

答:(1)上锁销组成须为三连杆机构,应精密铸造,并有制造厂及材质代号、制造年月标记。

(2)各部位出现裂纹、变形时更换。

(3)上锁销组成须连接正确,三个组件间应转动灵活。提起上锁提,上锁销组成能够自由下垂;以上锁销杆挂钩上侧为支点轻抬起上锁销杆时,上锁销组成应自由摆动到工作位,不得卡滞;提起上锁销,上锁提与上锁销杆应自由转动下垂。

(4)使用专用量具对上锁销组成预置张角进行检测,须为5°~16°。

509. 段修时车钩缓冲装置上锁销组成检修有哪些要求?

答:(1)上锁销杆上端面防跳部位磨耗大于3 mm时更换。

(2)上锁销杆挂钩口磨耗大于2 mm时更换。

(3)上锁销防跳台磨耗大于2 mm时更换。

(4)上锁销组成铆钉轴直径小于13 mm时更换。

(5)上锁销与上锁销杆组装间隙小于2.5 mm时更换。

(6)上锁销铆钉露出长度大于0.5 mm时更换或将超出部分磨平。

510. 车钩缓冲装置上锁销组成对于预置张角的要求?

答:上锁销组成预置张角超限或磨耗超限时,可更换上锁销、上锁销杆或两者同时更换;更换后,预置张角须为9°~16°。

511. 段修时车钩缓冲装置钩锁检修要求有哪些?

答:(1)变形、出现裂纹或止动块丢失时更换。

(2)锁面磨耗、碾堆时须堆焊后磨修并恢复原形尺寸。

(3)16 型钩锁止动块铆钉轴直径磨耗大于 2 mm 时更换。

(4)13 号钩锁上部左、右导向面磨耗大于 2 mm 时焊修，焊后磨修恢复原形;13 号钩锁挂钩轴磨耗大于 1 mm 时更换。

(5)开锁坐锁面磨耗大于 2 mm 或影响开锁作用时,焊后磨修并恢复原形。

(6)补充新品时,材质须为 E 级钢。

512. 段修时车钩缓冲装置钩舌推铁检修时须符合哪些要求?

答:(1)出现裂纹时更换,变形时更换或调修。

(2)各部磨耗过限时更换或焊修后恢复原形尺寸。

(3)补充新品时,16 型材质须为 E 级钢。

513. 段修时车钩缓冲装置钩舌销检修时须符合哪些要求?

答:(1)出现裂纹时更换,变形时调修或更换。

(2)直径磨耗大于 2 mm 时更换。

(3)补充新品时,须符合 TB/T 456. 2—2019《机车车辆自动车钩缓冲装置　第 2 部分:自动车钩及附件》的要求。

514. 段修时车钩缓冲装置钩尾销检修时须符合哪些要求?

答:(1)出现裂纹时更换。

(2)16 型、17 型钩尾销变形或磨耗超限时更换。

(3)13 号钩尾销变形时加热后调修。钩尾销头部厚度须为(15 ± 1) mm,须表面平整,磨耗时堆焊后磨平或机械加工,表面粗糙度为 *Ra* 12. 5 μm;钩尾销宽度磨耗大于 3 mm 时,焊修后加工并恢复原形。

(4)补充新品时,须符合 TB/T 456. 2—2019《机车车辆自动车钩缓冲装置　第 2 部分:自动车钩及附件》的要求。

515. 段修时车钩缓冲装置从板检修须符合哪些要求?

答:(1)出现裂纹时更换。

(2)16 型、17 型从板弯曲大于 4 mm 时更换;长度、宽度或厚度磨耗大于 3 mm 时堆焊后加工并恢复原形尺寸;车钩支承球面及缓冲器支承平面磨耗深度或凹痕深度大于3.5 mm时更换，局部辗堆时磨修光滑。

(3)13号从板弯曲时更换或调修；各部磨耗大于3 mm时堆焊后加工；长度方向磨耗大于3 mm时可焊装磨耗板并四边满焊。

516. 段修时16型车钩转动套检修须符合哪些要求？

答：(1)前端面出现裂纹或销孔周围25 mm范围内出现裂纹时更换，其他部位出现裂纹时焊修。

(2)剩余长度小于178 mm时，可堆焊后加工并恢复原形尺寸，小于173 mm时更换。

(3)外径小于ϕ260 mm时，可堆焊后加工恢复原形，小于ϕ254 mm更换。

(4)前端到上、下销孔前部边缘距离小于39 mm时可堆焊后加工，小于34 mm时更换。

517. 段修时钩尾销防脱装置检修须符合哪些要求？

答：(1)钩尾销螺栓出现裂纹、弯曲或直径磨耗大于1 mm时更换。

(2)钩尾销衬套规格应为ϕ32 mm×5 mm×50 mm，直径磨耗大于2 mm或出现裂纹时更换。

(3)钩尾销防脱装置吊架、止挡各孔直径磨耗大于2 mm或出现裂纹时更换。

(4)13B型钩尾销防护板须更换为新品。

518. MT-2型、MT-3型、HM-1型缓冲器检修须符合哪些要求？

答：(1)状态良好者可不分解、修理。

(2)在寿命期内，新造、大修后使用时间满9年或有下列情况之一者须大修：

①自由高小于572 mm时。

②箱体裂损、严重变形、高度小于482 mm或口部对应于中心

楔块安装部位最薄处厚度小于 15 mm 时。

③木锤锤击动板端头，中心楔块松动、中心楔块顶面至动板顶面的距离平均值小于 4.5 mm 时。

④其他外露零部件裂损或丢失时。

⑤ HM-1 型缓冲器弹性胶泥芯体胶泥泄漏时。

519. ST 型缓冲器检修须符合哪些要求？

答：(1)状态良好者可不分解、修理。

(2)在寿命期内，新造、大修后使用时间满 6 年或有下列情况之一者须大修：

①自由高小于 568 mm 时。

②箱体裂损、严重变形时。

③其他外露零部件裂损或丢失时。

520. HN-1 型缓冲器检修须符合哪些要求？

答：(1)状态良好者可不分解、修理。

(2)在寿命期内，新造、大修后使用时间满 9 年或有下列情况之一者须大修：

①外观检查壳体和预压板裂纹，零部件丢失时。

②缓冲器的自由高小于 571 mm 时。

③弹性胶泥芯子胶泥泄漏时。

④壳体磨耗大于 5 mm 时。

521. 车钩组装间隙须符合哪些要求？

答：(1)钩舌与上钩耳的间隙：13 号、13A 型、13B 型不大于 8 mm，16 型、17 型不大于 10 mm，大于时在钩舌与下钩耳间安装垫圈调整。

(2)钩舌销与钩耳孔短径方向的间隙不大于 6 mm。

522. 各型车钩闭锁试验时须符合哪些要求？

答：闭锁试验：在全开位时，持续稳定地推动钩舌鼻部，钩舌应转动到闭锁状态，同时钩锁落到闭锁位置，此时向外扳动钩舌鼻

部,钩舌呈牵引状态时,须符合:

(1)16型、17型车钩闭锁位钩舌鼻部与钩体正面距离不大于97 mm。

(2)13A型、13B型车钩闭锁位钩舌与钩腕内侧距离不大于127 mm。

(3)13号车钩闭锁位钩舌与钩腕内侧距离:装用13号钩舌时不大于130 mm,装用13A型钩舌时不大于127 mm。

523. 各型车钩开锁试验及全开试验时须符合哪些要求?

答:开锁试验:在闭锁位时,转动钩提杆的手把(或搬动16型车钩下锁销杆),使钩锁坐锁面抬高到钩舌尾部以上。在此过程中钩舌不应转动,钩舌仍处在闭锁位置;当回转钩提杆(或放开16型车钩下锁销杆)并落下钩锁时,钩锁应坐在钩舌推铁的锁座面上;此时用手扳动钩舌鼻部,钩舌应能转动到全开位置,钩舌张开最大量时,须符合:

(1)16型、17型车钩全开位钩舌鼻部与钩腕的内侧距离不小于219 mm。

(2)13A型、13B型车钩全开位钩舌鼻部与钩腕的内侧距离不大于240 mm。

(3)13号车钩全开位钩舌鼻部与钩腕的内侧距离:装用13号钩舌时不大于245 mm,装用13A型钩舌时不大于240 mm。

(4)13号、13A型、13B型车钩全开位钩舌鼻部与钩腕的内侧距离超限时,可在钩舌两侧全开止挡位置处同时进行堆焊调整,堆焊后磨平,但禁止焊修钩耳根部弯角。

全开试验:在闭锁位时,持续稳定地转动钩提杆的手把(或搬动16型车钩下锁销杆),钩舌应达到全开位置。

524. 简述16型、17型车钩两级防跳性能检查要求。

答:(1)16型、17型车钩防跳性能检查:在闭锁位置时,车钩闭锁显示孔须全部露出。使用"钩锁托具"向上托起钩锁,并使钩锁腿贴靠后壁;此时使用专用量具测量下锁销顶面与钩舌座锁台下面的搭接量,须为 6.5~14.5 mm。搭接量小于 6.5 mm 时,更换钩锁或下锁销组成等进行调整;搭接量仍不足 6.5 mm 时,可将钩腔钩锁导向台堆焊后磨平。

(2)16 型、17 型车钩下锁销杆防跳性能检查:将下锁销杆向上托起,使下锁销杆的防跳台与钩体的防跳台贴靠,此时向开锁方向转动下锁销,下锁销不得转动,下锁销、钩锁上移不得使车钩开锁。

525. 简述 13 号、13A 型、13B 型车钩防跳性能检查要求。

答:13 号、13A 型、13B 型车钩防跳性能检查:闭锁位置时使用"钩锁托具"向上托起钩锁至极限位置,并使钩锁腿贴靠下锁销孔后壁,不得开锁;此时钩锁移动量须为:上作用车钩 3~11 mm,下作用车钩 3~22 mm。下作用车钩须有二次防跳性能,摆动下锁销组成时,防跳性能应良好。

526. 16 型、17 型钩尾框与缓冲器、从板组装须符合哪些要求?

答:(1)MT-2 型、HM-1 型缓冲器须加装材质为 10 钢的缩短销钉。

(2)16 型转动套半盲孔须朝向钩尾框下部。

(3)组装后在从板球面处涂干性润滑脂。

527. 段修时 13 号、13A 型、13B 型车钩缓冲装置组装钩尾销防脱装置的要求有哪些?

答:(1)钩尾销螺栓与衬套间应涂抹润滑脂。

(2)钩尾框为 13 号、13A 型时,钩尾销螺栓不装开口销及垫圈。安全吊螺栓规格为 M20×160 mm、机械性能为 8.8 级,组装时须装弹簧垫圈及 ϕ 4×40 mm 开口销,开口销须盘紧;安全吊螺栓紧固后将螺母与螺栓点焊牢固。

(3)三孔钩尾框组装时,钩尾销螺栓须装 2 个平垫圈和 ϕ 5×40 mm 开口销,螺栓紧固扭矩为 40~80 N·m。防护板螺栓为机械性能 10.9 级或 45 钢 M20 的方头螺栓,组装时不装垫圈及开口销;组装后翘起防护板,须有一个面紧靠螺母,螺母与防护板点焊牢固。

528. 段修时牵引杆要求有哪些?

答:(1)牵引杆杆身、杆颈横向裂纹在同一断面之和不大于50 mm时焊修,大于时更换。

(2)牵引杆尾销孔周围25 mm范围内出现裂纹时焊修;超过尾销孔周围25 mm范围,深度小于3 mm的裂纹时可铲磨清除,大于时更换。

(3)牵引杆尾销孔后壁与尾端部距离小于83 mm时堆焊后磨修,小于77 mm时更换。

(4)牵引杆长度小于1 741 mm时在两端堆焊后磨修光滑,小于1 734 mm时更换。

(5)牵引杆尾端高度磨耗超限时堆焊后磨修。

529. 16型、17型车钩弹性支承装置哪些情况时须进行分解检修?

答:(1)支撑弹簧座腔内磨耗板更换或补装时。

(2)车钩支撑座或支撑座腔出现裂纹时。

(3)补装或更换止挡铁时。

(4)支承弹簧折损或弹簧衰弱造成车钩安装后支撑座与止挡铁接触部位有间隙时。

(5)其他原因须分解车钩弹性支承装置时。

530. 16型、17型车钩弹性支承装置检修要求有哪些?

答:(1)车钩支撑座或支撑座腔出现裂纹时更换。

(2)车钩支撑座两外侧面磨耗深度大于2 mm时堆焊后磨平。

(3)支承弹簧自由高为(238 ±5)mm,超下限时须更换,超上限时可每端同高配套使用,组装时每组3个支承弹簧自由高度差不大于2 mm。

(4)止挡铁磨耗剩余厚度小于25 mm时更换;同一辆车同端止

挡铁形式须一致,厚度差不得大于 2 mm。

(5)支撑弹簧座腔内磨耗板磨耗深度大于 1.5 mm 或出现裂纹时更换,焊缝开裂时焊修。

531. 段修时钩提杆、提钩链及钩提杆座检修时须符合哪些要求?

答:(1)钩提杆弯曲时调修,出现裂纹时更换。

(2)提钩链及链蹄环裂纹或腐蚀、磨耗大于直径的 30% 时更换。

(3)钩提杆座腐蚀或磨耗严重时更换。

532. 段车钩缓冲装置防跳插销及制动软管吊链检修要求有哪些?

答:(1)防跳插销开口间距大于 8 mm 时调修。

(2)链环对接焊缝处开焊时须使用氧—乙炔焰焊接;链环及插销出现裂纹或腐蚀、磨耗大于直径的 30% 时更换。

(3)装有制动软管吊链的铁路货车,防跳插销可安装在制动软管吊链的第一个链环中;无制动软管吊链的铁路货车,防跳插销安装在车钩的防跳插销安装孔内。

533. 段修时车钩缓冲装置非金属磨耗板检修要求有哪些?

答:(1)磨耗板出现裂纹、破损、磨耗超限时更换。

(2)安装时,须清除与非金属磨耗板间配合部位金属件的尖角和毛刺。

(3)C_{70} 型车缓冲器尼龙磨耗板、从板尼龙磨耗板裂损、严重变形时更换新品,从板尼龙磨耗板表面磨耗深度大于 2 mm,缓冲器箱体侧面尼龙磨耗板表面(倒角侧)磨耗深度大于 4 mm 时更换新品。

534. 16 型、17 型车钩钩体裂纹时检修有哪些要求?

答:(1)使用毛刷清洁钩体表面,对钩体翻转检查。检查钩头、钩腔内部、钩身和钩尾有无裂纹及铸造缺陷,对疑似裂纹部位进行磁粉探伤,超限时,涂打报废标识。

(2)配属 C_{80} 型货车钩体发现裂纹或磨耗过限时,不得加修,须更换新品。

(3)裂纹判定标准及修理方式如下:

①钩颈、钩身横出现裂纹在同一断面长度之和不大于 50 mm 时焊修,大于时更换。

②钩耳裂纹长度不大于 15 mm 时焊修,大于时须更换。钩耳内侧弧面上、下弯角处裂纹长度之和不大于 25 mm 时焊修,大于时更换。

③牵引台、冲击台根部裂纹长度不大于 20 mm 且裂纹未延及钩耳体时焊修,裂纹长度大于 20 mm 或裂纹延及钩耳体时更换。

④钩尾销孔周围 25 mm 范围内出现裂纹时焊修,超过范围的裂纹深度不大于 3 mm 时铲磨清除,大于时更换。

⑤联锁套头、联锁套口裂纹长度不大于 50 mm 且深度不大于 5 mm 时,焊后磨修,大于时更换。

535. 16 型、17 型车钩钩体检修内容有哪些?

答:使用 16 型、17 型车钩检测样板量具对钩头、钩身、钩尾各部尺寸进行全数测量。钩体检测限度及施修要求如下:

(1)钩身弯曲大于 10 mm 时更换。钩耳上、下弯曲影响钩舌组装或三态作用时更换。

(2)钩耳孔原形长径为 45.5 mm,短径为 44 mm,直径磨耗大于 3 mm 时堆焊后加工。

(3)联锁套头或联锁套口磨耗深度大于 6 mm 或局部碰伤深度大于 5 mm 时,堆焊后磨平,但禁止修理联锁辅助支架外形轮廓。

(4)16 型车钩尾端高度小于 151 mm 或 17 型车钩尾端高度小于 166 mm,可堆焊后磨修光滑。

(5)钩尾销孔长、短轴磨耗大于 2 mm 时,可堆焊后磨修光滑。钩尾销孔原形:16 型上、下部长轴 117 mm,中部长轴 110 mm,短轴

100 mm；17 型上、下部长轴 114 mm，上、下部短轴 98 mm，中部长轴 110 mm，中部短轴 94 mm。

（6）钩尾端部到钩尾销孔后壁的距离小于 83 mm 时，堆焊后磨修光滑，小于 77 mm 时更换。

（7）钩身长度小于 567 mm 时堆焊后磨平，小于 561 mm 时更换。

（8）钩身下部有磨耗板凹槽或原焊装金属磨耗板者仍须焊装磨耗板；17 型车钩钩身下部无金属磨耗板凹槽且原未焊装磨耗板者，不得焊装磨耗板；焊缝开裂时焊修，磨耗板裂纹或磨耗板剩余不足 3 mm 时更换为新品，丢失时补装。钩身磨耗时须堆焊磨平后焊装磨耗板。

536. 简述车钩钩身弯曲检测方法。

答：以钩头正面和钩肩定位，测量钩身上平面中心线相对于钩体中心线的上下及左右偏移量。

（1）测量钩身上下弯曲：

①将水平尺身置于钩身平面上方，将 X 方向定位块的长平面贴靠在钩头正面上。

②将 Y 方向定位块卡在钩肩的两个侧面上，Z 方向定位块与上锁销孔上面贴靠。

③在钩身上测量，最大示值与最小示值之差大于 10 mm 时超限。

（2）测量钩身左右弯曲：将左右弯曲定位尺及深度尺在钩身上滑动，深度尺端头与左右弯曲定位尺的最大示值大于 10 mm 时超限。

537. 简述 13 号、13A 型、13B 型车钩钩耳孔、衬套孔磨耗检测方法。

答：（1）检测要求：

①钩耳孔磨耗：距钩耳孔边缘 10 mm 处分别检测钩耳孔或衬

套的长径、短径。

②钩耳孔壁厚：距钩耳孔边缘15 mm处检测钩耳孔（不含衬套）的最小壁厚。

（2）检测说明：

①量规47Z、45Z端分别插入钩耳孔长径和短径，深入超过10 mm时超限。

②量规22Z端从钩耳凹口处插入钩耳孔孔壁最薄处，深入超过15 mm时超限。

538. 简述13号、13A型、13B型车钩衬套与孔壁局部间隙、深度检测方法。

答：（1）检测要求：

①距钩耳孔边缘5 mm处检测衬套与钩耳孔间的最大局部间隙。

②距钩舌销孔边缘10 mm处检测钩舌销孔与衬套间的最大局部间隙。

（2）检测说明：

①用ϕ1.5 mm塞规插入钩耳孔或钩舌销孔孔壁与衬套的间隙，深入钩耳孔大于5 mm、深入钩舌销孔大于10 mm时超限。

539. 简述16型、17型车钩连锁套头、连锁套口磨耗深度检测方法。

答：（1）检测要求：

①连锁套头磨耗深度：距连锁套头平面边缘15 mm处检测连锁套头上、下面之间的距离。

②连锁套口磨耗深度：距连锁套口平面边缘15 mm处检测连锁套口上、下面之间的距离。

（2）检测说明：

①用量规168Z端垂直插入连锁套头，任意三处量规均止住时合格。任一处深入超过15 mm时修复。

②用量规 192Z 端垂直插入连锁套口，任意三处量规均止住时合格。任一处深入超过 15 mm 时修复。

540. 裂纹焊修制备坡口时须符合哪些要求？

答：清除裂纹缺陷，制备焊修坡口。在裂纹处使用角向磨光机开出(60° ±5°)的 V 形或 U 形坡口，坡口表面应露出金属母材本色，坡口底部与侧壁过度圆滑，坡口长度、深度根据裂纹实际情况确定。无法用角向磨光机开坡口的部位可以用火焰切割，但必须清除坡口表面熔渣。清除坡口两边 10 ~ 20 mm 范围内须清除水分、铁锈、油污等其他杂物。探伤部位的裂纹缺陷清除后须进行探伤检查。

541. 钩体裂纹焊修局部预热时须符合哪些要求？

答：采用氧—乙炔焰对施焊处进行局部烘烤预热，预热温度为 300 ~ 400 ℃，使用红外测温仪检测，预热区域为待焊区域及其周围不小于母材厚度 3 倍或 75 mm 宽度的较小值。C 级钢、E 级钢环境与铸件温度小于 5 ℃时不得施焊。

542. 钩体裂纹焊修过程须符合哪些要求？

答：(1)根据焊件材质、坡口形式选配焊条，取出保温桶内相应焊条，接通电源，开启电弧焊机，调整焊接电流，引弧对坡口部位进行焊修。

(2)焊修要点：焊修宜采用平焊位置进行焊修；施焊第一层焊波时，应采用适合坡口的焊条焊透；焊修应由裂纹处起弧焊修，不允许在钩体非焊补表面引弧；整个坡口须连续一次焊完，焊波与金属交接处应缓坡过渡，电焊条施焊速度应控制在 150 ~ 250 mm/min 范围内。

543. 钩体磨耗堆焊时须符合哪些要求？

答：(1)表面清洁

①清除施焊部位周边 10 ~ 20 mm 范围内的水分、铁锈、油污等其他杂物。

(2)局部预热

①采用氧—乙炔焰对施焊处进行局部烘烤预热,预热温度为300~400 ℃,使用红外测温仪检测,预热区域为待焊区域及其周围不小于母材厚度3倍或75 mm宽度的较小值C级钢、E级钢环境与铸件温度小于5 ℃时不得施焊。

(3)焊修过程

①根据焊件材质选配焊条,取出保温桶内相应焊条,接通电源,开启电弧焊机,调整焊接电流,进行焊修。

②焊修要点:焊修宜采用平焊位置进行焊修;多层焊时采用分层纵向进行,焊波宽应为焊条直径的2~3倍,每焊完一层应清除熔渣后方可进行下一层焊接。

(4)焊后处理

焊修后应覆盖干燥的石棉被缓冷防止焊缝产生裂纹,待焊件冷却至与环境温度相当。

544. 车钩磨耗板检修时须符合哪些要求?

答:钩身下部有磨耗板凹槽或原焊装金属磨耗板者仍须焊装磨耗板;13B型、17型车钩钩身下部无金属磨耗板凹槽且原未焊装磨耗板者,不得焊装磨耗板;磨耗板出现裂纹或磨耗超限时更换为新品,丢失时补装。钩身磨耗时须堆焊磨平后焊装磨耗板。

545. 车钩磨耗板焊修焊后处理时须符合哪些要求?

答:金属磨耗板凹槽焊装磨耗板后,焊缝处应磨修光滑、边缘倒钝,清除棱角和毛刺。磨耗板必须与钩身底平面密贴,焊装后用厚度1 mm的塞尺检查,任何部位塞尺塞进的深度不得大于10 mm。

546. 钩体焊修质量检查时须符合哪些要求?

答:(1)非加工部位上的焊修表面应平整,焊修区域与母材应平缓过渡。

(2)焊修区域不允许有裂纹、未熔合、未焊满和根部收缩等缺陷。

(3)非加工部位上的焊缝咬边深度不应超过0.5 mm。

(4)须加工的部位应有1～3 mm的加工余量。

547. 配件热处理时须符合哪些要求?

答:配件焊接后热处理应符合配件检修技术要求,采用整体热处理或局部热处理方式消除焊接应力。在焊修关键部位的单个缺陷面积小于等于2 cm^2,彼此相距不小于100 mm时,焊补后进行整体热处理;在其余部位上,当单个缺陷面积小于或等于2 cm^2、整个铸件上不超过3处时,焊补后允许进行局部热处理,否则应进行整体热处理。

548. 钩体热处理前准备时须符合哪些要求?

答:(1)去除钩体待处理区域表面水分、油污、氧化物等。

(2)配件表面温度达到5 ℃以上。

(3)加热炉应预热,温度达到100 ℃。

(4)钩体热处理前应分解钩体磨耗板,热处理后重新焊装。

549. 钩体局部热处理处理时须符合哪些要求?

答:(1)采用氧—乙炔焰均匀加热热处理区,待加热500～650 ℃,使用点温计测量,用石棉份覆盖缓冷。

(2)采用局部热处理方式消除焊接应力时,待消除应力的面积应为焊缝周围从焊缝中心到最大外边缘距离的1.5倍或为距焊修区域周围至少100 mm的区域。在焊修区域达到温度要求后,局部应力消除所要求的时间为每6 mm焊缝深度15 min。对深度不足6 mm的焊缝,该温度所要求的实践应不小于15 min。

550. 钩体整体热处理配件装炉时须符合哪些要求?

答:(1)将待热处理的钩体放在炉床上,推入炉内关闭炉门,打开烟道闸门进行点火加热。

(2)热处理注意要点:开炉时应随时注意通风设备、烟道是否畅通,装炉时不得将配件直接扔入炉内,应将配件放在炉床上再推入炉内,翻动坯料和出碴时不可过猛,以防损坏炉室。应及时清理煤渣,保持渣池水位,出炉时,应关闭风门。冬季入炉配件应达到室温后入炉,炉子周围禁止堆放易燃、易爆物品。

(3)配件放置要求:同炉配件最好为同一型号或大小匹配相差不多的零部件;配件放置要规整,且之间留有一定的间隙;当配件数量少于炉额定处理能力50%时,应填充适当数量、厚度、体积与配件相当的废钢进行补充,避免炉内温度上升过快。

551. 钩体整体热处理处理过程须符合哪些要求?

答:(1)正火加回火

控制炉内温度缓慢上升,将配件加热至900~920 ℃,保温3~4 h后,从炉中取出配件,风冷;正火后8 h内将配件重新均匀加热到630~670 ℃,保温3~4 h,从炉中取出配件空冷至室温。

(2)调质处理

控制炉内温度缓慢上升,待配件加热至900~920 ℃后,保温1.5~3 h;从炉中取出配件,立即将其投入快速冷却;水冷淬火后8 h内将配件重新均匀加热到560~600 ℃,保温2~4 h,从炉中取出配件空冷至室温。

(3)回火处理

控制炉内温度缓慢上升,配件均匀加热到560~600 ℃,保温2~4 h,从炉中取出空冷至室温。

552. 钩体钩耳孔镶套选套时须符合哪些要求?

答:(1)钩耳孔须用钢套,材质为45钢,钢套须硬化处理,硬度为38~50HRC。

(2)过盈量:钢套应较孔径大0.05~0.1 mm

(3)衬套外表面粗糙度值 *Ra* 须达6.4 μm。

(4)衬套与孔均不得有裂纹。

(5)新衬套厚度应为4~6 mm,外径基本尺寸为 ϕ51 mm、

ϕ51.5 mm、ϕ52 mm、ϕ52.5 mm、ϕ53 mm、ϕ53.5 mm、ϕ54 mm；套长应比孔深短 0 ~ 2 mm，上钩耳孔衬套长度 55 mm，下钩耳孔衬套 50 mm。

553. 简述钩体钩耳孔镶套作业步骤。

答：(1)启动液压镶套机，更换镶套压头，将新衬套慢慢压入孔内，禁止锤击。

(2)松开压力机压头，检查套与孔状态，衬套及孔边不得有裂纹且套孔之间不得贯通间隙，衬套不得松动。

(3)关闭压力机，将被镶套配件吊离工作台。

554. 钩体钩耳孔镶套质量检查时须符合哪些要求？

答：(1)衬套须压紧并与孔密贴；局部空隙不大于 1.5 mm，钩耳孔深度不大于 5 mm。

(2)钩耳孔的异型钢套，长短径方向不得错位。长径方向与钩体纵向中心线偏差不大于 5°。

(3)衬套须与钩耳孔一侧端面齐平，另一端缩入不大于 2 mm。

555. 防跳插销检修时须符合哪些要求？

答：(1)13 号、13A 型、13B 型下作用式车钩钩体须有防跳插销安装孔，无防跳插销安装孔时加工。加工防跳插销安装孔时，严格执行标准，不得影响钩体机械强度。

(2)防跳插销开口间距大于 8 mm 时调修。检测方法：用塞尺检测车钩防跳插销开口间距时要确保正确使用，不得将塞尺歪放，以免测量不准确。

(3)链环对接焊缝处开焊时使用氧—乙炔焰焊接；链环及插销出现裂纹或腐蚀、磨耗大于直径的 30% 时更换。

(4)装有制动软管吊链的铁路货车，防跳插销可安装在制动软管吊链的第一个链环中；无制动软管吊链的铁路货车，防跳插销安装在车钩的防跳插销安装孔内。

(5)防跳插销检修合格后，在钩体安装孔附近涂打“○”标识。

556. 成套钩缓装置收入车钩收入作业时须符合哪些要求?

答:(1)使用钢丝刷清理车钩钩头制造标识处。

(2)检查车钩的制造标识,无制造单位、时间标记时不得装用。将车钩台位编号、车号(台位编号对应的车号)及配件制造标识内容填写《钩缓配件收入信息表》完成车钩收入信息抄录。抄录信息须及时,内容齐全准确。

(3)检查车钩寿命,寿命期限以车钩制造时间为准,时间统计精确到月。C级钢、E级钢钩体满25年报废,普碳钢钩体满20年报废。

557. 简述缓冲器收入外观检查作业要求。

答:(1)使用钢丝刷清理缓冲器制造、大修标识。

(2)检查缓冲器箱体的制造标识,无制造单位、时间标记时不得装用。将缓冲器箱体台位编号、车号(台位编号对应的车号)及配件制造标识内容填写《钩缓配件收入信息表》,完成缓冲器收入信息抄录。抄录信息须及时,内容齐全准确。

(3)检查缓冲器寿命,以箱体标记为准,寿命期限以缓冲器制造时间为准,时间统计精确到月。ST型、MT-2、MT-3缓冲器使用时间满18年时报废。

(4)MT-2、MT-3、HM-1、HM-2、HN-1型缓冲器新造及大修后满9年需重新大修,ST型缓冲器新造及大修后满6年须重新大修。配件收入时,严格确认制造标记,无制造单位、时间标记配件报废。

558. 成套钩缓装置分解时须符合哪些要求?

答:(1)操作天车将车钩缓冲装置组成吊放至钩缓分解机上。

(2)启动分解机钩尾框升降油缸,托住钩尾框,启动主油缸使缓冲器压缩,钩尾销落下,主油缸缩回,将钩尾销放入钩尾销运输框内。

(3)缓冲器进入缓冲器检修线,缓冲器油缸缩回。

(4)将车钩从钩尾框内拔出,吊运至车钩检修流水线,将钩身插入车钩检修流水线方孔内。

（5）钩尾框升降油缸落下带动钩尾框落下，启动钩尾框推出油缸，将钩尾框推入横向流水线运输至钩尾框打砂输送线。

（6）钩尾框送抛丸除锈岗位，从板送检修区域。天车操作过程中注意周围作业人员状况及设备动态，并做好呼唤应答，注意防止夹伤；随时注意天车吊具状态，身体避开，防止配件脱落砸伤、碰伤问题发生。

559. 缓冲装置组成分解时须符合哪些要求？

答：（1）操作天车将缓冲装置组成吊放至分解机上。

（2）启动分解机缓冲器推出油缸，将缓冲器从钩尾框内推出，缓冲器进入缓冲器检修线，缓冲器油缸缩回。

（3）取出从板、转动套。

（4）钩尾框升降油缸落下带动钩尾框落下，钩尾框落下后被横向流水线运输至钩尾框打砂输送线。

（5）钩尾框、转动套送抛丸除锈岗位，从板送检修区域。天车操作过程中注意周围作业人员状况及设备动态，并做好呼唤应答，注意防止夹伤；随时注意天车吊具状态，身体避开，防止配件脱落砸伤、碰伤问题发生。

560. 钩舌寿命判定须符合哪些要求？

答：（1）实行寿命管理的零部件无制造单位、时间标记时不得装用。寿命期限以零部件制造时间或走行公里为准，时间统计精确到月。

（2）钩舌满20年报废。

（3）除另有规定外，实行寿命管理的配件，当剩余寿命不足1个段修期时，经检查确认质量状态良好者，可继续装车使用，由装用单位制定加强检查措施并承担超过使用寿命期的责任。要准确判定使用寿命，杜绝超出使用寿命的钩舌流入下道工序。

（4）新制钩舌须有制造时间和制造厂代号标记。标记应清晰，位置须在非磨耗部位。

561. 钩舌裂纹检查时须符合哪些要求?

答:(1)钩舌须进行全面外观检查,普碳钢钩舌不得装车使用。

(2)C级钢、E级钢钩舌弯角处出现裂纹时更换,内侧面裂纹长度不大于30 mm时焊修,大于时更换。

(3)钩舌牵引台根部圆角发现裂纹时,磁痕长度大于30 mm或深度大于1 mm时报废;磁痕长度不大于30 mm且深度不大于1 mm的可磨修至与周围表面圆滑过渡,复探确认消除裂纹的可继续使用。牵引台根部圆角因出现裂纹经过一次磨修后,再次出现裂纹时报废。

(4)钩舌护销凸缘部分缺损时更换,裂纹向销孔内延伸,除凸缘高度外的长度不大于10 mm时焊修,大于时更换。

(5)钩舌冲击台缺损或销孔边缘裂纹延及钩舌体时更换,未延及时焊修。

562. 13号、13A型、13B型车钩钩舌磨耗检查时须符合哪些要求?

答:(1)钩舌锁面磨耗检查:使用样板检测钩舌锁面磨耗大于3 mm时,堆焊后磨平。

(2)钩舌内侧面和正面磨耗检查:使用样板检测钩舌内侧面和正面磨耗剩余厚度:13号小于68 mm时,13A、13B型小于69 mm时,须采用埋弧焊或气体保护焊等自动焊接工艺堆焊,焊后加工并恢复原形。

(3)钩锁承台磨耗检查:使用样板检测钩锁承台高度须为45~52 mm,大于52 mm时堆焊后加工,小于45 mm时加工修理。

(4)钩舌销孔或衬套磨耗检查:使用样板检测钩舌销孔或衬套内径磨耗大于3 mm时换套或扩孔镶套。原衬套松动、出现裂纹、缺损时更换。使用样板检测钩舌销孔直径大于ϕ54 mm时,堆焊后加工或更换。

563. 16 型车钩钩舌磨耗检查时须符合哪些要求?

答:(1)钩舌锁面检查:使用样板检测钩舌锁面原形厚度为 163 mm,磨耗大于 3 mm 时,堆焊后磨平。

(2)钩舌鼻部检查:使用样板距钩舌上、下边缘 60 mm 及中部三处测量钩舌鼻部磨耗大于 5 mm 时报废。

(3)钩舌销孔检查:使用样板距钩舌销孔凸缘顶部 20 mm 处检测钩舌销孔内径,原形 ϕ 42 mm 磨耗大于 2 mm 时报废。

(4)钩舌钩锁坐入量检查:使用样板检测钩舌钩锁坐入量原形为(58 ±1.4)mm,小于 45 mm 时,加工修理后恢复原形尺寸。

564. 配件热处理处理过程须符合哪些要求?

答:(1)正火加回火:控制炉内温度缓慢上升,将配件加热至 900 ~920 ℃,保温 3 ~4 h 后,从炉中取出配件,风冷;正火后 8 h 内将配件重新均匀加热到 630 ~670 ℃,保温 3 ~4 h,从炉中取出配件空冷至室温。

(2)调质处理:控制炉内温度缓慢上升,待配件加热至 900 ~920 ℃后,保温 1.5 ~3 h;从炉中取出配件,立即将其投入快速冷却;水冷淬火后 8 h 内将配件重新均匀加热到 560 ~600 ℃,保温 2 ~4 h,从炉中取出配件空冷至室温。

(3)回火处理:控制炉内温度缓慢上升,配件均匀加热到 560 ~600 ℃,保温 2 ~4 h,从炉中取出空冷至室温。

565. 钩舌涂打检修标记时须符合哪些要求?

答:(1)经检修合格或装用新造的钩舌须采用白油漆在规定位置用漏模涂打装车单位简称和年月,标记须齐全、准确、正位、清晰,标记字号、字体、颜色等符合规定。

(2)单位简称为 20 号汉字;检修年月为 20 号阿拉伯数字,年、月各两位。

(3)涂打位置钩舌检修车间简称及年月涂打于钩舌牵引台与冲击台间的平面上。

(4)在涂打检修标记处涂黑色醇酸漆,待油漆干燥(不影响标记效果)后,进行涂打标记。将钢制漏模紧贴在涂打位置上,手持白色油漆喷枪与模具垂直,压下出料按钮,喷涂均匀,喷涂后不得有滴坠现象。涂打标记时,严禁油漆喷枪对人喷漆。

566. ST型缓冲器外观检查时须符合哪些要求?

答:(1)在寿命期内,新造、大修后使用时间满6年或有下列情况之一时须大修:

①箱体裂损、严重变形时。

②其他外露零部件裂损或丢失时。

(2)缓冲器经检查、检测状态良好者可不分解、修理。

(3)缓冲器检查需送大修时,必须送大修,严禁擅自处理故障。

567. 简述HM-1型缓冲器质量保证要求。

答:HM-1型缓冲器的质量保证期为6年或120万km,在质量保证期内,弹性胶泥芯体出现不能正常复位、泄露等质量问题造成缓冲器性能失效,由弹性胶泥芯体生产厂家负责免费更换并赔偿损失;因铸件、锻件制造质量引起的裂损等由缓冲器制造厂负责;在寿命期内,新造、大修后使用时间满9年时送厂大修。严格执行寿命管理要求,杜绝超使用寿命配件装车使用。

568. MT-2、MT-3、HM-1型缓冲器缩短销钉压装时须符合哪些要求?

答:(1)准备缩短销:用10号优质碳素结构钢(不得用其他材料代替)按要求加工缩短销。

(2)准备缓冲器压缩工装:使用压力机压缩缓冲器动板。

(3)取出箱体销孔处的残销:如箱体销孔处还留有残销,在箱体销孔附近轻轻锤击箱体,销子(残销)松动后,用钳子钳出残销。

(4)取出中心楔块销孔处的残销:用缓冲器压缩工装在压力机上压缩缓冲器的动板,压缩到使中心楔块的销孔与箱体的销孔对齐为止,用直径 ϕ12 mm 的磁棒或其他工具从中心楔块的销孔中取出残销。

(5)装新缩短销:从箱体两侧直接装入新缩短销。严禁未取出残留销直接安装新销。

(6)卸掉压力机的压力,组装缩短销的工作完成。

(7)当缓冲器采用上述方法不能取出缩短销时,可采取以下步骤进行。

①将缓冲器放置在压力机平台上,用压力机压缩缓冲器动板,压缩至弹簧座上平面全部处于箱体中部4 个工艺孔下沿为止,立即将缓冲器分解用工艺销插入箱体工艺孔,卸掉压力机的压力。

②将缓冲器从工作台上取下,最好在洁净、宽敞的场所进行缓冲器分解。操作顺序为:

a. 取下两个动板。

b. 将固定斜板分别向两侧贴靠固定板。

c. 提起中心楔块,分别取出两个楔块。

d. 转动中心楔块 60°后将其取出。

e. 取出中心楔块销孔内缩短销。

③缩短销取出后,应进行缓冲器的重新组装和预压缩,操作顺序为:

a. 先组装中心楔块至分解前位置。

b. 提起中心楔块,分别组装两个楔块。

c. 将规定斜板和固定分开,组装动板。

d. 调整组装后零件位置,保证各零件正位。

e. 将缓冲器放置在压力机平台上,用压力机缓慢压缩缓冲器动板,将分解用工艺销取出,压力机复位。

f. 再压缩一次动板至产生不小于 5 mm 即可,卸掉压力机压力后观察缓冲器各零件是否正位,不正位应按前述方法重新组装。

g. 压缩动板,观察箱体和中心楔块的缩短销孔是否对齐,对齐后将缩短销组装好,卸掉压力机压力后即完成缓冲器的预压缩。

569. HM-2 型缓冲器缩短销钉压装时须符合哪些要求?

答:(1)准备缩短销:缩短销材质须为10号优质碳素结构钢。

(2)缓冲器压缩:用30号优质碳素结构钢制作的缓冲器压缩工装压缓冲器。

(3)取出箱体销孔处的残销:如箱体销孔处还留有残销,在箱体销孔附近轻轻锤击箱体,销子(残销)松动后,用钳子钳出残销。

(4)用尖嘴钳子或其他工具从露出的压头销孔中取出残留缩短销,用缓冲器压缩工装在压力机上压缩缓冲器的压头,压缩到使压头的销孔与箱体的销孔对齐为止。

(5)装新缩短销:从箱体两侧直接装入新缩短销。

(6)卸掉 HM-2 型缓冲器专用压缩工装的压力,组装缩短销的工作完成。HM-1/HM-2 型缓冲器缩短销材质须为10号优质碳素结构钢,不得用其他材料代替。

570. 简述抛丸除锈作业步骤及注意事项。

答:(1)调整计时器设定喷丸工作时间,一般以5 min为宜,根据除锈效果可适当延长或缩短工作时间。

(2)将喷丸控制机手动/自动旋钮旋到自动位,按自动开始按钮,启动喷丸泵开始除锈,除锈结束后喷丸泵自动关闭。

(3)开机前当确认门内无人,并且门已关闭严时,才可以开动抛丸器。启动机器时必须发出报警信号,使机器附近的人离开。

(4)打开喷丸室门吊出配件,除锈完毕后须将配件内残留的钢丸清理干净。

571. 钩缓配件抛丸除锈后除锈质量须符合哪些要求?

答:配件表面清洁度须达到 GB/T 8923.1—2011 规定的 Sa2 级,局部不低于 Sa1 级。除锈质量不达标的配件重新装机除锈,存在明显不可修复故障的配件直接涂打报废标记并送往报废配件存放区。

(1)Sa1 轻度的喷射或抛射除锈。

钢材表面应无可见的油脂和污垢,并且没有附着不牢的氧化皮、铁锈和油漆涂层等附着物。

(2)Sa2 彻底的喷射或抛射除锈。

钢材表面应无可见的油脂和污垢,并且氧化皮、铁锈和油漆涂层等附着物已基本清除,其残留物应是牢固附着的。

(3)正常工作中,严禁随意开启电控柜门和气控箱门,严禁触动其他按钮和控制元件,严禁在抛丸器附近停留。

572. 车钩托梁弯曲检测须符合哪些要求?

答:(1)将平尺工作面置于车钩托梁被检测面,平尺工作面两端与被检测面接触,使用塞尺检测中部间隙大于 5 mm 时(不包括磨耗量)超限。

(2)弯曲超限时更换或调修。

573. 车钩托梁磨耗检测须符合哪些要求?

答:(1)将磨耗深度测量尺工作面置于车钩托梁被检测面,量规工作面与被检测面贴靠,移动滑尺至磨耗部位,向下移动主尺,示值大于 3 mm 时超限。

(2)磨耗且弯曲时,调修后测量磨耗。

(3)磨耗超限时更换或堆焊后磨平。

574. 车钩托梁磨耗板检测须符合哪些要求?

答:(1)钢制磨耗板检测:使用钢板尺检测磨耗板未磨耗部位厚度,使用磨耗深度测量尺检测磨耗最深部位磨耗量,最深部位磨耗量大于未磨耗部位厚度的 50% 时更换。

(2)尼龙磨耗板检测:使用钢板尺检测磨耗板未磨耗部位厚度,使用磨耗深度测量尺检测磨耗最深部位磨耗量,最深部位磨耗量大于未磨耗部位厚度的 50% 时更换。

575. 简述配件焊修质量检查要求。

答:(1)堆焊后焊波凸凹不平部位高低差不大于 2 mm。将现车钩缓综合量规工作面置于车钩托梁被检测面,量规工作面与被检测面贴靠,移动滑尺至焊波凸凹不平部位,移动主尺,凸凹最大处示值之差大于2 mm时超限。

(2)堆焊后有扭曲变形者应加热调修。

(3)焊波与焊缝、焊波与基本金属应充分熔合。

(4)焊波与焊缝不应有裂纹、夹渣、气孔、缺肉及未焊透等缺陷。

(5)咬边深度不大于0.5 mm。

(6)焊波、焊缝应有1～3 mm的加工余量或增强量(以图纸名义尺寸确定加工余量)。

(7)经质量复查合格的托梁,须清除加修标记。

576. 16型、17型车钩组装须符合哪些要求?

答:(1)车钩组装时,钩舌、钩体和钩腔内配件材质须匹配,钩体、钩舌均须为E级钢材质,钩腔配件须同材质配套使用。

①16型、17型通用配件:16型钩舌、16型钩锁组成、16型钩舌推铁、16型钩舌销、16型下锁销。其他17型配件不得装用于16型车钩上。

②车钩组装前,须清除各零部件表面及腔内的钢丸,各零部件摩擦面间须涂干性润滑脂。

(2)16型车钩组装顺序:组装的顺序为:钩体→钩舌推铁→下锁销转轴→下锁销组成→锁铁组成→钩舌→钩舌销→开口销→挡圈→开口销。

(3)17型车钩组装的顺序为:钩体→钩舌推铁→下锁销转轴→下锁销组成→锁铁组成→钩舌→钩舌销→开口销。

(4)装入钩舌并成闭锁位,将钩舌销圆柱面涂干性润滑脂后插入钩耳孔和钩舌销孔内。组装钩舌销时不得以13号代用。

(5)安装17型下锁销转轴,面对钩头从左向右组装;安装16型下锁销杆圆销、垫圈及开口销,面对钩头圆销从右向左组装。车钩配件组装时,必须在检修流水线配件架上组装,严禁在车钩吊运状态时组装配件。

(6)测量车钩组装间隙,须符合下列要求:

①分别检查钩舌销与钩耳孔短径间隙、钩舌销与钩舌销孔间隙均不大于 6 mm。

②在闭锁位测量钩舌与上钩耳的间隙不大于 10 mm,大于时在钩舌与下钩耳间安装垫圈调整。

(7)在钩舌销下部安装 $\phi 8$ mm × 70 mm 开口销,劈开角度不小于 60°。

577. 13 系列上车钩三态作用试验须符合哪些要求?

答:(1)全开试验:在闭锁位时,使用三态试验防型装置进行三态试验,持续稳定地转动钩提杆的手把,钩舌应达到全开位置。

(2)闭锁试验:在全开位时,用手持续稳定地推动钩舌鼻部,钩舌应转动到闭锁状态,同时钩锁落到闭锁位置,此时向外搬动钩舌鼻部,钩舌呈牵引状态时,此时使用样板量具测量须符合以下要求:

①13A 型、13B 型车钩闭锁位钩舌与钩腕内侧距离不大于 127 mm。

②13 号车钩闭锁位钩舌与钩腕内侧距离:装用 13 号钩舌时不大于 130 mm。

(3)开锁试验:在闭锁位时,使用三态试验防型装置进行三态试验,持续稳定地转动钩提杆的手把,使钩锁坐锁面抬高到钩舌尾部以上。在此过程中钩舌不应转动,钩舌仍处在闭锁位置;当回转钩提杆落下钩锁时,钩锁应坐在钩舌推铁的锁座面上;此时用手扳动钩舌鼻部,钩舌应能转动到全开位置。钩舌张开最大量时,使用样板量具测量须符合以下要求:

①13A 型、13B 型车钩全开位钩舌鼻部与钩腕的内侧距离不大于 240 mm。

②13 号车钩全开位钩舌鼻部与钩腕的内侧距离:装用 13 号钩舌时不大于 245 mm,装用 13A 型钩舌时不大于 242 mm。

③13 号车钩全开位钩舌鼻部与钩腕的内侧距离超限时,可堆焊钩舌全开位止挡进行调整,但禁止焊修钩耳根部弯角。

④13A 型、13B 型车钩全开位尺寸大于 240 mm 时,可采用堆焊的方法进行调整,即在钩舌两侧全开止挡位置处同时进行堆焊调整全开位尺寸。堆焊后须磨平,不允许有裂纹、气孔、夹渣等缺陷存在。

578. 16 型、17 型车钩三态试验时须符合哪些要求?

答:(1)全开试验:在闭锁位时,17 型车钩使用三态试验丁字杆装置进行试验,持续稳定地转动丁字杆的手把,钩舌应达到全开位置;16 型车钩用手持续稳定地转动 16 型车钩下锁销杆,钩舌应达到全开位置。

(2)闭锁试验:在全开位时,用手持续稳定地推动钩舌鼻部,钩舌应转动到闭锁状态,同时钩锁落到闭锁位置,此时向外搬动钩舌鼻部,钩舌呈牵引状态时,此时使用样板量具测量 16 型、17 型车钩闭锁位钩舌鼻部与钩体正面距离,不应大于 97 mm。

(3)开锁试验:闭锁位时,17 型车钩使用三态试验丁字杆装置进行试验,持续稳定地转动丁字杆手把,使钩锁坐锁面抬高到钩舌尾部以上。在此过程中钩舌不应转动,钩舌仍处在闭锁位置;当回转丁字杆并落下钩锁时,钩锁应坐在钩舌推铁的锁座面上,此时用手扳动钩舌鼻部,钩舌应能转动到全开位置,钩舌张开最大量时;16 型车钩用手持续稳定地转动 16 型车钩下锁销杆,使钩锁坐锁面抬高到钩舌尾部以上。在此过程中钩舌不应转动,钩舌仍处在闭锁位置;当回转丁字杆并落下钩锁时,钩锁应坐在钩舌推铁的锁座面上,此时用手扳动钩舌鼻部,钩舌应能转动到全开位置,钩舌张开最大量。使用样板量具测量 16 型、17 型车钩全开位钩舌鼻部与钩腕的内侧距离,不应小于 219 mm。

三态作用试验数据检测时，至少检测三处。三态试验完成后，须在明显部位用白粉笔涂打三态作用试验标识“S”。

579. 组装13号、13A型钩尾销螺栓及安全吊装置时须符合哪些要求？

答：(1)将钩尾销螺栓与衬套间涂抹润滑脂。

(2)取钩尾销螺栓并穿入吊架，面对钩头方向从左向右穿入钩尾销螺栓安装座，同时加装钩尾销螺栓衬套；将吊架、钩尾销螺栓靠严。

(3)从左向右穿入M20螺栓、止挡，并与左侧钩尾销螺栓安装座靠严，然后在右侧安装吊架。

(4)检查3根螺栓正位后，扭紧钩尾销螺栓的螺母。

(5)钩尾销螺栓紧固前，螺栓须正位。

(6)在右侧依次安装止挡、弹簧垫圈、螺母M20。均匀扭紧安全吊的2个螺母，并检查止挡与钩尾销螺栓头部、止挡与螺母间隙不得大于1 mm，超过时配装止挡，重新组装。

(7)安全吊螺栓紧固后应将靠近螺母的螺纹铲堆(3扣及以上)，每扣螺纹铲堆螺纹长度不小于10 mm，深度不小于螺纹深度的2/3(钩尾销螺栓不铲堆)；安全吊螺栓紧固后不得松动，卷起开口销。

(8)用白喷漆在螺母、螺栓丝扣外漏部分及开口销卷起的一撇上喷漆作为标记，作为防漏、防松动标记。

580. 16型、17型从板检测须符合哪些要求？

答：(1)外观检查。从板出现裂纹时更换，使用样板检测从板弯曲大于4 mm时更换。

(2)磨耗检测。使用样板检测从板长度、宽度、厚度磨耗大于3 mm时更换；使用样板检测车钩支承球面及缓冲器支承平面磨耗深度、凹痕深度大于3.5 mm时更换，局部辗堆时磨修光滑。

581. 13型从板检测须符合哪些要求?

答:(1)外观检查。从板出现裂纹时更换,使用样板检测从板弯曲时更换。

(2)搬运配件时,应拿稳放平,避免掉落伤人。

(3)磨耗检测。从板原形长319 mm,样板检查磨耗≤3 mm;从板原形宽225 mm,样板检查≤3 mm;从板原形厚57 mm,样板检查≤3 mm,各部磨耗大于3 mm时、从板局部磨耗>3 mm时更换;长度方向磨耗大于3 mm时可焊装磨耗板并四边满焊。

(4)检测要求:深入从板边缘15 mm处分别检测从板长、宽、厚的最小剩余量。局部磨耗以未磨耗面为基准,检测磨耗部位的最大深度。

582. 13系列成套钩缓装置拆卸时须符合哪些要求?

答:(1)在拆卸前使用白色粉笔在钩舌正面标注该成套钩缓装置所在车台位号和车钩位数(例:“1-1”)。

(2)将车钩分解组装机连挂装置对正车钩,车钩分解组装机纵向中心线与端墙垂直,前进车辆,连挂车钩。

(3)向上抬起车钩缓冲装置后取出钩托梁分解托板。

(4)后退车钩分解组装机,卸下成套钩缓装置。

(5)作业时,注意周围环境,车钩分解组装机司机与配合人员做好呼唤应答,加强安全防护。

(6)将成套钩缓装置转运至钩缓间插入待修品存放架。

(7)转运配件时,行走叉车通道,注意观察周围作业人员,存放架插设钩缓装置时确认插设稳固。

583. 分解17型车钩时须符合哪些要求?

答:(1)在拆卸前使用白色粉笔在钩舌正面标注该车钩所在车台位号和位数。

(2)将车钩分解组装机连挂装置对正17型车钩,车钩分解组装机纵向中心线与端墙垂直,前进车辆,连挂车钩。

(3)分解17型钩尾销:钩尾销托梁分解后,使用托具托住钩尾销,围绕钩尾销托梁保留螺栓转动钩尾销托梁至完全露出钩尾销孔,下移托具卸下钩尾销。

(4)后退车钩分解组装机,拔出车钩。

(5)作业时,注意周围环境,车钩分解组装机司机应与配合人员做好呼唤应答。

(6)将车钩转运至待修场所。

584. 简述分解16型车钩作业步骤。

答:(1)在拆卸前使用白色粉笔在钩舌正面标注该车钩所在车台位号和位数(例:“1-1”)。

(2)将车钩分解组装机连挂装置对正16型车钩,车钩分解组装机纵向中心线与端墙垂直,前进车辆,连挂车钩。

(3)操纵车钩分解组装机旋转手柄,转动车钩45°~135°。

(4)作业时,注意周围环境,车钩分解组装机司机应与配合人员做好呼唤应答。

(5)将钩引尖端插入钩尾销托开口销头部,握牢钩引,使用手锤击打尖机中部以上位置,直至将开口销带出。

(6)转动手柄与钩尾销托垂直,收回手柄脱离钩尾框插槽,转动钩尾销托使钩尾销托三爪与钩尾框三槽对正,卸下钩尾销托。

(7)操纵车钩分解组装机旋转手柄,转动车钩,呈反位,使用托具托住钩尾销,下移托具卸下钩尾销。

(8)操纵车钩分解组装机旋转手柄,转动车钩,呈正位。

(9)后退车钩分解组装机,将车钩拔出。

(10)将分解下车的车钩转运至待修场所。

(11)转运配件行走叉车通道时,注意观察周围作业人员,存放配件确认放稳垫平,避免配件掉落。

585. 简述分解牵引杆时作业步骤。

答:(1)将牵引杆分解组装机卡具对正牵引杆,牵引杆分解组装机纵向中心线与端墙垂直，前进牵引杆分解组装机，连挂牵引杆。

(2)操纵牵引杆分解组装机旋转手柄，转动牵引杆45°~135°。

(3)将钩引尖端插入钩尾销托开口销头部，握牢钩引，使用手锤击打钩引中部以上位置，直至将开口销带出。

(4)转动手柄与钩尾销托垂直，收回手柄脱离钩尾框插槽，转动钩尾销托使钩尾销托三爪与钩尾框三槽对正，卸下钩尾销托。

(5)操纵牵引杆分解组装机旋转手柄，转动牵引杆，呈反位，使用托具托住钩尾销，下移托具卸下钩尾销。

(6)在牵引杆分解组装机卡具孔与牵引杆17端钩尾销孔内插入止动杆。

(7)后退牵引杆车，将牵引杆拔出。

(8)按当日入线车点日计划，在拆卸后使用白色粉笔在牵引杆上部标注该配件台位号和车钩位数。

(9)作业时，注意周围环境，牵引杆分解组装叉车机司机应与配合人员做好呼唤应答。

(10)将钩尾销、钩尾销托、牵引杆转运至待修区。

586. 钩锁磨修时须符合哪些要求？

答：(1)锁面磨耗、碾堆时须堆焊后磨修并恢复原形尺寸；13号钩锁上部左、右导向面磨耗大于2 mm时焊修，焊后磨修恢复原形；开锁坐锁面磨耗大于2 mm或影响开锁作用时，焊后磨修并恢复原形。钩锁锁面厚度原形尺寸：13号钩锁厚度(76 ± 1) mm，16型钩锁厚度$84^{+1}_{-0.5}$ mm。

(2)将钩锁放置在专用砂轮加工区域内，固定良好。

(3)确认工件装夹稳妥，开启砂轮机设备，手动调整砂轮位置、加工量。砂轮机必须装有坚固的防护罩。

(4)观察钩锁磨修表面，磨修光滑后停机使用样板测量相关尺寸参数，符合原形要求后，方可停止作业。

587. 钩尾框裂纹检修须符合哪些要求?

答:(1)钩尾框须进行全面外观检查。

(2)16 型、17 型钩尾框前、后端上、下弯角 50 mm 范围内,其他型钩尾框后端上、下弯角 50 mm 范围内出现裂纹时更换。

(3)锻造钩尾框出现横向裂纹时更换。

(4)钩尾框其他部位出现纵向裂纹时焊修或更换。

588. 简述 13 型钩尾框磨耗检测要求。

答:(1)框身检查:钩尾框各部位碾堆时需磨修,并与周围表面平滑过渡;C 级钢、E 级钢钩尾框框身厚度磨耗大于 3 mm 时,C 级钢、E 级钢钩尾框其他部位磨耗大于 4 mm 时,须纵向堆焊后磨平。

(2)钩尾框销孔检查:13B 型锻钢钩尾框销孔磨耗大于 3 mm 时堆焊后加工。

(3)钩尾框螺栓孔检查:13B 型钩尾框螺栓孔磨耗大于 3 mm 时堆焊后加工。

(4)钩尾框挂耳及插托凹槽检查:13B 型锻造钩尾框(三孔式)的钩尾销固定挂耳缺损时焊后磨修;13B 型锻造钩尾框插托凹槽宽度磨耗不大于 3 mm(原形 124 mm),高度磨耗不大于 3 mm(原形 22 mm),宽度和高度尺寸磨耗超限时更换。

589. 简述 16 型、17 型钩尾框磨耗检测要求。

答:(1)框身检查:钩尾框各部位碾堆时须磨修,并与周围表面平滑过渡;锻造钩尾框框身原形厚度于 2008 年 1 月 1 日以前生产的为 28 mm,以后生产的为 31.5 mm;框身厚度磨耗深度大于3 mm、其他部位大于 4 mm 时,框身剩余厚度小于 22 mm 时加修。

(2)钩尾框销孔检查:17 型钩尾销孔直径原形为 ϕ92 mm ,磨耗超过 2 mm 时堆焊后加工。

(3)16 型钩尾框前唇检查:16 型钩尾框距前唇内侧 95 mm 范

围内任意点直径大于ϕ277 mm时更换;前唇厚度磨耗大于2 mm时更换;前唇内侧到尾部内侧距离大于845 mm时须在尾部内侧面堆焊后加工至834 mm,大于862 mm时更换。

(4)17型钩尾框前端内腔原形高度180 mm,磨耗大于3 mm时,须堆焊后磨修光滑。

590. 磨耗板焊修须符合哪些要求?

答:13B型钩尾框及17型锻造钩尾框不得焊装框身磨耗板,原装有磨耗板时须铲除后磨平;17型铸造钩尾框无框身磨耗板时,不得焊装磨耗板。13号、13A型钩尾框须焊装框身磨耗板;17型铸造钩尾框原有磨耗板时,仍须焊装磨耗板。框身下平面磨耗时须纵向堆焊磨平后焊装磨耗板;磨耗板出现裂纹或磨耗超限时须更换为新品,丢失时补装。焊修时首先应清除施焊部位周边10~20 mm范围内的水分、铁锈、油污等其他杂物。根据焊件材质选配焊条、焊机,取出保温桶内相应焊条,接通电源,开启电弧焊机,调整焊接电流,在磨耗板与钩尾框焊接位置处引弧进行焊修。磨耗板焊装位置:磨耗板必须焊装在钩尾框宽度的中央,磨耗板两侧间隙应均匀,13号、13A型钩尾框磨耗板后端距钩尾框后端内壁130 mm,17型钩尾框磨耗板以钩尾框后端内壁为基准面焊装。

591. 简述钩尾框热处理处理过程。

答:(1)采用氧—乙炔焰均匀加热热处理区,待加热500~650 ℃,使用红外测温仪检测,用石棉覆盖缓冷。

(2)采用局部热处理方式消除焊接应力时,待消除应力的面积应为焊缝周围从焊缝中心到最大外边缘距离的1.5倍或为距焊修区域周围至少100 mm的区域。在焊修区域达到温度要求后,局部应力消除所要求的时间为每6 mm焊缝深度15 min。对深度不足6 mm的焊缝,该温度所要求的时间应不小于15 min。

592. 钩尾框托板磨耗板检查检测时须符合哪些要求?

答:(1)钩尾框托板上焊装的磨耗板剩余厚度小于50%时更换。使用厚度测量规检测钩尾框托板厚度 h_1,钩尾框托板加磨耗板(未磨耗处)厚度 h_2,钩尾框托板加磨耗板(磨耗最深处)厚度 h_3,当(h_3-h_1)数值小于(h_2-h_1)数值的一半时,更换。

(2)钩尾框托板上焊装的磨耗板更换时,两侧端部各施以30 mm长的段焊。与非金属钩尾框托板磨耗板配套使用的钩尾框托板无金属磨耗板,原焊装磨耗板须切除,切除时不得伤及托板并磨修平整,按要求焊装挡块。

(3)钩尾框托板磨耗板焊缝开焊时使用角向磨光机清除焊缝后进行焊修,焊修后须清除焊渣检查焊接质量。

(4)使用厚度测量规检测夹紧非金属钩尾框托板磨耗板,剩余厚度小于4 mm时更换。裂损时更换。

593. 简述13号钩尾销检修要求。

答:(1)钩尾销宽度原形100 mm,使用样板检测磨耗大于3 mm时焊修后加工恢复原形。

(2)钩尾销头部厚度须为(15±1) mm,须表面平整,磨耗时堆焊后磨平或机械加工,表面粗糙度 Ra 为12.5 μm。使用样板检测钩尾销宽度磨耗大于3 mm时,焊修后采用仿型或数控加工并恢复原形。

(3)钩尾销更换新品须为合金钢。

594. 简述钩尾销加工要求。

答:磨耗超限时,13型堆焊后刨削加工恢复原形,刨削加工时应沿接触面长度方向进行,钩尾销头部厚度须为(15±1) mm,须表面平整,加工后使用便携式表面光洁度测量仪进行测量,零件表面粗糙度 Ra 为12.5 μm;钩尾销宽度磨耗大于3 mm时,焊修后采用数控加工并恢复原形,宽度为(100±1)mm,断面圆弧半径为(20±0.5)mm。

595. 简述牵引杆检修要求。

答:(1)牵引杆尾销孔后壁与尾端部距离小于83 mm时堆焊后磨修,小于77 mm时更换;牵引杆长度小于1 741 mm时在两端堆焊后磨修光滑,小于1 734 mm时更换;牵引杆尾端高度磨耗超限时堆焊后磨修。

(2)牵引杆尾销孔后壁与尾端部89 mm;牵引杆长度原形尺寸为1 753 mm;牵引杆尾端高度原形尺寸:16型钩体尾端高度155.5 mm,17型钩体尾端高度171.5 mm。

596. 简述上锁销组成磨耗检测要求。

答:(1)上锁销杆上端面的防跳台部位磨耗大于3 mm时更换。

(2)上锁销杆挂钩口磨耗大于2 mm时更换。

(3)上锁销防跳台磨耗大于2 mm时更换。

(4)上锁销组成铆钉轴直径小于13 mm时更换。

(5)上锁销与上锁销杆组装间隙小于2.5 mm时更换。

(6)上锁销铆钉露出长度大于0.5 mm时更换或将超出部分磨平。

(7)使用专用量具对上锁销组成预制张角进行检测。新品限度为9°~16°,段修限度为5°~15°。

(8)三连杆式上锁销组成预制张角角度超限时,可更换上锁销、上锁销杆或两者同时更换。更换后,预制张角角度须符合9°~16°。

(9)上作用车钩三连杆式上锁销组成,须进行预制张角角度作用试验:以上锁销杆挂钩上侧为支点轻抬起上锁销杆时,上锁销组成应自由摆动到工作位,不得出现卡滞。

597. 简述下锁销组成磨耗样板量具检测要求。

答:(1)下锁销轴直径磨耗大于2 mm或长度磨耗大于3 mm时更换。

(2)下锁销顶部防跳部位宽度原形:27~28.5 mm,应恢复原形，不能恢复原形时更换。

（3）下锁销体二次防跳磨耗，应恢复原形，不能恢复原形者更换。

（4）13 号下锁销组成其他各部须恢复原形尺寸，不能恢复时更换。

598. 简述 16 型、17 型下锁销组成磨耗检测要求。

答：（1）下锁销轴直径原形 ϕ19 mm 磨耗大于 2 mm 或长度原形 65 mm 磨耗大于 3 mm 时更换。

（2）16 型、17 型下锁销杆防跳台须符合原形尺寸，下锁销组成其他部位磨耗后不能满足防跳性能或影响车钩三态作用时整套更换。

（3）16 型下锁销转轴直径原形 ϕ35 mm、17 型下锁销转轴直径原形 ϕ34 mm 磨耗大于 2 mm 或影响车钩三态作用时更换。

599. 简述下锁销转轴磨耗样板量具检测要求。

答：（1）下锁销轴直径原形 ϕ19 mm 磨耗大于 2 mm 或长度原形 65 mm 磨耗大于 3 mm 时更换。

（2）16 型下锁销转轴直径原形 ϕ35 mm、17 型下锁销转轴直径原形 ϕ34 mm，磨耗大于 2 mm 或影响车钩三态作用时更换。

（3）补充新品要求：下锁销组成补充新品时，16 型、17 型材质须为 E 级钢，并有制造厂代号及材质标记。

600. 简述分解车钩托梁要求。

答：（1）将电动扳手至车钩托梁下方，对正需分解螺母。

（2）调整电动扳手开关至反转位置，双手扶稳电动扳手手把，将套头套入背母（套头不得超过背母），开动电动扳手操作开关，进行分解作业。

（3）分解过程中，必须紧握电动扳手手把，在操作开关开，螺母与螺杆分离关闭操作开关，防止电动扳手继续旋转导致螺母飞出伤人。

(4)将套头套入螺母,用扳手卡住螺栓头,分解螺母。

(5)分解另一侧背母及螺母。

(6)卸下车钩托梁螺栓。

(7)使用车钩分解组装机抬起车钩。

(8)卸下车钩托梁及垫板。

(9)将分解下的螺栓、螺母放入废料箱。

(10)螺母锈死时,可使用气割分解。

601. 车钩支撑座哪些情况时须分解检修?

答:(1)支撑弹簧座腔内磨耗板磨耗深度大于1.5 mm或磨耗板开焊、丢失须更换或补装时。

(2)车钩支撑座或支撑座腔出现裂纹时。

(3)止挡铁丢失须补装,用直尺测量止挡铁磨耗剩余厚度小于25 mm须更换时。

(4)支承弹簧折损或弹簧衰弱造成车钩安装后,支撑座与止挡铁接触部位有间隙时。

(5)更换冲击座时。

(6)组装间隙超限或其他原因须分解车钩弹性支承装置时。

602. 车钩支撑装置弹簧检测选配时须符合哪些要求?

答:(1)将弹簧正位放置在工作平台上。

(2)用弹簧检测尺测量弹簧自由高在233~243 mm之间,并计算同组3个弹簧高度差不大于2 mm。

(3)检测支撑弹簧腐蚀深度不大于8%。用弹簧检测量规dZ端测量弹簧腐蚀最大处圆钢直径,dZ端通过腐蚀最大处圆钢直径时弹簧腐蚀深度超限,超限时报废。

603. 简述钩尾销托梁各型磨耗板磨耗检测要求。

答:(1)将现车钩缓综合量规工作面置于钩尾销托梁磨耗板上,滑尺对磨耗板磨耗最深处,向下移动主尺,示值大于3 mm时超限。

(2)磨耗超限时更换;更换磨耗板时,须四周满焊。

(3)钩尾销托梁尼龙磨耗板磨耗检测:使用厚度测量尺检测磨耗板未磨耗部位厚度,使用厚度测量尺检测磨耗最深部位磨耗量,最深部位磨耗量大于未磨耗部位厚度的50%时更换。

604. 简述16型开钩框试验要求。

答:(1)车钩组装后,车钩处于闭锁位置时,持续稳定地转动16型钩提杆的手把,带动开钩框、下锁销将车钩提开至全开位置。转动钩提杆过程中开钩框摆动应灵活无卡滞,发生卡滞问题时查明原因并消除故障。

(2)松开钩提杆手把,开钩框、钩提杆应自动复位,开钩框应与止挡接触。开钩框无法自动复位时查明原因并消除故障。

(3)开钩框试验良好时不分解。

(4)开钩框钩提杆转动部位及连接螺栓部位须涂抹润滑脂。

605. 简述车钩缓冲装置支撑装置组装前外观检查要求。

答:(1)确认装车位置正确:三辆一组的首尾车辆安装车钩时须组装车钩弹性支撑装置,中部车辆及首尾车辆牵引杆端不装;非牵引杆连接车辆两端均装。

(2)检查支撑座:外观检查支撑座无裂损,安装钢制磨耗板时磨耗板不开焊,安装尼龙磨耗板时磨耗板入槽、止耳无裂损折断;外观检查支撑座、磨耗板与车型相匹配,C_{80}系列敞车,C_{76}系列敞车,C_{63}、C_{63A}型敞车装用宽138 mm支撑座及配套磨耗板,70t级货车装用车钩支撑座装用宽126 mm支撑座及配套磨耗板。

(3)外观检查支承弹簧、止挡铁无裂损,磨耗剩余厚度小于25 mm时更换;同一辆车同端止挡铁形式须一致,厚度差不得大于2 mm。

606. 组装钩提杆组成时须符合哪些要求?

答:(1)检查确认待组装上车的钩提杆、提钩链、钩提杆座合格。

(2)组装下作用车钩钩提杆:将钩提杆穿入车钩下锁销转轴,钩提杆座穿入钩提杆,用M16螺栓将钩提杆座组装在支架上,组装螺母,加装背母,紧固后将螺栓与螺母点焊固。

(3)组装上作用车钩钩提杆链:安装提钩链,组装提钩链上马蹄环圆销及垫圈并点焊固;圆销与垫圈焊固时,焊缝长度须大于圆销周长的1/2,使用塞尺检测垫圈与组装件间须有1~3 mm的轴向间隙。

(4)当车钩纵向中心与车体纵向中心重合时,以上锁销孔纵向中心与钩提杆头部纵向中心重合时为基准进行检测,装用圆孔形钩提杆座的上作用车钩提钩杆使用盒尺检测左、右横动量均为30~50 mm,不符时移动钩提杆座调整。

(5)装用钥匙孔形钩提杆座的钩提杆使用盒尺检测左右横动量为23~40 mm;下作用钩提杆使用盒尺检测扁平部位在钩提杆座处每侧长度不小于60 mm。使用塞尺检测钩提杆座与扁平部位间隙不大于3 mm。使用盒尺检测钩提杆弯曲部位与手制动轴托上、下部和水平距离均需大于20 mm。

607. 两辆车或三辆车一组的敞车连接时须符合哪些要求?

答:(1)两辆车一组的敞车,1位车1位端装用16型车钩,2位车2位端装用17型车钩,两辆车之间装用牵引杆,1位车2位端为牵引杆固定端。

(2)C80B、C80BH型敞车手制动机端装用17型车钩或牵引杆固定端,非手制动机端装用16型车钩或牵引杆旋转端,两辆车之间装用牵引杆。

(3)三辆车一组的敞车,1位车1位端装用16型车钩,3位车2位端装用17型车钩,1位车2位端装用牵引杆固定端,3位车1位端装用牵引杆旋转端。

608. 组装牵引杆时须符合哪些要求?

答:(1)将牵引杆分解组装机纵向中心线与端墙垂直,牵引杆

16 端中心对正转动套中心，前进牵引杆分解组装机，将牵引杆 16 端插入转动套。

（2）前进或后退牵引杆分解组装机，将牵引杆 16 端销孔与转动套、钩尾框销孔对正。

（3）使用钩尾销托具托住 16 型钩尾销平头端装入钩尾销孔。

（4）取出止动杆，将牵引杆分解组装机转动 180°。

（5）将钩尾销托三爪与钩尾框三槽对正，向上装入钩尾销托，转动钩尾销托使手柄对正钩尾框插槽，转动手柄与钩尾销托垂直，将手柄插入钩尾框插槽，将 ϕ6 mm × 70 mm 开口销从插销手柄的长管端孔中插入一半，转动插销手柄入钩尾销托槽，插入另一半开口销，使用手锤、尖机将开口销自根部双向劈开不小于 60°。

609. 组装钩尾框托板时须符合哪些要求？

答：（1）缓冲装置现车组装后，两侧分别插入 3 条 M22 螺栓。螺栓符合 GB/T 31.1、强度符合 GB/T 3098.1 规定的 10.9 级、精度等级符合 GB/T 9145 标准 6g 要求的新品螺栓，螺栓头部须有性能等级 G10.9、制造厂代号、制造年份标记。

（2）双手托平钩尾框托板，螺栓孔对正螺栓，将钩尾框托板套入螺栓与牵引梁翼板接触。

（3）分别组装 6 条新品 FS 型或 BY 型防松螺母及重型弹簧垫圈，手拧螺母 3 扣及以上。

（4）将钩缓装置螺母分解组装机推至钩尾框托板下方，对正须紧固螺母。

（5）调整钩缓装置螺母分解组装机方向开关至正转位置，将套头套入螺母，用扳手卡住螺栓头，开动操作开关，进行紧固螺母作业。

（6）依次紧固 6 条螺母。

（7）将扭矩扳手调整至 747 ~ 830 N·m，使用扭矩扳手校核；使用带力矩的设备紧固螺母时，先将力矩调整至 747 ~ 830 N·m，然后紧固。

(8)组装6个ϕ4 mm开口销,开口销自根部双向劈开,角度大于60°。

(9)组装螺栓紧固后,须使用扭矩扳手进行校核。

(10)拉铆结构使用专用机具进行铆接。

(11)须由下往上安装的钩尾框托板的螺栓,螺栓和螺母对称两点焊固。

610. 简述MT-2型缓冲器作用原理。

答:当缓冲器受到冲击时。中心楔块与楔块沿着固定斜板滑动,同时夹紧动板。当楔块移动到一定距离后与动板一起移动,这时动板、固定斜板和外固定板构成另一组摩擦机构,消耗吸收一部分动能,并共同推动弹簧座压缩内、外弹簧和角弹簧,将一部分冲击动能转变为弹簧的位能。当缓冲器卸载时,复原弹簧借助弹力使中心楔块复位,防止卡滞。

611. 简述转动车钩作用原理。

答:转动套安装在钩尾框内,可在钩尾框头部ϕ270 mm的内圆筒体内自由转动。转动套的前端由钩尾框的前唇挡住,将车钩尾部装入转动套中,用钩尾销将车钩与转动套连为一体,再将钩尾销托装入钩尾框的钩尾销托的安装槽中,使其托住钩尾销。用钩尾销托上的插销锁住钩尾销托,使其不能在尾销托槽中转动,再将开口销装入插销手柄的孔中将插销固定。将从板装在钩尾框内,使从板的凹入球面与车钩尾部的凸起球面相密贴。当货车不摘钩上翻车机翻转卸货时,由于转动套在钩尾框内可相对钩尾框做360°的转动,所以车钩可以保持不动,仅钩尾框随着车辆一起转动,完成不摘钩卸货作业。

612. 车钩检修主要包含哪些方面?

答:成套车钩缓冲装置分解、原始信息采集、车钩分解、钩腔清理、钩体检测、钩体焊修、钩体热处理、钩耳孔加工及镶套、钩尾销孔加工、车钩组装、车钩作用试验、涂打标记、成套车钩缓冲装置组装、组装信息采集、检验。

613. 钩尾框检修主要包含哪些方面?

答:钩尾框抛丸除锈、钩尾框探伤、钩尾框检测、钩尾框焊修、钩尾框热处理、销孔加工、钩尾框涂漆、涂打标记。

614. 钩舌检修主要包含哪些方面?

答:钩舌抛丸除锈、钩舌探伤、钩舌检测、钩舌焊修、钩舌热处理、钩舌加工、销孔加工及镶套、钩舌涂漆、涂打标记。

615. 缓冲器检修主要包含哪些方面?

答:缓冲器翻转检查、缓冲器检测、涂打标记。

616. 17 型缓冲装置检修主要包含哪些方面?

答:缓冲装置分解、原始信息采集、缓冲器检测、更换缩短销钉、涂打标记、缓冲装置组装、组装信息采集、检验。

第五部分　落成要求

617. 简述检测车钩高度作业流程。

答:使用车钩高度检测尺检测车钩高度。将测量尺放置轨面,底板与轨面贴靠,立起主尺立柱,使其与轨面垂直;移动测量尺,将可转测头两爪斜面夹在钩舌的上、下端,使可转测头两爪端面与钩舌端面相互平行,滑动尺框刻线所对应主尺上的示值为车钩中心高。检测完毕之后在钩舌正面标注检测数据。测量时,主尺立柱必须与轨面垂直。

618. 简述检测牵引梁至轨面高度作业流程。

答:使用牵引梁距轨面距离检测尺检测牵引梁距轨面距离,并将检测数据标注到冲击座上。将测量尺放置轨面,底板与轨面贴靠,立起主尺立柱,使其与轨面垂直;移动测量尺,将测头与牵引梁贴靠,滑动尺框刻线所对应主尺上的示值为牵引梁距轨面距离。

619. 调整车钩高度有哪些方法?

答:车钩中心线至轨面的垂直距离为(880 ± 10)mm,有特殊要求者除外。配属 $C_{80B(H)}$、$C_{80(H)}$型货车整车落成后的车钩高度须满足 880 ~ 890 mm。同一车辆两车钩中心线高度差不大于 10 mm。调整钩高时,可采用以下方法:

(1)翻转活动式车钩托梁。

(2)在冲击座与车钩托梁接触面两侧各安装 1 块 60 mm × 60 mm,厚度不大于 10 mm,中间有 ϕ24 mm 孔的钢垫板。

(3)在钩尾框托板与牵引梁下翼板间两侧各安装 1 块厚度不大于 10 mm 的垫板。

(4)调换车钩托梁、支撑座金属磨耗板或非金属磨耗板厚度(车钩托梁磨耗板厚度为3~8 mm,支撑座金属磨耗板厚度为4~16 mm,C_{80}型系列铁路货车车钩支撑座磨耗板厚度为6~14 mm;非金属磨耗板厚度为8~14 mm),或在钩尾框托板(采用金属结构钩尾框托板磨耗板时)上焊装1块厚度不大于8 mm的钢板。

(5)调整下心盘垫板厚度。

(6)装用螺栓紧固上心盘的车辆,可在上心盘处安装垫板,垫板总厚度不大于40 mm,钢质、竹质垫板混用时,钢垫板须放于竹质垫板上部。在满足旁承间隙的情况下,可在上旁承处安装适当厚度的钢垫板,且不超过3块,钢垫板超过1层时须钢板层间四周点焊固。

620. 简述整车落成后对于旁承间隙的要求。

答:装用JC系列旁承的铁路货车整车落成后,上、下旁承须接触,使用塞尺测量上旁承下平面与下旁承滚子(或支撑磨耗板)的间距,间隙数值须符合相应要求;装用转K4、转K5型转向架车辆,使用样板测量旁承体上部与旁承体下部间距为(9±1) mm。

621. 简述测算转向架下心盘垫板厚度的方法。

答:心盘垫板厚度≈原心盘垫板厚度+钩高差值+下车轮对与装车轮对轮径差值的半数-翻转活动式车钩托梁的调整值(一般原车车钩托梁凸台向下,落成翻转向上时取10 mm;原车车钩托梁凸台向上,落成翻转向下时取-10 mm;保持原车状态不变时为0)。计算的心盘垫板厚度超出心盘垫板的规定厚度时,须重新选配轮对。

622. 如何调整下旁承垫板?

答:调整下旁承垫板,数量0~3块,下旁承调整垫板厚度须符合规定要求。调整下旁承垫板时,须进行架车作业,严禁将头或身体其他部分伸入架车镐及车体之间,应做好呼唤应答,调整过程中须插设安全销,调整下旁承垫板时,须在下心盘中摆放垫木。

623. 如何调整上旁承垫板?

答:(1)测量转8B(转8AB)、转K2、转K4、转K5、转K6各型转向架下旁承磨耗板上平面与下心盘上平面的垂直距离C(不含心盘磨耗盘)的标准值须满足。

(2)检修货车装用JC、JC-1、JC-2、JC-3和BD型弹性旁承时,当下旁承调整垫板厚度达到30 mm不能满足要求时,测量旁承磨耗板上平面至下心盘上平面垂直距离C,与规定的C值的名义值之差,作为上旁承调整的依据。调整上旁承垫板,数量0~3块,上旁承调整垫板厚度须符合要求。上旁承调整垫板数量大于1块时,厚度较大的垫板在上部。

(3)装用弹性旁承的货车,其上旁承磨耗板下平面与下旁承滚子间隙E值、车体上心盘下平面到上旁承下平面垂直距离设计和落成尺寸D值应符合规定。

624. 简述车钩高度调整作业步骤。

答:(1)首先通过初始测量值,和即将装车的轮径值,计算转向架下心盘垫板厚度,通知转向架下心盘组装岗位。

(2)调整车钩托梁、垫板、磨耗板。

(3)如上述方法无法满足时,重新架车,根据现车钩高度与所需车钩高度的差值,重新调整下心盘垫板厚度或更换不同轮径的车轮。严禁采用调整旁承垫板的方式对车钩高度进行调整。

625. 车钩高度调整完毕后须进行哪些测量工作?

答:(1)车钩高度调整完毕后,使用卷尺复测60 t级铁路货车钩身上平面和冲击座间的距离应不小于10 mm;70 t级铁路货车钩身上平面和冲击座间的距离应不小于28 mm。

(2)检查上心盘完全落入下心盘内。

(3)车钩高度测量或调整完毕后,在《整车落成检查记录单》上填写车钩高度和上翘、下垂量。

626. 简述车钩中心高及两车钩中心高度差检测方法。

答:(1)将测量尺放置轨面,底板与轨面贴靠,立起主尺立柱,使其与轨面垂直。

(2)移动测量尺,将可转测头两爪斜面夹在钩舌的上、下端,使可转测头两爪端面与钩舌端面相互平行,滑动尺框刻线所对应主尺上的示值为车钩中心高。以钢轨面为基准(钩体和钩体托梁、钩尾框和钩尾框托板接触),测量车钩中心线距钢轨面的垂直距离。分别测量 1、2 位车钩中心高度,两实测值之差为两车钩中心高度差。

627. 简述铁路货车落车作业时的注意事项。

答:(1)落车作业前确认车上、车下无人方准作业。

(2)落车作业必须由三人同时作业并由专人指挥,落车全过程须做好呼唤应答,防止磕碰。

(3)落车时,架车机两侧操作人员必须同步作业,同时拔出防护插销,操作架车镐升降时严禁猛起猛落,保证匀速升降。

(4)已落好的车辆一端必须打好止轮器后,方进行另一端落车作业。

628. 落车作业前需检查确认哪些事项?

答:(1)落车确认转向架交检合格标记齐全,车体检修工作完成。

(2)下心盘内不得有杂物,磨耗盘须正位。

(3)确认转向架顺位编号与台位对应,转向架实行原车原装。

(4)确认落车作业车辆的车体上部、两侧及车下无他人作业。敞、棚车车门关闭,各型货车车体上无检修后遗留的配件、杂物等。

(5)同一辆车下旁承组成安装方向须为:同一摇枕相反,同一辆车同侧同向。

(6)中心销插入摇枕长度及露出长度均不小于 150 mm。

629. 简述整车落成作业详细过程。

答:(1)落车作业须由三人共同完成,一人负责指挥、其余两人负责落车。指挥员负责操作架落车风镐开关,并组织两名落车人员做好呼唤应答。1位侧落车人员确认车内、车底下无人员后,向指挥员报告"1位侧无人作业";2位侧落车人员进入车下蹲在转向架外侧手扶转向架安全处所,推入转向架使中心销与上心盘孔对正后,2位落车人员再次确认车顶、车内、车底下无人员后,向指挥员报告"2位侧无人作业"。

(2)指挥员收到1、2位侧无人作业的信息后,通知1、2位侧落车人员同时撤除风镐插销:1、2位侧落车人员撤除风镐插销后通知指挥员"1、2位侧风镐插销已撤出,可落车"。

(3)指挥员接到两名落车人员的落车通知后,缓慢关闭架车风镐控制开关至排风位,将车体平稳落下。

(4)下心盘落实后,架车镐操作人员将架车镐完全收回。

(5)落车作业人员确认车辆落稳后,在落车端转向架对角安置止轮器。

(6)按上述落成过程对另一端进行落车作业。

(7)落车作业过程中,推入转向架时作业人员头和手不得超过轮缘高度。架车镐操作人员严禁离开架车镐控制手柄。心盘销与上心盘孔错位时,需重新架车、推动转向架对位,严禁身体探入车体与转向架之间、手扶心盘销;严禁作业人员手扶摇枕弹簧与侧架结合部,头部禁止探入车体侧梁正下方或内侧。

630. 整车落成后的检查确认要点有哪些?

答:(1)整车落成后按架车作业要求对车辆进行二次架车,架车后使用下旁承上平面至滚子距离检测样板贴靠下旁承磨耗板上平面至滚子上部距离,判定旁承体是否被压缩超限,是否需要更换。

(2)测量下旁承状态良好后,在按落车要求进行落车作业,落车平稳后，落车人员负责检查摇枕弹簧、减振弹簧及轴箱弹簧、承载鞍正位，须落入弹簧定位脐及挡边内，不得卡滞。

(3) 检查上下心盘配合状态，确认上心盘、心盘磨耗盘正位、落实。

631. 简述涂漆作业中的注意事项。

答：(1)库外脱轨器插设完毕，车辆在修车台位上停稳后方可开始涂漆作业。

(2)使用的油漆、棉布等易燃物品归类定置，消除火灾隐患。

(3)登高作业时，必须使用专用登高小车，抓牢、站稳，登高小车止轮器固定良好，登高时不得站在登高车上，借助外力移动登高小车。

(4)影响刷漆质量的附着物必须清除干净，保证漆膜均匀，附着牢固，无流坠。

632. 简述补漆作业要点。

答：现车漆面起皮脱落或明显锈蚀的部位须重新补漆，车体及底架新截换、新挖补、新补强部分、新换零部件和加热调修的底架、车体钢结构及铆接零部件金属结合面组装前须涂防锈漆，外露部分须涂防锈漆及面漆。

(1)补漆部位处理：涂漆前须使用钢丝刷清除锈垢及周边脱层的漆膜。

(2)补漆作业：

①按铁路货车防锈漆种类和铁路货车面漆种类选择油漆，车体所涂面漆除另有规定者外，须按原车面漆颜色及漆种涂装，并与全车颜色一致。

②补漆须全部覆盖剥漆部位，涂抹均匀，应与周围漆色一致。

(3) 车体及底架涂装油漆形状应呈方形且四边与车体或底架四边基本平行。油漆干膜总厚度不小于 80 μm。

633. 简述落成检查作业注意事项。

答:(1)整车落成须在检修库内的平直线路上检测。

(2)登高作业必须带安全带;罐车检修下罐作业必须有专人在罐口防护,严禁单人下罐作业。

(3)钻车进出时注意头部、背部,防止撞伤。攀登车辆时须确认扶手、脚踏板正常,方可攀登。

(4)检查样板量具不过期。

(5)自2016年5月1日起,检修铁路货车不再装用技术履历簿装置,既有铁路货车技术履历簿装置可拆除,技术履历簿不再编制填写。

634. 整车落成后须检查、测量哪些部位?

答:(1)外观检查

①车辆标记涂打准确、清晰、齐全,车体两侧标记须一致,与标签信息一致。

②车内须清扫,门、窗、盖开关作用良好,卸料装置试验作用良好,各门、窗、盖、排油阀等均须关闭,搭扣须良好。

③确认车体、各梁及车体配件出现裂纹、腐蚀、变质、变形、松动、焊缝开焊等故障已按标准检修,故障已消除。

(2)检查测量

①在轨面水平摆放平尺,使用卷尺测量同一端梁上平面与轨面的垂直距离左、右相差不大于20 mm。无端梁上盖板的车辆,在两侧梁下平面处测量。

②在棚车车顶悬挂垂线测量铁路货车车体倾斜不大于30 mm。

③人力自然攀登1、4位脚蹬时,车体不得动摇,在脚蹬下侧轨面水平摆放平尺,使用卷尺测量脚蹬至轨面的垂直距离在400~500 mm范围内。

④罐车排油管盖、链放下后,在其正下轨面水平摆放平尺,使用卷尺测量其距轨面垂直距离不小于50 mm。

⑤在下作用车钩钩提杆手把下端面的轨面水平摆放平尺，使用卷尺测量其至钢轨上平面的距离须大于380 mm。

⑥70 t级货车须装用总长795 mm的编织制动软管总成，并装有软管吊链组成。60 t级货车须装用总长为715 mm的编织制动软管总成；不摘车翻卸的车辆（即装用16型车钩），须装用带外护簧的总长为980 mm的编织制动软管总成。编织制动软管总成与软管吊链组成连接后，软管连接器的最下端距轨面的距离不小于120 mm。

⑦敞车侧开门锁闭位置时，上门锁杆插入量不小于20 mm，上门锁手把与止挡铁搭接量不小于7 mm。

⑧既有装用转K2型转向架提速改造罐车人力制动机拉杆与车轴的最小距离不小于60 mm。

635. 简述整车落成车钩缓冲装置检查要点。

答：（1）除特殊设计者外，同一辆车的车钩、缓冲器型号均须一致，钩尾框型号须与车钩匹配，装用13B型锻钢钩尾框时须采用相同形式。除以下情况外，现车装用的缓冲器型号须符合原结构要求：ST型缓冲器可换装为MT-3型缓冲器，MT-2型缓冲器可换装为HM-1缓冲器；装用MT-3型缓冲器时须配套装用凹槽型冲击座。

（2）原设计装用C级钢、E级钢车钩的铁路货车仍须装用C级钢、E级钢车钩。取消辅修修程的60 t级铁路货车须装用C级钢或E级钢13系列车钩、钩舌，13B型锻钢钩尾框，ST或MT-3型缓冲器。

（3）13B型铸钢钩尾框改造或13B型锻钢钩尾框更换时，应装用三孔式13B型锻钢钩尾框。

（4）钩尾销托梁、安全托板、钩尾框托板安装螺栓须采用防松螺母并加装开口销，并须配套使用强度满足GB/T 3098.1规定的10.9级，精度等级符合GB/T 9145标准6g要求的螺栓，螺栓头部须有10.9级标记。装用BY-B型防松螺母时，须安装重型弹簧垫圈。

(5)车钩托梁采用M22螺栓者须安装背母和ϕ5 mm开口销,开口销须卷起。车钩弹性支撑装置分解检修后,组装止挡铁原为拉铆结构者可采用螺栓结构。

(6)从板或缓冲器与前、后从板座工作面,钩身与车钩托梁或支撑座,钩尾框与钩尾框托板须接触。使用塞尺测量钩尾端面与从板的间隙不大于8 mm,从板与牵引梁两内侧面间隙之和不大于22 mm。车钩两侧严禁碰撞冲击座内侧(缓冲器缩短销未断者除外)。

(7)对装13B型锻造尾框的成套车钩锻造尾框插托进行检查确认插托插入落槽。检查螺栓、螺母安装良好组装无松动,并且螺母经过半圆焊固。

(8)16型、17型车钩钩提杆复位弹簧靠近端梁非工作部位须对折钎焊。

(9)钩提杆座采用M16螺栓组装,并安装背母。提钩链上、下马蹄环组装圆销与垫圈要三等分点焊固。

636. 装用非金属尼龙磨耗板时须符合哪些要求?

答:(1)钩体上无金属磨耗板凹槽及金属磨耗板、有金属磨耗板凹槽并带有金属磨耗板的17型车钩,须配套装用16(17)型车钩支撑座和16(17)型车钩支撑座尼龙磨耗板。

(2)16型车钩可配套装用16(17)型车钩支撑座和16(17)型车钩支撑座尼龙磨耗板。

(3)配套装用车钩支撑座尼龙磨耗板时,已焊装金属磨耗板的车钩支撑座应进行改造,清除棱角和毛刺。

(4)钩体上无金属磨耗板凹槽及金属磨耗板、有金属磨耗板凹槽并带有金属磨耗板的13B型车钩,须配套装用13系列车钩托梁尼龙磨耗板。

(5)下部无金属磨耗板的13B型钩尾框须配套装用非金属钩尾框托板磨耗板,不再焊装金属磨耗板。已焊装金属磨耗板的钩尾框托板,金属磨耗板须切除并加焊挡块,切除时不得伤及钩尾框托板并修磨平整。

(6)原装用16(17)型车钩钩尾销托梁尼龙磨耗板者按原型式装用,钩尾销托梁上不再焊装金属磨耗板。

637. 整车落成后车钩缓冲装置须测量哪些内容?

答:(1)使用车钩综合检测样板测量钩肩与冲击座的距离。

①13号、13A型、13B型车钩装用MT-3缓冲器时,间距须符合 91^{+10}_{-5} mm。

②16型、17型车钩装用MT-2、HM-1、HM-2、HN-1型缓冲器时,间距须符合 95^{+10}_{-5} mm。

③装用ST型缓冲器时,间距须符合 76^{+10}_{-5} mm;不符端可换装凹槽型冲击座,车钩钩肩与冲击座间距须大于76 mm。

(2)16型车钩弹性支撑装置组装后,使用卷尺测量弹性支承托板上平面(不含磨耗板)至冲击座上口的距离不小于197 mm。

(3)使用车钩综合检测样板测量:

①70t级铁路货车钩身上部与冲击座(A部)间隙不小于28 mm。

②车钩支撑座与冲击座(B部)间隙不小于46 mm。

③其他型铁路货车16型、17型支撑弹簧座腔顶部至支撑托板下平面的距离不小于42 mm。

④车钩支撑座左右横向移动量不大于15 mm。

(4)13号、13A型、13B型车钩组装后,使用车钩综合检测样板测量,钩身上部与冲击座间隙不小于10 mm。

638. RFC型牵引杆组装须符合哪些要求?

答:(1)空车时牵引梁上平面(距冲击座20 mm处)距轨面水平面距离:$C_{80(H)}$、$C_{80B(H)}$型敞车为(1 053 ± 10)mm。

(2)安装RFC型牵引杆的相邻两牵引梁上平面距轨面水平面距离差不大于20 mm。

(3)对于不符合上述要求的铁路货车可调整下心盘与摇枕间的垫板厚度。

639. 简述整车落成时车钩组装要求。

答:车钩缓冲装置装车时,缓冲器要有不小于2 mm的压缩量,安装后要取出工艺垫。从板或缓冲器与前、后从板座各工作面要接触;使用车钩高度检测尺测量:13号、13A型、13B型、16型、17型车钩上翘量和13号、13A型、13B型车钩下垂量均不大于5 mm;16型、17型车钩下垂量不大于8 mm。16型、17型车钩上翘、下垂量超限时应换支撑弹簧或支撑座磨耗板调整。除特殊设计者外,使用车钩高度检测尺,测量车钩中心线至轨面的垂直距离为(880±10) mm;同一辆车两车钩中心高度差不大于10 mm。配属$C_{80B(H)}$、$C_{80(H)}$型货车整车落成后的车钩高度须满足880~890 mm。

640. 落成检查中车钩钩提杆及附属件有哪些检查要点?

答:(1)用钢直尺在冲击座上取中点,向右25 mm即为车体纵向中心,用手向右推动钩提杆至尽头,在左端钩提杆与钩提杆座外侧重合处用白色粉笔画上记号;用手向左推动钩提杆至尽头,在右端钩提杆与钩提杆座外侧重合处用白色粉笔画上记号。移动车钩体及钩提杆,使得车钩纵向中心线与车体纵向中心线重合,且上锁销孔纵向中心与钩提杆头部纵向中心重合时,分别测量钩提杆左、右两侧最大移动量。此时,钩提杆与左端钩提杆座外侧重合处和原左端钩提杆记号的距离即为钩提杆右移动量;钩提杆与右端钩提杆座外侧重合处和原右端钩提杆记号的距离即为钩提杆左移动量。上作用车钩装用圆孔型钩提杆座的钩提杆左右横动量为30~50 mm,上作用车钩装用钥匙孔型钩提杆座的钩提杆左右横动量为23~40 mm。

(2)使用卷尺测量,下作用车钩钩提杆扁平部位在钩提杆座处每侧长度不小于 60 mm。

(3)使用车钩松余量检测样板,测量上作用车钩提钩链松余量为 45 ~ 55 mm。

(4)使用卷尺测量:钩提杆弯曲部位与手制动轴托上、下部和水平距离均须大于 20 mm。

(5)闭锁位置时,钩提杆扁平部位须能自由落入钩提杆座的扁孔内,使用塞尺测量其间隙不大于 3 mm。

641. 整车落成后对于转向架有何要求?

答:(1)确认转向架为原车装用,未发生故障时不得互换,同一辆车装用转向架须为同一型号。

(2)如转向架存在故障须进行转向架更换时,须符合原设计型号。转 8G 型转向架可替换转 8AG 型转向架;转 8B 型转向架可替换转 8AB 型转向架。

(3)同一辆车不得装用异型轮轴。

(4)检查摇枕弹簧、减振弹簧及轴箱弹簧正位,须落入弹簧定位脐及挡边内,不得卡滞,承载鞍与侧架导框组装须正位,不得有间隙。

(5)装用双作用弹性旁承的铁路货车,同一辆车 4 个弹性旁承组成安装须同侧同向,同一转向架反向。

(6)转 8AG、转 8G 型、转 8AB、转 8B 型转向架斜楔的弹簧支承面不得高于摇枕的弹簧支承面。转 8A 型承载斜楔的弹簧支撑面须低于摇枕弹簧支撑面 1 ~ 6 mm。

(7)斜楔主摩擦面与侧架立柱磨耗板须接触,无垂直方向的贯通间隙,发现局部有间隙时,用 2 mm × 10 mm 的塞尺测量,深入不超过 50 mm。

(8)转 K2 型整体式斜楔主摩擦面磨耗限度高度标记为 19. 1 mm,空车状态下超出摇枕上平面时,须将斜楔、侧架立柱磨耗板和摇枕斜楔摩擦面磨耗板或分离式斜楔插板成套更换。

(9)使用钢板尺测量,转 K4、转 K5 型转向架斜锲上移量不大于4 mm,超限时须更换斜楔主摩擦板。

(10)使用卷尺测量转向架侧架上部与底架,确认其簧下配件与底架相对部位的垂直距离不小于45 mm。

(11)检查横跨梁垫板总厚度0~12 mm,不得超过2块,且应安装在尼龙磨耗板的下面。DZ1、DZ2 型横跨梁可在横跨梁触板与底板间加装材质为 Q235A 的调整垫板,DZ1、DZ2 型调整垫板规格为134 mm×120 mm、厚度为4~24 mm,数量为1~3块。使用塞尺测量横跨梁垫板与横跨梁托调整垫板的间隙不大于1 mm。

(12)使用塞尺测量横跨梁组装螺栓垂直移动量为3~5 mm,调整垫圈数量不超过3个。

(13)空车状态下,检查测重机构触头中心应位于以触板中心为圆心、半径20 mm的圆范围内,触头与横跨梁触板的间隙应符合要求。当达不到要求时,可在横跨梁触板上焊装材质为0Cr18Ni9(不锈钢)的触板,转8AB和转8B型横跨梁触板规格为150 mm×70 mm×(5~20) mm,数量不超过2块,两长边满焊;其他形式横跨梁触板规格为175 mm×95 mm×(5~20) mm,数量不超过2块,两长边满焊。

(14)使用卷尺测量横跨梁与转向架移动杠杆及上拉杆的距离不小于6 mm。

(15)使用卷尺测量横跨梁与车体枕梁下盖板的距离不小于60 mm,转8AG型、转8G型、转8AB型、转8B型转向架不小于68 mm。

642. 简述车钩三态试验作业过程。

答:(1)全开试验:在闭锁位时,持续稳定地转动钩提杆的手把(或搬动16型车钩下锁销杆),钩舌应达到全开位置。

(2)闭锁试验:在全开位时,持续稳定地推动钩舌鼻部,钩舌应转动到闭锁状态,同时钩锁落到闭锁位置。

(3)开锁试验:在闭锁位时,转动钩提杆的手把(或搬动16型车钩下锁销杆),使钩锁坐锁面抬高到钩舌尾部以上。在此过程中钩舌不应转动,钩舌仍处在闭锁位置;当回转钩提杆(或放开16型车钩下锁销杆)并落下钩锁时,钩锁应坐在钩舌推铁的锁座面上;此时用手扳动钩舌鼻部,钩舌应能转动到全开位置。

643. 整车落成后,检查上、下心盘须符合哪些要求?

答:(1)上心盘、心盘磨耗盘、下心盘须匹配,各型转向架下心盘、心盘磨耗盘与上心盘须符合规定。

(2)使用塞尺测量上、下心盘之间的螺栓与铆钉垂直相对距离不小于5 mm。

(3)未装用心盘磨耗盘的车辆,上心盘底座平面与下心盘立棱间距不小于3 mm,装用心盘磨耗盘的车辆,上心盘底座平面与下心盘立棱间距不小于7 mm。

(4)检查中心销须落入下心盘座孔内,上心盘、心盘磨耗盘须正位、落实。

644. 简述基础制动装置组装要求。

答:(1)基础制动不得存在别劲、抗托现象。

(2)检查车体基础制动装置的制动缸后杠杆与后杠杆支点座、闸调器与前制动杠杆、手制动拉杆与手制动链之间采用圆销、垫圈和开口销连接,组装后垫圈与圆销焊固。制动缸前杠杆与制动缸推杆、前杠杆(或附加杠杆)与手制动链、上拉杆与转向架游动杠杆之间采用圆销、垫圈和开口销连接,在圆销上组装的开口销须为新品,根部双向劈开,角度不小于60°,手制动滑轮仍采用原连接结构。其余原圆销连接的部位改为扁孔圆销和扁开口销连接。竖向或斜向安装的制动圆销、拉铆销须由上向下装入,横向安装的圆销、拉铆销须以车体纵向中心线为准,由里向外装入,无安装空间者及有特殊要求者除外,制动圆销横向安装时须装用垫圈。各种圆销与销孔间隙不大于3 mm。扁开口销在扁孔圆销上组装后，扁开口销销尾须卷起，并超过圆销杆圆周长度的3/4圈。组装后扁孔圆销的窜动量2～10 mm，不得与邻近的其他零部件、管系等发生干涉。特别是2007年以前生产的装用254×254制动缸的P_{70}、C_{70}型车，严格检查控制杠杆与前制动杠杆间的扁孔圆销与横梁下盖板的间隙，不得干涉。

(3)既有KM_{70}、KZ_{70}、K_{18AK}、K_{13NK}、K_{13}、K_{13T}、K_{13K}、K_{13A}(或K_{13N})、K_{18DK}、K_{18D}型漏斗车须检查前制动杠杆与转换拉杆间采用圆销、垫圈和开口销连接，组装后垫圈与圆销焊固。

(4)原车已采用拉铆销连接的防脱落结构时，段修时仍应采用原车连接结构。

645. 落成作业中手制动机检查有哪些?

答:检查手制动滑轮组装圆销与垫圈，手制动拉杆、拉杆链组装圆销与垫圈，手制动掣子锤组装圆销与垫圈，掣子组装圆销与垫圈，平车手制动轴折叠处组装圆销与垫圈，脚踏式制动机安装螺栓与螺母，NSW型和FSW型手制动机安装螺栓与螺母，脱轨自动制动装置作用杆与调整螺母及安装座的螺栓与螺母，手制动轴链眼环螺栓与螺母等均须圆周满焊(可重复用拉铆钉者除外)。圆销与垫圈焊固时，焊缝长度须大于圆销周长的1/2，垫圈与组装件间须有1～3 mm的轴向间隙。

646. 制动梁组装检查有哪些?

答:制动梁组装状态:检查同一车辆上装用的制动梁形式须一致，装用的闸瓦形式须一致并为新品，闸瓦插销上须安装闸瓦插销环。对底架与悬吊件焊接、螺栓连接等部位须全数检查;确认状态良好后在焊缝处或紧固件的连接处涂打检查确认标记。

647. 简述对于国铁敞车、棚车部分车型取消制动阀防盗罩的要求。

答:对国铁敞车、棚车部分车型取消制动阀防盗罩，作业人员作业前需核对检修车信息，确认是否进行取消防盗罩作业，具体核对内容如下：

（1）原防盗罩集成了缓解阀拉绳吊座功能的 C_{76}、C_{76H}、C_{80}、C_{80H} 型敞车，以及制动阀安装在车体外侧的带有浴盆的 C_{76A}、C_{76B}、C_{76C}、C_{80C}、C_{80CA} 敞车不取消制动阀防盗罩。

（2）其他敞车、棚车均取消制动阀防盗罩。

（3）钢板组焊式防盗罩取消作业，直接拆除防盗罩及与之连接的紧固件，并切除防盗罩安装座，切除时，防盗罩安装座与车体其他梁件、附属件焊缝处留 15～20 mm 余茬，不得伤及母材。

（4）整体冲压式防盗罩取消作业，直接拆除防盗罩箱体及与上盖连接的专用拉铆钉和套环，可保留防盗罩上盖板及 5 mm 厚垫板。防盗罩上盖板状态不良时须拆除，并将 5 mm 厚垫板更换为 8 mm 厚垫板。

648. 空气制动系统组装状态检查作业有哪些？

答：（1）检查各制动装置各塞门处于开通位。

（2）主管、支管穿过各梁处不得与底架各梁接触，使用塞尺测量其间距不小于 3 mm；超过时分解主管、支管调整。

（3）检查制动阀、安全阀、空重车调整阀须安装有防盗装置或具备自防盗功能。

（4）检查取消辅修铁路货车应装用 120 型空气制动机、密封式或半密封式制动缸。

（5）检查制动缸、副风缸、加速缓解风缸螺母与螺栓间须点焊固定。N_{17}、NX_{17}、NX_{17A}、NX_{17B}、NX_{70}、X_{6A}、X_{6C}、G_{60} 等系列车型受安装位置限制，与侧梁或中梁相邻一侧不能施焊的制动缸安装螺栓、螺母可不进行点焊。

（6）检查阀及缸类零部件安装须正位、牢固。缸与吊座间、制动管与吊座间原设计是木垫者须更换为尼龙垫或短纤维增强橡胶垫；原车装用尼龙垫者须使用尼龙垫，装用球芯折角塞门者，须在端梁外侧吊座与塞门之间安装尼龙垫。原车设计无垫者,可不加垫。储风缸采用圆钢U形吊和短纤维增强橡胶垫或尼龙垫安装的,须安装背母;采用螺栓安装的,须安装弹簧垫圈。

(7)空重车自动调整装置的传感阀与调整阀须同型号、规格配套组装,有特殊要求者除外。当装用KZW系列空重车自动调整装置时,传感阀防尘罩顶面与抑制盘下盘面距离应符合要求,超出时允许调整或更换防尘罩。

649. 简述脱轨自动制动装置检查作业要点。

答:脱轨自动制动装置应根据转向架型号类别组装。用脱轨自动制动装置拉环综合样板测量1~4位脱轨自动制动装置拉环与车轴上下、左右的距离,调整拉环、顶梁与车轴的位置尺寸须符合要求。2014年6月之后新造出厂的$GQ_{70(H)}$型轻油罐车、$GN_{70(H)}$型黏油罐车装用的脱轨自动制动装置,拉环与车轴垂向间隙ΔY_1由40_{-5}^{+3} mm加大为50_{-5}^{+3} mm,相应的拉环L值变为381 mm。

650. 简述人力制动装置检查作业要点。

答:(1)检查手制动机定滑轮、动滑轮组装时,圆销型号与原车一致。使用塞尺测量扁孔圆销的窜动量应符合2~10 mm。原采用螺栓或拉铆销组装且状态良好时,可保持原连接方式。手制动轴上、下端及手制动轴链羊眼螺栓的开口销及各扁开口销安装后须劈开卷起。

(2)人力制动机定滑轮圆销与垫片结构须为螺栓与螺母结构,螺栓由外向里(即车体纵向中心线方向)穿,螺母与螺栓须圆周满焊焊固。

(3)人力制动机拉杆及托与摇枕间、固定支点与牵引梁间须有间隙。对人力制动机进行作用试验。制动状态时,检查链式手制动机手制动轴链卷入量为0.5~2.5圈,脚踏式制动机链卷入量为0.5~2圈。装用FSW型或NSW型手制动机的车辆空车全缓解位时,使用卷尺测量前制动杠杆与手制动拉杆之间链条的松余量不小于 30 mm。制动机缓解时各闸瓦不得抱紧车轮。人力制动机拉杆及托与摇枕间、固定支点与牵引梁间须有间隙。

(4)敞车手制动机手轮在上端梁上方时,使用卷尺测量手轮下面至车体端部上平面的距离不小于 80 mm;手轮在上端梁下方时手轮上面至上端梁下平面的距离不小于 200 mm。手制动踏板上平面至手轮上面的距离为 950 ~ 1 050 mm。手轮原为 ϕ400 mm 时,不得更换为 ϕ300 mm 的手轮(原设计上述各尺寸小于者除外)。

(5)既有装用转 K2 型转向架提速改造罐车手制动附属件进行测量,测量手制动拉杆导架吊座底面与中梁上平面的定位尺寸在 290 ~ 300 mm 范围,原车装用手制动拉杆导架高度为 160 mm,不符时须进行调整更换。车辆落成时,测量手制动拉杆与车轴的最小距离 L 值(推动、向下按手制动拉杆,使其与车轴的距离最小)不小于 60 mm。小于时适当调整手制动拉杆导架吊座距中梁上平面的定位尺寸。检查手制动机登高作业时必须系好安全带,用登高车时登高车的止轮器要打好,安全防护链要挂好。

651. 车辆涂打标记有哪些注意事项?

答:(1)使用的油漆、棉布等易燃物品分类存放,消除火灾隐患。

(2)登高作业前检查登高车状态良好,将车轮锁紧装置锁死车轮,登高时抓牢、站稳,登高作业时不得站在登高车上,借助外力移动登高小车。

(3)影响刷漆质量的附着物必须清除干净,保证漆膜均匀,附着牢固。

(4)标记涂打清晰、位正,无雾化、流坠。

(5)现车标记涂打,标记均不得手写,必须使用字模涂打。

652. 涂打标记前如何检查、核对?

答:(1)检查底漆:涂打标记前,须检查底漆,待干燥后(以不沾手为准),方可涂打。

(2)核对标记:核对待涂打车辆,车种、车型、车号、载重、自重、容积、换长等共同标记与现车相符,铁路货车技术性能标记须符合现车性能、特点的要求。核对上次厂、段修定检,确认定检无误,计算下次到期定检时间。

653. 标记的字体和尺寸有何规定?

答:(1)汉字:铁道车辆标记中的汉字采用宋体字,并采用国家正式公布执行的简化字。字体的宽度约等于字体高度的2/3。字号以字体高度(mm)命名,例如字体高度40 mm的汉字的字号即为40号字。

(2)汉语拼音字:铁道车辆标记中的汉语拼音字母采用大写直体字母。字体的宽度约等于字体高度的2/3。汉语拼音字母的字号以字体高度(mm)命名,例如字体高度为30 mm的汉语拼音字母的字号即为30号字。

(3)阿拉伯数字:铁道车辆标记中的阿拉伯数字采用阿拉伯直体字。字体的宽度约等于字体高度的2/3。阿拉伯数字的字号以字体高度(mm)命名,例如字体高度为70 mm的阿拉伯数字即为70号字。

(4)计量单位符号:铁道车辆标记中的计量单位符号采用法定计量单位制单位符号,采用正体拉丁文字母。常用单位吨(t)和米(m)的字号和尺寸应符合规定。压力单位适用MPa,其中M、P字体高度为70 mm,a字体高度为50 mm。

654. 车辆须涂打哪些标记?有哪些要求?

答:(1)除定位标记外,车体两侧标记、车号须一致。

(2)路徽标记:国铁货车须涂打路徽标记。在车体两侧的侧墙上涂打2号路徽。2号路徽标记高度300 mm,线条宽度13 mm。

(3)自备车配属标记:企业自备铁路货车须在铁路货车两侧(墙)重新涂打企业自备铁路货车产权单位的名称及所在局简称标

记，涂打到站标记、指定使用区间的标记。配属铁路货车配属标记为150号字。

(4)路局管内专用车配属标记：专用车均须涂打单位名称、产权性质标记。国铁配属铁路货车须涂打配属单位名称标记。配属铁路货车配属标记为150号字。

(5)车号标记(车号包括货车的车种、车型和车号)：铁路货车应在车体两侧侧墙左端涂打大车号，在底架侧梁(或侧墙下缘)涂打小车号。对有活动墙板的平车，均在活动墙板上涂打大车号，在侧梁上涂打小车号；对无活动墙板的侧梁为非鱼腹梁的平车，仅在侧梁上涂打小车号。侧梁为鱼腹梁的平车，仅在侧梁中部涂打大车号。大车种、车号为200号字，大车种后的车型为120号字；小车种、车号为120号字，小车种后的车型为70号字。

(6)车辆性能标记。

(7)定位标记：货车应涂打定位标记，分别表示1位端及2位端。采用70号阿拉伯数字的"1"和"2"表示。定位标记涂打在车体1、4位端部下角。

(8)车钩中心线标记：沿车钩钩舌外侧及钩头两侧在钩身横截面高度1/2处用白色油漆涂打一水平直线，即为车钩中心线。车钩中心线宽度为5 mm。

(9)警示标记：已改造人力制动机装置铁路货车，在端墙上涂打"接触网下操作　注意安全"；KZ_{70}、KM_{70}、长大货物车等车型须按规定涂打"电气化区段禁止攀登"。字号为70号字。

(10)装用脚踏式人力制动机的货车须在端墙上(控制杠杆左右到位处)涂打"制动""缓解"标记，敞车须在人力制动机扶手处涂打"严禁遮盖"。字号为70号字。

(11)装用转动车钩的铁路货车，须在转动车钩端涂打"转动车钩端"，字号120号。

(12)除已有永久性标识牌的铁路货车外，装用JC-2型弹性旁承的JSQ5型车、装用JC-3型弹性旁承的X6K型车,在1、4位枕梁内侧、旁承上方枕梁上盖板下部100 mm处腹板上涂打铁路货车弹性旁承落成标记,字号50号。

(13)经提速改造铁路货车在车型辅助标记后部加注“K”标记。

(14)未经完善改造且装用转8G或转8AG型转向架路货车在车型辅助标记后部加注“E”标记。

(15)粘油罐车已拆去下部排油装置改为轻油罐车时,须在车型辅助标记后加“D”字标记,如G17DK,字型、字号、字体等与车型辅助标记相同。

(16)取消辅修的车辆,不涂打辅修标记栏及相关内容。在原辅修标记位置涂打“取消辅修”字样,字号为40,字间距为20 mm。

(17)押运间标记。

655. 铁路货车有哪些性能标记?具体要求是什么?

答:(1)载重:允许装载的货物的质量。以吨(t)为计量单位。如遇1992年及以后制造:G17K型货车载重标记按57 t涂打、G60K型货车载重标记按53 t涂打。GLBK、GLCK和GLK等型沥青罐车人孔保温盖涂打“严禁超装”标记,字号120号。

(2)自重:空车时,货车自身具备的质量称为货车自重。以吨(t)为计量单位,保留1位小数。G70AK押运间拆除后,车型保持不变,车辆自重在原标记基础上核减1.3 t,并在罐体上按照规定涂打环形色带。

(3)容积:货车内部可容纳货物的体积称为货车的容积。容积下面附括号,在括号内列出车体内长、车体内宽、车体内侧面高标记,以m为计量单位,保留1位小数,敞车、煤车在括号内仅涂打车体内长、车体内宽标记;棚车、冷藏车、通风车、家畜车等在括号内涂打车体内长、车体内宽、车体内侧面高标记;平车、砂石车、长大货物车不涂打容积标记,仅涂打车体内长、车体内宽标记;罐车、漏斗车等只涂打容积标记。罐车常压罐车按有效容积涂打，压力罐车按总容积涂打，以 m^3 为计量单位，保留 1 位小数。

（4）换长：货车长度（m）除以标准长度（11 m）所得值称为货车的换长。它是货车长度换算标记，保留 1 位小数。字号标准：载重、自重、容积、换长的汉字、数字标记字号为 70 号字；载重、自重等的单位（t、m）及小数点后数字字号为 50 号字。

656. 简述具有押运间的铁路货车标记涂打要求。

答：（1）罐车押运间须在内端墙适当高度涂打固定备品表。备品表规格为 500 mm × 360 mm，备品表标题字号 40 号、表内字号 30 号。

（2）设有押运间的其他铁路货车须在押运间内端墙适当高度涂打固定备品表，备品表内数量栏按设置涂打。

657. 铁路货车有哪些特殊标记？涂打时各有什么要求？

答：（1）“人”字标记：包括有车窗和车顶烟囱的棚车、P_{64K} 系列及 P_{65} 型棚车，涂打在车体两侧外墙性能标记下方。

（2）“环”字标记：具有栓马环或其他运马装置的货车应涂打“环”字标记。涂打在车体两侧外墙板性能标记下方。

（3）“关”字标记：平（集）车活动墙板及其他活动部分翻下超过车辆限界的，在端门中部涂打“关”字标记。

（4）“特”字标记：运输特殊货物的车辆应涂打“特”字标记。涂打在车体两侧外墙板性能标记下方。

（5）“超”字标记：货车某部分结构超出车辆限界时，应在该部分明显处涂打“超”字标记。

（6）“禁止上驼峰”标记：气体类危险货物罐车、小汽车运输车、长钢轨车组、运梁车、自翻车、底开门式车、长大货物车等禁止过驼峰的货车，应涂打“禁止上驼峰”标记。涂打在车体两侧外墙板性能标记下方。

（7）“卷”字标记：装用牵引钩的铁路货车，须在牵引钩上方涂打“卷”字标记。

(8)“吊装”标记:要在制动部位吊装作业时,应在其相应部位涂打“吊装”标记。

(9)“集中载重”标记:标明货车中部一定尺寸范围内允许承受装载重量的标记。载重大于(或等于)60 t的平车、长大货物车和需要在侧梁外侧横中心线处涂打车体中心标记(车辆定距中心点处)及“集中载重”标记。“集中载重”标记涂打在车底架侧梁中部。

(10)罐车货物品名标记:罐车应在罐体两侧1、4位端性能标记上方涂打装载货物的品名或种类,字号150号,并附加汉语拼音,拼音字号50号。

(11)罐车“进气压力”标记:粘油罐车(内加温套)须在罐体两侧1、4位端性能标记下方按原车标记涂打表示加温套允许进气压力标记,字样如“进气管道静压力不大于0.49 MPa”,字号70号。

(12)罐车“容量计表”标记:罐车应在容积标记下方涂打“容量计表”标记。“容量计表”标记表示铁路罐车容积表号的号码。除规定的淘汰型罐车和路用水槽车外,罐车还须在1位端涂打“容量计表”标记(罐体容积型号和容量计表号码),如为固定配属者,则须涂打罐车配属和车组号,字号200号。端板上“容量计表”标记字高为200号字。

658. 简述装载危险货物的铁路货车标记涂打要求。

答:(1)“危险”标记:装运酸、碱类及液化气体等罐车的运输危险品的车辆应在罐体(或车体)色带中部留一空白处,涂打红色“危险”字样。环带颜色红色表示易燃性,绿色表示氧化性,黄色表示毒性,黑色表示腐蚀性。

(2)装运危险货物的罐车罐体两侧纵向中部应涂刷一条宽300 mm表示货物主要特性的水平环形色带:红色表示易燃性,绿色表示氧化性,黄色表示毒性,黑色表示腐蚀性。其中,装运酸、碱类的罐体为全黄色,罐体两侧纵向中部应涂装一条宽300 mm黑色水平环形色带;装运煤焦油、焦油的罐体为全黑色,罐体两侧纵向中部应涂装一条宽300 mm红色水平环形色带。

(3)装运黄磷的罐车罐体为银灰色,罐体中部无环形色带。

(4)装运其他危险货物的罐车罐体本底色为银灰色,罐体两侧纵向中部涂装一条宽300 mm表示货物主要特性的水平环形色带:红色表示易燃性,绿色表示氧化性,黄色表示毒性,黑色表示腐蚀性。

(5)环带上层200 mm宽涂蓝色,下层100 mm宽涂红色或黄色分别表示易燃气体或毒性气体。环带300 mm为全蓝色时表示非易燃无毒气体。

(6)罐体两侧环形色带中部(有扶梯时在扶梯右侧)以分子、分母形式喷涂货物名称及其危险性,如苯。对遇水会剧烈反应,事故处理严禁用水的货物,还应在分母内涂装"禁水"二字,如硫酸。

(7)毒品车标记:毒品专用车应在车门左侧涂打毒品标志。毒品专用车还应在大车号标记下方涂打"毒品专用车"标记,字号120号。

(8)危险货物标志不清晰需重新涂打时,按以下要求处理:标志确定且无变化,根据《铁路危险货物运输管理规则》在原标志位置补涂相应危险货物标志。原标志与补涂的标志不一致或原标志不能明确时,补涂前须向铁路局危险货物运输、装卸、自备车等相关主管部门及车辆主管部门书面报告核备。补涂标志前后,原标志须拍照备查,保存不短于一个厂修期。

(9)装载危险货物的罐车未涂打色带的、危险货物标志不清晰的,须按要求补涂相应色带。

659. 简述铁路货车定检标记涂打要求。

答:(1)段修时须重新涂打厂、段修标记。货车的厂、段修标记横线上部为段修标记,下部为厂修标记。右侧是本次检修的年、月和检修单位简称，左侧为下次检修年、月。货车的厂、段修标记涂打在车体两侧墙左端下角。本次厂、段修单位、下次厂、段修日期字号为40号字，本次厂、段修日期字号为30号字。

（2）具备辅修的车辆，须涂打辅修标记。其右上格为本次检修单位简称，中间格为本次检修月、日，左上格为下次检修月、日。下面三格是留给下次检修时涂打的。检修月、日要求涂打在对称位置。辅修标记涂打在车体两侧墙左端下角。辅修标记字号为30号字。

660. 整车落成的基本工序主要包含哪些方面？

答：车钩组装、整车落成、调整车钩高度及旁承间隙、落成状态检测。

661. 整车落成时应及时采用哪些装备？

答：车钩三态作用自动试验装置、车钩高度自动检测装置等。

662. 整车落成时应及时采用哪些装备？

答：车钩三态作用自动试验装置、车钩高度自动检测装置等。

第六部分 制动装置

663. 基础制动装置检修时应配置哪些主要工艺装备?

答:制动梁检修传输线、自动检测装置,端头滑块机械除锈设备、端头滑块湿法探伤机、镶套机、支柱组装工装、闸瓦托压装机、闸瓦托铆接装置、拉力试验器,铆钉加热炉,组合式制动梁磨耗套铆钉机,制动拉杆、拉杆链及轴链拉力试验装置,拉铆机具等。

664. 空气制动系统检修须配置哪些主要工艺装备?

答:制动配件外部清洗设备,电(风)扳手及工作台,制动阀零部件及腔体清洗机、烘干机,滑阀、节制阀自动研磨机,滑阀座自动研磨机,制动阀微控试验台,空重车阀微控试验台,微控弹簧测力机,微控制动软管风水压试验装置,微控制动阀杆气密性试验装置,微控塞门漏泄试验装置,压缩空气净化干燥装置,制动缸活塞组成分解、清洗、组装装置,制动缸(含单元制动缸)、储风缸风、水压试验装置,微控单车试验器或集控单车试验装置等。

665. 段修时空气制动系统哪些须分解检修?

答:制动阀、传感阀、调整阀、缓解阀、安全阀、制动软管连接器、锥芯折角塞门、脱轨自动制动装置的拉环、转向架上的基础制动零部件等须从现车卸下后集中检修,集尘器下体须分解,制动装置其他零部件须进行检查、单车试验或性能试验,良好时可不分解。

666. 段修时制动梁检修时须符合哪些要求?

答:(1)制动梁的闸瓦插销环、闸瓦插销、闸瓦须全部分解,制动梁磨耗套及铆钉状态良好可不分解。闸瓦插销应集中检测。制动梁各零部件须检查,对有限度要求的零部件须逐件逐项检测。

(2)制动梁以下部位须按相关规定湿法探伤:L-B、L-B1、L-B3、BLB-1、BLB-2、TMX-840、TMX-915型制动梁闸瓦托滑块根部两侧各15 mm范围内,TMX-840、TMX-915型制动梁端部圆钢与角钢外露连接焊缝,转K3型制动梁端头、连接焊缝及制动梁吊。探伤部位表面清洁度须达到GB/T 8923.1规定的Sa2级,局部不低于Sa1级。

(3)闸瓦托出现裂纹时更换,磨耗超限时焊修或更换,TMX-840、TMX-915型闸瓦托磨耗超限时更换。

(4)滑块磨耗套裂损或磨耗部位剩余厚度小于4 mm时更换,丢失时补装,松动时更换或重新紧固。方形滑块磨耗套可更换为菱形滑块磨耗套。安装方形滑块磨耗套的制动梁优先装用转K5、转K6型转向架。同一组合式制动梁两端滑块磨耗套型式须一致。

(5)组装时,闸瓦须为新品,厂代号端须向上。

667. 段修时基础制动装置杠杆、拉杆、圆销、衬套检修时须符合哪些要求?

答:(1)制动杠杆、拉杆、圆销应集中检测、加修。各零部件须检查,对有限度要求的零部件须逐件逐项测量。制动圆销、衬套材质、型号须符合规定。

(2)不在转向架上的基础制动装置状态良好时可不分解。

(3)转向架固定杠杆与固定杠杆支点座间链蹄环、支点出现裂纹时更换;链蹄环杆腐蚀、径向磨耗大于3 mm时更换;链蹄环及支点圆销孔径向磨耗大于2 mm时更换。

(4)除另有规定者外,基础制动装置中杠杆、拉杆等件销孔转动和托架滑动部位须涂适量的89D制动缸脂。杠杆、拉杆等件销孔内部不涂漆。

668. 闸瓦间隙自动调整器检修时须符合哪些要求?

答:(1)入检修库前须对闸调器外观进行预检。可对闸调器动作进行预检,外观状态不良、制造或大修时间满6年、动作不良的须从现车卸下后送大修。不具备条件的单位,在架车前可分解闸调器上试验台进行性能试验。

(2)下列情况之一时,闸调器送大修:

①闸调器制造或大修时间满6年。

②外观破损或主要零部件丢失。

③作用不良。

(3)各附属配件检修须无松动、弯曲、变形、损坏,控制杠杆、控制杆、调整螺杆、连接杆等磨耗大于3 mm时卸下修理或更换,出现裂纹时更换。YST系列压缩式闸调器采用500 N·m扭矩扳手检查筒体与连接套间螺纹连接,松动时更换。托滚及套管磨耗严重、破损时更换。

(4)检修试验合格闸调器须涂打检修标记,ST系列拉伸式闸调器螺杆及拉杆外露部分不得有油漆等异物,须均匀涂抹适量的89D制动缸脂。YST系列压缩式闸调器水平中心线两侧,连接套和筒体连接部位应涂打100 mm×10 mm白色油漆直线防松标记。

669. 简述段修时制动管系检修要求。

答:(1)制动管系须进行外观检查、敲击、吹尘和单车漏泄试验,状态良好时可不分解。

(2)在主阀、紧急阀分解前,对主管和支管进行吹尘作业。关闭截断塞门和非单车端的折角塞门,应先使用质量不大于0.5 kg的软木锤对主管及连接法兰进行敲打,快速开闭非单车端折角塞门三次,进行主管吹尘作业;关闭非单车端折角塞门,卸下集尘器下体,使用软木锤对主管三通法兰到组合式集尘器间的支管进行敲打,敲打后开放截断塞门,对支管进行吹尘。

(3)单车漏泄试验时,应在涂防锈检漏剂之前使用软木锤对管系各连接部位进行敲震,各连接部位敲击次数不少于3次,充分暴露制动管系隐患。

670. 段修时制动管系连接部位有哪些检修要求?

答:制动管系连接部位漏泄时须分解检查。P_{70}型棚车制动管系2位端主管三通至脱轨阀三通间的DN15制动支管出现裂纹、开焊等故障需要更换时,装用的支管应符合Q/CAJ 125—2018技术要求,当支管供应无法满足改造需要时,装用的支管可采用焊接接头。

(1)法兰接头漏泄时应分解检查法兰,法兰体出现裂纹或弯曲变形超出相关规定时更换。

(2)螺纹接头漏泄时应分解检查螺纹接口,螺纹管螺纹部分腐蚀、磨损时更换。

(3)压紧式快装管接头的接头体、开口环及螺母变形、出现裂纹时更换。组装压紧式管接头时,组装扭矩值应符合规定。

(4)在处理2010~2012年制造的X_{70}型车降压气室接头体裂纹故障时,限压阀与降压气室间的DN10连接支管不是U形支管时应更换为U形支管。

671. 段修时脱轨自动制动装置检修时须符合哪些要求?

答:(1)脱轨自动制动阀型号须为TZD或TZD-1型,不符时换装。

(2)脱轨自动制动阀现车外观检查不良、单车试验漏泄的须卸下检修。制动阀杆端头与作用杆孔上、下间隙单边小于1 mm时,须对脱轨制动阀分解检修。

(3)制动阀杆漏泄时更换新品。

(4)调节杆与作用杆、拉环与限位筒间应采用连接销和不锈钢抽芯铆钉连接,在铆钉与限位筒之间加装垫圈(Q/CR 74—2014)。抽芯铆钉材质及规格须符合要求。

672. 段修时风缸检修时须符合哪些要求?

答:(1)各储风缸的螺堵须分解,清除内部积水及污物。

(2)缸体及吊座有裂纹时卸下检修,缸体壁厚腐蚀深度大于

2 mm 时更换。

(3)吊卡直径腐蚀大于 25% 或有裂纹时更换。

673. 段修时制动缸推杆复原装置检修时须符合哪些要求?

答:(1)人力制动机实施制动,拉出推杆长度大于 50 mm 时缓解,推杆能自动复位的可不分解;不能自动复位时拆除推杆与前制动杠杆的连接圆销,推杆能自动复位的可不分解。

(2)制动缸推杆复原装置发生故障时,拆除弹簧托、复原弹簧、弹簧挡圈等推杆复原装置相关零件。

(3)检修后须进行复位试验。人力制动机实施制动拉出推杆,活塞不能被带出。在制动缸内充入(360 ± 20)kPa 压力空气,使制动缸的活塞杆伸出。排尽制动缸内压力空气,缓解人力制动机活塞及推杆能回到原位。

674. NSW 型人力制动机检修有哪些要求?

答:(1)NSW 型人力制动机原采用拉铆钉组装的车辆仍须采用拉铆组装,拆卸采用短尾结构的拉铆部分时应采用专用工具切除套环,禁止使用火焰切割。拉铆后检查铆接质量,套环法兰面上产生明显塑性变形的凸点不得少于 1 个,套环规格为 LMDTF-T22G。

(2)人力制动机定滑轮、动滑轮组装时,圆销型号与原车一致。扁孔圆销的窜动量应为 2 ~ 10 mm。原采用螺栓或拉铆销组装且状态良好时,可保持原连接方式。

(3)人力制动机定滑轮圆销与垫片结构须为螺栓与螺母结构,螺栓由外向里穿,螺母与螺栓须圆周满焊焊固。原有螺栓、螺母状态良好者可不分解。

675. 人力制动拉杆防脱导框焊修时须符合哪些要求?

答:(1)焊缝开裂时须清除原焊缝,消除裂纹后重新焊接。

(2)横带材质为 Q450NQR1,导框座材质为 Q235-A,允许按 Q235-A 选择焊条、焊丝、焊剂等。

(3)新更换的导框座须在原位置焊接。重新组装的导框组成,人力制动拉杆处于制动位和缓解位时,拉杆与导框不得接触。

676. 对于空气制动零部件的防护须符合哪些要求?

答:(1)在检修、安装、储运过程中,禁止碰撞、敲击阀体;各通气孔、排气孔须保持畅通,不得有异物。

(2)各法兰安装面、管接头处、各型阀的通气孔、排气口在储存搬运时须用外包型或平罩型防护件等方法进行密封防护,同一面多孔的防护可采用整体式防护件进行防护,并存放于干燥、干净场所,装车前方可取下包装、防护物。

(3)新型控制阀防护罩上盖及箱体出现裂纹、破损但不影响使用时焊修,焊缝须打磨平整;变形且影响使用时调修;腐蚀严重时更换。防护罩安装后,上盖与箱体间隙不大于3 mm,箱体不得与制动管件、缓解阀拉杆接触。

(4)120型控制阀防护罩安装时,拉铆钉套环与防护罩箱体间应安装符合GB/T 96.2标准的宽边平垫圈,规格为12。整体式防盗罩遇安装空间限制时,可采用螺栓结构组装。

677. 基础制动装置检修的基本工序主要包含哪些方面?

答:制动梁检修,杠杆、拉杆检修、BAB型集成制动装置推杆检修,闸调器检修。其中制动梁检修主要工序包含:分解、制动梁检查、制动梁检测、磁粉探伤、制动梁修理、检修标记涂打、信息采集。

678. 空气制动装置检修的基本工序主要包含哪些方面?

答:制动管系及附属件检修,阀及塞门检修,制动软管连接器检修,集成制动制动缸连接软管检修,储风缸检修,制动缸检修。其中各阀检修主要工序包含:阀体外部清洗、阀体分解、内部零部件分解清洗、内部零部件干燥、各零部件检测、弹簧自动检测、滑阀及滑阀座磨修、节制阀磨修、内部零部件检查修理、内部零部件清洗及干燥、内部零部件组装、阀组装、性能试验、涂打标记、储存、信息采集。

679. 制动装置检修时应及时采用哪些装备?

答:闸调器微控试验台、闸瓦压力检测装置、制动软管连接器总成流水线、软管标记自动涂打装置、制动配件智能仓储装置等。

680. 微机控制单车实验器有几个作用位置?

答:有 8 个作用位置。

(1)急充风缓解位。

(2)减速充风缓解位。

(3)保压位。

(4)制动感度实验位。

(5)制动安定实验位。

(6)紧急制动位。

(7)120 型控制阀制动安定位。

(8)120 型控制阀紧急制动位。

681. 单车实验器上的连接软管规格和长度各有什么规定?

答:单车实验器安装软管两根,一根接风源,另一根接车辆的制动软管。接车辆制动软管的一根,规定长度为 1.5~2 m,内径为 ϕ25 mm。如果其容积过大或内径过小、过长,都会影响实验的准确性。

682. NSW 型手制动机组装后性能试验包括哪些内容?

答:组装后性能试验包括下列 3 项要求:

(1)制动实验:在调速手柄位于右侧时,顺时针方向转动手轮,须产生并保持制动力。

(2)缓解实验:快速逆时针方向转动手轮约 40°时须缓解。

(3)调力试验:功能手柄置于常用位置,顺时针转动手轮,当链条产生一定拉力时,给手轮施加顺时针方向扭矩的同时,将功能手柄拨向调力位置,此时,链条拉力可随手轮的旋转增大或减小.

683. 简述单车实验器机能试验作业步骤及过程。

答:(1)机能试验须由制动班工长、质检员共同参加,试验前先打开工位风源，排尽工位机风管内水渍及污物。确认风管内排出气体不带有任何水渍及污物后，方能开始后续作业。

(2)将单车试验器与15.5 L风缸连接。

(3)机能试验。

①点击进入单车试验器机能试验选项。

②选择连续试验选项，单车开始自动进行机能试验。

③试验完毕后，打开机能试验报表对各项信息进行核对，对不合格项返回上一级菜单进行单项机能试验。

④各项机能试验全部合格后，储存机能试验结果，用U盘导出打印机能试验结果。

(4)试验合格后打印试验记录，工班长及质检员签字确认试验合格。机能试验不合格时，通知设备维修人员及时处理。

684. 简述测重机构支架检修要求。

答:(1)取下测重机构抑制盘杆上的开口销，旋下触头，将抑制盘从支架孔内取出。制动配件须轻拿轻放，防止配件磕、碰伤。

(2)检查支架，出现裂纹、缺损时更换。

(3)用测重机构支架量规垂直插入支架内孔，检测支架内孔：(ϕ25 mm或ϕ36 mm)磨耗大于1 mm时更换。

685. 简述铁路货车抑制盘检修作业要点。

答:(1)抑制盘出现裂损时更换。

(2)用测重机构支架、抑制盘检测量规插入抑制盘柱面磨耗最深处，检测抑制盘柱面最小剩余厚度，ϕ25 mm或ϕ36 mm柱面磨耗大于1 mm时更换。

(3)检查弹簧座，用深度尺检测弹簧支承平面磨耗，大于1 mm时更换。

(4)抑制盘的圆柱轴不得涂漆。

(5)组装抑制盘时，非不锈钢触杆的抑制盘润滑脂腔内须注入适量GP-9润滑脂。

686. 简述铁路货车抑制盘检修作业中复位弹簧检测作业步骤。

答:(1)取下测重机构抑制盘杆上的开口销,旋下触头,将抑制盘从支架孔内取出。制动配件须轻拿轻放,防止配件磕、碰伤。

(2)检查复位弹簧。

(3)检查弹簧,出现裂纹、腐蚀严重时更换。

(4)自由状态下,用高度尺测量复位弹簧自由高为 168.6^{+5}_{-10} mm,超限时更换。

687. 简述储风缸检修作业要点。

答:(1)用扳手分解储风缸排水堵,清除风缸内杂质、积水。

(2)组装时螺堵丝扣部分须缠聚四氟乙烯胶带。

(3)检查缸体,缸体出现裂纹时用白油漆涂打"×"报废标识,并更换新品。

(4)缸体局部腐蚀时用塞尺、钢板尺配合检测,腐蚀深度大于 2 mm 时更换,检查储风缸,缸体出现裂纹或局部腐蚀深度大于 2 mm 时更换。

688. 简述储风缸吊架螺栓检修要求

答:(1)用检点锤敲击各风缸吊架螺栓,螺栓松动时紧固,丢失时补装。

(2)安装螺栓应由上向下装入(无安装空间者除外),长圆孔的吊座须装有平垫圈。

(3)采用圆钢 U 形吊和木垫安装的,须安装背母,采用螺栓安装的,须安装弹簧垫圈。

(4)采用托挂式吊座安装的风缸,安装螺栓端部须夹扁。

689. 简述储风缸吊座垫检修要点。

答:(1)各储风缸与吊座间的木垫、尼龙垫或短纤维增强橡胶垫缺损时更换。

(2)原设计为木垫者更换时须为尼龙卡垫或短纤维增强橡胶垫。

(3)原车装用尼龙卡垫者须使用尼龙卡垫。原车设计无垫者，检修时可不加垫。

690. 简述储风缸吊架检修要点。

答:(1)吊架变形时须调修,无法调修时更换。

(2)风缸座出现裂纹时涂打焊修标识。

(3)检查风缸防脱装置,风缸采用托挂式安装结构,确认安装螺栓端部是否夹扁处理,压扁长度为10~15 mm、厚度为8 mm。

691. 简述单车实验过程中的作业要点。

答:(1)发现管系连接处橡胶密封垫因温度过高出现融化、变形、变色或老化等迹象时,对全车制动部分橡胶件更换新品。

(2)主管过球试验后应对试验用球的完整性进行检查。

692. 简述铁路货车制动阀类安装座检修作业要点。

答:中间体主阀安装面须有防误装销钉,丢失时补装,各腔孔异物须清除。安装座出现裂纹或作用不良时更换,安装螺栓处螺纹滑扣时更换。

693. 简述检查中间体详细过程。

答:(1)中间体出现裂损时更换。安装座出现裂纹或作用不良时更换,安装螺栓处螺纹滑扣时更换。

(2)检查各腔孔内有无异物,异物须清除。

(3)安装座螺栓松动时紧固,丢失时补装。

(4)检查120/120-1型控制阀中间体防误装销钉,丢失时补装。

(5)检查120型控制阀中间体与吊座间安装螺栓须加装开口销,螺栓长度随120型控制阀垫板厚度调整;螺栓松动时紧固,紧固件损坏时更换,丢失时补装。

694. 简述分解制动软管作业过程。

答:(1)关闭作业端折角塞门。

(2)用管钳拆除软管。

(3)拆除软管后,在折角塞门体上安装防尘堵。

(4)在软管连接器端和螺纹接头端安装防尘堵。

(5)把软管放入待修品小车,送至软管加修区检修。必须严格执行防尘措施,防止异物进入。

695. 简述分解防盗装置作业要点。

答:(1)待气割作业者割除制动阀防盗罩组装螺栓后,用手锤敲除螺栓,取下防盗罩。

(2)检查防盗罩,出现变形破损时,送指定区域检修。

(3)防盗罩切割时,防止损坏本体。防护罩上涂打"主动润滑"字样,需核对定检日期,装车后第一个经单车试验合格可继续运用到第二个段修进行检修。

696. 简述分解120主阀作业过程。

答:(1)用扳手分解制动阀安装螺帽。

(2)取下制动阀,安装防尘堵后送指定区域。

(3)取下中间体安装座上的旧胶垫,回收破坏处理后放入废料箱。

(4)取出滤尘杯、滤尘网。

(5)在中间体安装座面上安装防尘堵。

(6)将120主阀、滤尘杯、滤尘网等配件送检。制动配件须轻拿轻放,防止配件磕、碰伤。旧品橡胶垫、尼龙密封垫须进行破坏处理。

697. 简述分解集尘器下体作业过程。

答:(1)用扳手拧下螺栓、螺母。

(2)取下集尘器下体及防尘伞,清理集尘器下体内腔及防尘伞油污、杂质。

(3)对旧胶垫回收后进行破坏处理。旧品橡胶垫须进行破坏处理。

698. 简述制动管系检查作业详情。

答:(1)检查主管、支管。

①清除主管、支管及连接部位等部位外表杂物。

②使用手电筒检查主管、支管、连接管、活接头、接头等部位外观状态,发现裂损时更换。

③检查发现腐蚀时用塞尺和钢板尺配合测量管壁腐蚀深度,管壁腐蚀深度大于1 mm更换。

④使用塞尺检查主管、支管与各梁间隙,主管、支管穿过各梁处与底架各梁不接触,间距不小于3 mm 。

(2)检查法兰体,法兰体出现裂纹或弯曲变形大于0.5时更换。

(3)检查折角塞门。折角塞门损坏、作用失效时,须更换为不锈钢球芯折角塞门。更换为球芯折角塞门时,端梁孔直径为ϕ80 mm,并将孔边磨光、磨圆。制动管系须进行外观检查、敲击、吹尘和单车漏泄试验,状态良好时可不分解。在处理2010~2012年制造的X_{70}型车降压气室接头体出现裂纹故障时,限压阀与降压气室间的DN10连接支管不是U形支管时应更换为U形支管。P_{70}型棚车制动管系2位端主管三通至脱轨阀三通间的DN15制动支管出现裂纹、开焊等故障需要更换时,装用的支管应符合Q/CAJ 125—2018技术要求,当支管供应无法满足改造需要时,装用的支管可采用焊接接头。

699. 简述制动管系组装前检查作业过程。

答:(1)组装前检查。新制管系材质须为不锈钢或磷化管,不得使用镀锌钢管,确认油漆涂装良好,拆除制动管系的防护件、包装物等,确保无异物后方可组装。

(2)制动管系组装时,连接螺栓的螺帽、螺母、法兰间防松垫片、法兰用密封圈和压紧式管接头用密封圈须更换新品,法兰用密封圈须更换为E形密封圈。管件内部和各法兰连接面不得涂漆。

E 形密封圈储存日期不得超过 6 个月。

(3)各制动管组装前须用压缩空气吹扫干净,不得在现车上采用火焰加热对管路进行调修。

(4)发现制动装置的主支管与集尘器连接的支管处无管吊座或原管吊座丢失时,须在距集尘器(截断塞门)300 mm 范围内加装符合要求吊座,管吊座材质为 Q235A,吊座变形时调修或更换。

(5)更换管吊卡时,应更换为与管件面接触的管吊卡;管吊组成应为加长螺纹防盗制动管吊组成,须符合要求,基本结构加长螺纹制动管吊组装松动时紧固,并点焊固或将螺纹铲堆 3 扣以上。

(6)制动管系组装前,所有固定装置和管卡、管夹均须处于松弛状态。

700. 简述组装密封圈作业要点。

答:(1)组装密封圈时,须保持安装面清洁,保证组装位置正确,不得错位组装、强力组装。

(2)E 形密封圈应落入法兰体与接头体间的环槽中,不得倾斜、扭曲、咬边。法兰与相邻件连接时须先将两者轴向中心对齐,后沿轴线方向平移,两者接触。

(3)组装过程中应避免损坏 E 形密封圈唇边,损坏的密封圈不得装车使用。

701. 简述组装法兰螺栓要点。

答:(1)接触后安装法兰螺栓、防松片、弹垫、螺母,用扭矩扳手交替紧固同一法兰或管吊卡上的两个螺栓。法兰螺栓紧固力矩值为螺栓规格为 M10 的紧固力矩是(28 ± 3) N·m,螺栓规格为 M12 的紧固力矩是(45 ± 5) N·m 螺栓规格为 M16 的紧固力矩是(45 ± 5) N·m。

(2)用扭矩扳手时须预定扭力定值,紧固时应均匀施力,不得急速加力,至扭矩扳手发出“咔嗒”声或感到扳手有卸力感。

702. 简述组装管吊作业要点。

答:(1)管系法兰紧固后,在管吊座与制动管间装入管垫,安装管吊卡、弹垫、螺母,用扳手均匀紧固。

(2)当管吊座与制动管间隙大于或小于管垫厚度5 mm时不得强力组装、不得火焰矫正制动管。制动管就位后,不得借助撬杠等工具强力安装各固定装置和管卡。

(3)管吊座为长圆孔时,固定件应有平垫圈。

703. 简述压紧式管接头的组装作业要点?

答:(1)管件端部不得有尖角和毛刺,管件与接头接合部位外表面不得存在划伤、凹陷、油污、锈蚀等影响密封性的缺陷,管件、接头的密封部位不得涂漆。

(2)工作者须采用扭矩扳手紧固压紧式管接头,扭矩扳手须与管接头轴线垂直操作,均匀施力。

(3)压紧式快装管接头的接头体、开口环及螺母变形、出现裂纹时更换。压紧式管接头紧固力矩值螺栓规格为DN10者紧固力矩90 N·m,螺栓规格为DN15者紧固力矩115 N·m螺栓规格为DN20者紧固力矩155 N·m螺栓规格为DN25者紧固力矩200 N·m,螺栓规格为DN32者紧固力矩270 N·m。

704. 简述铁路货车制动管系组装后检查要点。

答:(1)主管端辅助管长度为250~400 mm。

(2)制动主管两端突出端梁的位置须符合下列要求:

①装用13型系列车钩的货车:制动主管中心与钩身中心线的左右水平距离为365^{+25}_{-35} mm;折角塞门中心线与主管垂直中心夹角为30°,与车钩水平中心线的垂直距离为(50±20)mm;与钩舌内侧面连接线距离为353^{+25}_{-45} mm。

②装用16型或17型车钩的货车:采用球芯折角塞门的车辆,折角塞门手把中心与钩舌内侧面的连接线距离为367^{+20}_{-45} mm,当冲击面距端梁外侧面为83 mm时,其纵向中心距车体纵向中心的水

平距离为(365 ±20)mm,较长车辆其值为(390 ±20)mm;采用球芯直端塞门的车辆,塞门手把中心与钩舌内侧面的连接线距离为 606^{+20}_{-45} mm,其纵向中心距车体纵向中心的水平距离为(457 ±20)mm;折角或直端塞门的纵向中心与车钩水平中心线的垂直距离为(15 ±20)mm。

705. 简述管吊座检查作业过程。

答:(1)管吊座变形时调修,焊缝开裂时涂打焊修标识。

(2)管吊座裂损时更换。

(3)用卷尺测量两吊卡间制动主管长度大于2 400 mm,支管长度大于1 800 mm,或U形管悬臂长度大于500 mm时须加装管吊卡。

(4)检查集尘器、三通及两管相连的法兰接头处管吊卡,无管卡吊座时须加装。集尘器处加装管吊卡时,管吊长度可根据现车确定,管吊与中、侧梁搭接时搭接量为80 ~90 mm,吊座与中梁焊缝起弧点和收弧点应距中、侧梁边缘20 mm以上,其他部分须涂打焊修标识"H"满焊。NX_{70A}型平车空重车调整装置限压阀至28 L风缸间DN10制动支管须加装制动管卡,在中梁腹板上焊装L形支管吊座,改造须符合要求。

(5)70 t级货车制动管使用U形螺栓式管吊卡固定时,除折角塞门处的U形管吊卡外,其余管吊卡与管子接触部位均应为宽度不小于螺栓直径的平面。折角塞门吊须使用自锁螺母,塞门吊须安装在塞门体定位凹槽位置。

(6)对装用球芯折角塞门的罐车,自2006年6月20日起,在原车端梁外加装折角塞门吊板,气割工作者使用氧—乙炔切除原端梁内侧的制动主管吊板及制动主管吊组装。切除原吊板时不得伤及端梁母体,并在根部留有1 ~2 mm的茬口。加装前须确认吊板卡子技术状态及几何尺寸良好无误后,再装车使用,熔接工焊接时,焊缝不得有夹渣及砂眼等焊接缺陷。折角塞门吊板卡子安装好后涂打焊修标识，将螺栓与螺母点固。

(7)更换管吊卡时,应更换为与管件面接触的管吊卡;管吊组成应为加长螺纹防盗制动管吊组成;折角塞门吊卡及各U形管卡端部可采用夹扁、点焊或将螺纹铲堆3扣以上等防脱措施。当螺栓安装孔为长圆孔时,须在长圆孔侧装用平垫圈。

706. 简述杠杆检查作业要点。

答:(1)各杠杆出现裂纹时更换。

(2)销孔衬套破损、松动、窜出时更换。

(3)使用塞尺检查圆销与销孔间隙,不大于3 mm,状态不良时须更换。

(4)制动缸杠杆支点螺栓、弹簧垫圈或背母松动时紧固,丢失时补装。

(5)使用制动杠杆孔距校对尺检查杠杆孔距尺寸须符合货车低摩制动改造和装用转8B(转8AB)型转向架货车换装K2型转向架改造相关要求,不符合时须更换。

707. 简述制动拉杆检查作业要点。

答:(1)各拉杆出现裂纹时更换,变形调修。

(2)用样板检测各拉杆,腐蚀、磨耗深度不大于15%。

(3)使用样板检测拉杆销孔或衬套,磨耗不大于2 mm。

708. 简述制动杠杆检修作业要点。

答:(1)杠杆出现裂纹、腐蚀或磨耗超限、销孔衬套破损、松动、窜出或销孔间隙大于3 mm时,须更换。

(2)组装制动缸杠杆支点螺栓时,须安装弹簧垫圈或背母。

(3)各部圆销的扁开口销(包括开口销)缺损、丢失、出现裂损,须更换有材质标记的新品圆销及扁开口销。

(4)孔距尺寸不符合的杠杆须更换合格品。

709. 简述拉杆及附属件检修作业要点。

答:(1)制动拉杆弯曲时调直。出现裂纹、折断、腐蚀或磨耗深度大于15%时,须更换合格品。新焊装的上拉杆头的搭接量不小于50 mm,新焊装的下拉杆头的搭接量不小于85 mm。必须进行拉力试验,保压1 min,不得出现裂纹。

(2)制动拉杆销孔磨耗大于2 mm时,须更换合格品。

(3)安全吊、托滚吊的吊板出现裂纹或厚度不足2 mm,须更换合格品。

(4)制动吊架与底架焊缝开裂时,须清除原焊波后涂打焊修标记,通知电焊工作者重新焊固。重点检查各吊架与底架焊缝焊接状态。

(5)托滚及套管磨耗大于3 mm或破损时更换。

710. 简述现车基础制动杠杆、拉杆组装作业步骤。

答:(1)更换或分解重新组装的前、后制动杠杆在装车前,前、后制动杠杆均须在短端(前制动杠杆在制动缸推杆圆销孔与闸调器圆销孔间;后制动杠杆在支点座与闸调器圆销孔间)用漏模涂打车型及前、后字样(字号30号)。组装人员应核对型号及长短端位置,防止型号、长短端错装。

(2)除另有规定者外,基础制动装置中杠杆、拉杆等件销孔转动和托架滑动部位须涂适量的89D制动缸脂。杠杆、拉杆等件销孔内部不涂漆。

(3)竖向或斜向安装的制动圆销、拉铆销须由上向下装入,横向安装的圆销、拉铆销以车体纵向中心线为准,由里向外装入,无安装空间者及有特殊要求者除外。制动圆销横向安装时应装用垫圈。各种圆销与销孔间隙不大于3 mm。

(4)基础制动装置组装圆销须加装开口销。扁开口销须符合要求,材质Q235A,组装时扁开口销须卷起,并超过圆销杆圆周长度的3/4圈。扁孔圆销长度允许在上下一个规格范围内调整,组装后扁孔圆销的窜动量须为2～10 mm,不得与其他部件、管系发生干涉。

(5)开口销须为新品,根部须双向劈开,使用样板检测开口销劈开角度须大于 60°。

(6)原车杠杆采用拉铆销连接的防脱落结构的,仍应采用原车连接结构。

711. 简述闸调器检查作业要点。

答:(1)闸调器铭牌丢失或损坏无法判断时更换闸调器。

(2)使用钢丝刷清扫闸调器铭牌或筒体标记,制造或大修时间满 6 年更换闸调器。

(3)闸调器筒体、拉杆、护管、螺杆等变形或破损时更换闸调器。

712. 简述组装闸调器前检查要点。

答:(1)确认闸调器型号正确,在质量保证期内,控制杆、挡铁等配件齐全,外观良好无变形、裂损。各附属配件检修须无松动、弯曲、变形、损坏,控制杠杆、控制杆、调整螺杆、连接杆等磨耗大于 3 mm 时卸下修理或更换,出现裂纹时更换。

(2)检修试验合格闸调器须涂打检修标记,闸调器螺杆及拉杆外露部分不得有油漆等异物,须均匀涂抹适量的 89D 制动缸脂。

(3)闸调器安装前,须调整工作杆长度,ST2-250 型长度为 200 ~ 240 mm。

713. 简述分解 ST2-250 型闸调器作业步骤。

答:(1)待割除前制动杠杆与闸调器连接圆销后,用手锤、开销器依次分解前制动杠杆与上拉杆圆销、控制杠杆与闸调器控制杆圆销、后制动杠杆与闸调器圆销的扁开口销。

(2)依次分解前制动杠杆与上拉杆圆销、控制杠杆与闸调器控制杆圆销、后制动杠杆与闸调器圆销。

(3)取下闸调器,放在指定位置。

(4)闸调器分解时,防止磕碰。

714. 简述安装 ST2-250 型闸调器步骤。

答:(1)在闸调器拉杆头销孔与前制动杠杆中部圆销孔装入圆销,依次安装垫圈和开口销。

(2)在闸调器后拉杆头销孔与后制动杠杆中部圆销孔安装扁孔圆销及扁开口销。

(3)用扳手拧松防脱螺钉,在闸调器控制杆销孔与控制杠杆中部圆销孔安装扁孔圆销及扁开口销。

(4)将控制杠杆端部销孔、前制动杠杆端部销孔与上拉杆销孔对中,安装扁孔圆销及扁开口销。

715. 简述防脱装置拉环分解过程。

答:(1)用夹钳拆除拉环与限位筒连接处圆销上的抽芯铆钉,拆除铆钉时应避免损伤限位筒及顶梁等配件。

(2)使用撬棍尖部轻轻敲击圆销,取出圆销。

(3)取下拉环后放在指定位置。拉环分解过程中要防止拉环落地、挤压、抛掷等造成拉环变形的情况发生。

716. 简述安装 NSW 人力制动机步骤。

答:组装前,须检查确认人力制动机为合格品。

(1)NSW 型人力制动机原采用拉铆钉组装的车辆须采用拉铆或螺栓组装,拆卸采用短尾结构的拉铆部分时应采用专用工具切除套环,禁止使用火焰切割。拉铆后检查铆接质量,套环法兰面上产生明显塑性变形的凸点不得少于 1 个,套环规格为 LMDTF-T22G。

(2)人力制动机定滑轮、动滑轮组装时,圆销型号与原车一致。扁孔圆销的窜动量应为 2 ~ 10 mm。原采用螺栓或拉铆销组装且状态良好时,可保持原连接方式。

(3)人力制动机定滑轮圆销与垫片结构须为螺栓与螺母结构,螺栓由外向里穿,螺母与螺栓须圆周满焊焊固。原有螺栓、螺母状态良好者可不分解。

(4)安装人力制动机前使用安全绳将人力制动机与车体端部扶手或其他部位固定。

(5)组装螺栓,将人力制动机安装孔与安装座孔对中,由里向外穿入安装螺栓,配套安装弹垫和螺母,均匀紧固。原采用拉铆钉组装的车辆仍采用拉铆组装,拆卸拉铆部分时采用拉铆机切除套环,禁止使用火焰切割。

(6)手制动机手轮铆接作业:将手轮放置到主动轴上→将套环旋入至主动轴拉铆旋槽部分→使用短尾拉铆钉专用铆接器铆接。铆接完成后对铆接质量进行检查:目测套环法兰面上的3个凸点,至少应有1个凸点产生明显的塑性变形。

(7)安装制动链。

717. 简述顶梁检修作业要点。

答:(1)使用钢丝刷清除顶梁锈垢。

(2)检查顶梁,各部出现裂损、变形时报废。

(3)顶梁腐蚀深度大于1.5 mm时报废。

(4)用卡尺检测脱轨装置顶梁体剩余厚度,小于1.5 mm时更换。

(5)调节杆螺纹腐蚀深度大于1 mm时报废。

(6)检查调节杆圆销安装槽,不得变形、无裂损。

(7)检查限位筒以及圆销孔,损伤时报废。

(8)调节杆螺纹部分不得有油漆。

(9)经检修不良应报废的顶梁,在顶梁上划写“×”标识,集中放置在废料箱中,经鉴定后统一处理。

718. 简述脱轨自动制动阀检查作业要点。

答:(1)检查脱轨制动阀。脱轨自动制动阀型号须为TZD或TZD-1型,不符时换装。

(2)脱轨制动阀体出现裂纹时更换。

(3)脱轨制动阀调节杆变形时调修或更换,出现裂损时更换。

调节杆调修后须认真检查有无裂纹。

(4)脱轨制动阀杆漏泄、破损时更换,球阀漏泄时修理或更换。

(5)用塞尺检查脱轨制动阀杆端头与作用杆孔上、下间隙单边小于 1 mm 时,须对脱轨制动阀分解检修。

(6)脱轨制动阀调节杆与作用杆螺纹损坏无法调整时更换。

(7)脱轨制动阀安装螺栓松动时紧固,丢失时补装。

719. 简述脱轨装置拉环检修要求。

答:(1)脱轨装置拉环变形、出现裂损时更换。脱轨装置拉环腐蚀严重时,用针规检测拉环腐蚀深度大于 1.5 mm 时更换;

(2)用卷尺测量拉环销孔与底部钢管内侧高度,Ⅰ型拉环销孔距底部钢管内侧高度 341 mm,Ⅱ型拉环销孔距底部钢管内侧高度 366 mm,Ⅲ型拉环销孔距底部钢管内侧高度 331 mm,尺寸不符时更换。

(3) Ⅰ型拉环表面涂黑色油漆,Ⅱ型拉环表面涂黄色油漆,Ⅲ型拉环表面涂红色油漆。

拉环型号须与油漆颜色相一致。

720. 简述组装制动软管作业步骤。

答:(1)取下防尘堵。

(2)用聚四氟乙烯胶带沿软管接头螺纹方向缠绕,不得超过管件端部。

(3)将软管接头旋入折角塞门,用管钳均匀紧固,紧固后连接器的连接平面与轨道垂直,旋入量至少不少于 4 扣。

(4)取下连接器防尘堵,检查密封垫圈安装是否正位。密封垫圈必须使用新品。

721. 制动软管组装前检查工作有哪些?

答:(1)软管使用寿命不超过 6 年。

(2)软管检修标记须齐全,字迹清晰。

(3)软管须安装防尘堵,无防尘堵时更换。

(4)确认软管型号是否与现车匹配,不匹配须更换。60 t级铁路货车须装用长度为715 mm的制动软管连接器;70 t级铁路货车和C_{80E}须装用长度为795 mm的制动软管连接器及软管吊链组成;JSQ_6、JSQ_7型车须装用长度为870 mm的制动软管连接器;C_{80}、C_{80B}、C_{76}、C_{63A}等不摘钩翻卸作业的敞车须装用带外护簧的980 mm制动软管连接器和球芯直端塞门。

722. 简述防脱拉环安装作业要点。

答:(1)使用样板检测车轴上边缘与顶梁下平面的距离ΔY_2。向上或向下旋转顶梁,调节车轴上边缘与顶梁下平面的距离ΔY_2至规定值,插入扁销,将拉环两端插入顶梁限位孔中,插入圆销。

(2)用样板检测车轴下边缘至拉环的距离ΔY_1及车轴左右边缘与拉环的距离ΔX,距离须符合规定值。

(3)用样板检测车轴上边缘与顶梁下平面的距离ΔY_2、车轴下边缘至拉环的距离ΔY_1及车轴左右边缘与拉环的距离ΔX均符合规定后,用抽芯铆钉铆接扁销、圆销,扁销、圆销、抽芯铆钉规格符合规定。铆接后须仔细检查扁销、圆销是否铆接到位。

723. 简述制动阀组装前检查作业要点。

答:(1)制动阀检修标记齐全、清晰。制动阀须安装排风部。除采用内嵌式排风部结构者外,补充时须安装迷宫式排风部,并加装止动垫片。

(2)确认制动阀型号是否与现车匹配。356 mm制动缸须与配356 mm制动缸的120型控制阀配套使用,254 mm制动缸和305 mm制动缸须与配254 mm制动缸的120/120-1型控制阀配套使用,不匹配须更换。

(3)制动阀安装面须安装防尘堵,无防尘堵时更换制动阀。

(4)空气制动阀、空重车阀检修完成后,储存期超过三个月不足六个月的,须经试验台试验合格后装车使用;储存期超过六个月的,须分解。并经试验合格后重新涂打检修标记。

(5)安装垫须更换新品,储存期不超过6个月;滤尘网、滤尘杯无缺损。

(6)检查120/120-1阀中间体主阀安装面须装有防误装销钉,丢失时补装。装用集成转换缩堵者须将防误装销钉拆除。

(7)组装前须快速开闭截断塞门三次,对支管、中间体进行吹尘。

724. 如何安装120主阀?

答:(1)安装滤尘网、滤尘杯。

(2)安装橡胶垫,橡胶垫的气密线须朝外与安装座相反。

(3)安装制动阀,防误装销钉须对应入槽。

(4)安装组装螺栓时螺栓须对角紧固,用力均匀。制动配件须轻拿轻放,防止配件磕、碰伤,局部结构改进120/120-1阀整体可与既有120/120-1阀互换使用,与既有中间体组装时,须将中间体安装面防误装销钉拆除。拆除时,使用拔销钳或拔销器进行(防误装销钉不易拆除时,可使用扁铲进行剔除)。

725. 如何组装空重阀?

答:(1)安装传感阀

①取下防尘堵,在传感阀座孔内安装胶垫。

②安装螺栓,依次装入弹垫、螺母,用扳手均匀紧固螺母。

(2)安装调整阀。

①安装橡胶垫,橡胶垫的气密线朝外与安装座相反。

②安装调整阀。

③安装防盗卡后,再安装螺母,使用扳手均匀紧固。调整阀须组装防盗装置;调整阀防盗装置组装时应使用原结构配件,止动垫圈须更换新品,组装螺母与垫片须点焊固。

(3)制动配件须轻拿轻放,防止配件磕、碰伤。

726. 简述半密封式制动缸检修作业过程。

答:(1)用钢丝刷清除制动缸前盖上的杂物。

(2)拆卸制动缸前盖。

(3)取出制动缸推杆后检查,弯曲时调修,发现裂纹时更换。

(4)在活塞杆前端插入安全销(活塞杆前端若未插安全销,前盖弹出易造成人身伤害)。

(5)用扳手分解前盖组装螺栓、螺母。

(6)取出制动缸活塞组成,放在检修小车上。取出活塞组成时不得损伤缸体内壁。

(7)用棉布擦净制动缸内壁油脂。

727. 简述半密封式制动缸活塞组成检修作业要点。

答:(1)活塞杆弯曲、裂损、腐蚀严重时更换,铆钉松动、折损时更换铆钉。

(2)活塞出现裂纹、缺损、漏泄时更换。

(3)压板出现裂纹、变形时更换。

(4)整体压形活塞变形时更换,局部腐蚀时用深度尺检测,深度大于2 mm时焊修磨平或更换。

(5)自由状态下,用缓解弹簧自由高测量尺测量缓解弹簧的高度,自由高小于规定或缓解弹簧折断时更换。适用于356 mm制动缸的钢丝直径为ϕ10 mm缓解弹簧更换时,须更换符合规定的钢丝直径为ϕ12 mm缓解弹簧。

(6)L形皮碗、活塞膜片和前衬垫等橡胶件,活塞润滑套、前盖滤尘套和滤尘器中的毛毡须更换新品。

728. 简述制动缸缸体检修作业要点。

答:(1)缸体内壁偏磨、划伤时修理或更换。用内径千分尺检测缸体内径,铸造缸体内径磨耗大于3 mm时更换。

(2)铸造缸体出现裂纹、砂眼、缺损、漏泄时更换,漏泄沟堵塞须清除油垢。漏泄沟内油垢须清除,漏泄沟不得堵塞。

729. 简述组装半密封式制动缸作业要点。

答:(1)组装缸体。

(2)普通制动缸更换时须为旋压密封式制动缸。

(3)旋压密封式制动缸组装前,缸体和缸座外表面、前盖内外表面须涂防锈底漆,干膜厚度不小于 30 μm。

(4)组装活塞前,制动缸体内壁、活塞、皮碗须涂抹 89D 制动缸脂。活塞装入缸体后,缸体内壁须补涂 89D 制动缸脂。

(5)将制动缸活塞组成装入制动缸体内,制动缸前盖滤尘器孔须向下,与制动缸体相连接,安装螺栓、螺母,并用扳手均匀紧固各螺栓。

(6)前盖螺栓对角全数紧固后,取下安全销。

(7)组装制动缸推杆。将制动缸推杆装入活塞筒内,在前制动杠杆与制动缸推杆销孔内安装圆销,并配套装用垫圈与开口销,开口销须为新品,根部须双向劈开,使用样板检测开口销劈开角度须大于 60°。

730. 集尘器性能试验如何进行?

答:(1)将集尘器安装在试验台上。

(2)将塞门置于关闭位,进气端与试验台风源连接,通以压力为 600 kPa 的压缩空气。

(3)将集尘器塞门置于开放位,通风后将手把开闭三次后置于开放位,用防锈检漏剂检查各结合部及器体,不得漏泄。

(4)关闭塞门,用防锈检漏剂检查各结合部及器体和通风口,不得漏泄。

(5)试验结束后,打印记录,检查各项试验数据,确认合格后,保存试验数据备查。

(6)试验合格后,排风,将集尘器取下,在集尘器外表明细部位划写合格标识“○”。

(7)试验不合格的集尘器返修至检修岗位。

(8)检修试验合格的集尘器放置在存放架上。

731. 简述组合式集尘器检修作业步骤。

答:(1)分解:

①将组合式集尘器固定在台钳上,分解截断塞门螺栓。

②取下塞门盖,使用撬棍取出球芯。

③分解集尘器组装螺栓,取下集尘盒,分解集尘伞。

(2)清洗配件:

①清洗各配件,零件表面不得有目视可见的污垢、灰砂、水分、纤维物和其他污物。

②集尘盒擦拭后使用风枪吹扫。

③集尘器内部及零件工作面手感不得存在颗粒。

④用棉白细布擦拭各零件及摩擦面、滑动工作面,不得有浮灰、浮砂、浮锈及污迹。

(3)配件检查。

(4)组装:

①组合式集尘器组装。

②O 形橡胶密封圈、尼龙密封垫、密封座、球芯及各配合表面涂以适量 GP-9 硅脂或 7057 硅脂。

③组装球芯、密封垫,安装塞门盖,均衡紧固螺栓。

④塞门开闭作用须灵活,扭矩不大于 15 N·m。

(5)集尘器组装:

安装密封圈,组装时胶垫(更换新品)须正位,密封线向上;组装集尘伞,集尘伞位置正确,组装螺栓,上、下口对正后均匀拧紧螺栓。

732. 如何进行主、支管吹尘?

答:(1)主管及连接法兰敲打检查完毕后,工作者须站在非单车端软管侧面,一手抓稳制动软管连接器,确认安全后,另一手快速开闭此端折角塞门三次,对主管进行吹尘。完毕后,关闭非单车端折角塞门。卸下集尘器下体,使用软木锤对主管三通法兰到组合式集尘器间的支管进行敲打，敲打后开放截断塞门，对支管进行吹尘。

（2）再次充风至定压 500 kPa 后，用钢丝刷清理制动主支管法兰连接处及管系焊接处油污，使用防锈检漏剂对制动主支管法兰连接处及管系焊接处进行漏泄检查。发现裂纹、漏泄时须分解检修。

（3）检查完毕后开放截断塞门，对制动支管进行吹尘。

（4）敲打吹尘完毕后，关闭单车试验器端折角塞门，排尽余风，摘掉单车试验器。主管吹尘前必须先确认安全，防止人身伤害。

733. 单车试验前准备有哪些？

答：（1）确认车辆状态，脱轨自动制动装置的球阀处于开放位，车辆上装设的其他风动装置开放，处于工作状态。

（2）确认风源。

①检查风源，使用干净白棉布包裹风源出风口，排风后白棉布干净无水分。

②确认单车试验器总风源压力不低于 600 kPa，单车试验器压力为 500 kPa。

（3）连接压力传感器，卸掉制动缸堵，连接制动缸压力传感器。

734. 简述过球试验过程及要点。

答：（1）开放车辆制动主管两端折角塞门，关闭截断塞门。

（2）将实心尼龙球网状回收器安装于远离单车试验器一端的编织制动软管总成连接器上。

（3）将实心尼龙球放在车辆另一端的连接器中，然后将单车试验器与之连挂。

（4）单车试验器置一位充风，实心尼龙球须通过制动主管进入网状回收器。如试验用球无法通过制动主管进入另一端回收网，则需逐步分解主管，检查排除故障。

（5）试验完毕后，将网状回收器和实心尼龙球取下后安装软管堵。对试验用球的完整性进行检查,确认无破损,确保制动管系内无遗留物。试验用球破损时应找到遗留物,并重新进行过球试验。

735. 简述制动管漏泄试验步骤。

答:(1)单车试验器与车辆一端软管连接,关闭该端折角塞门,单车试验器置1位,制动管充至定压后,移置3位保压1 min,不得漏泄。

(2)将另一端软管加软管堵,开放两端折角塞门、关闭截断塞门后,进行急充风。制动管充至定压后,保压不少于1 min,保压过程中使用软木锤(橡胶锤)对主管连接部位(如法兰、活结、管箍等)进行敲击,并周向涂抹防锈检漏剂检查无漏泄。

(3)关闭另一端折角塞门,卸下软管堵,充风至定压后保压不少于1 min。保压1 min以上,制动管漏泄量不大于5 kPa。

736. 简述全车漏泄试验步骤。

答:(1)开放截断塞门,待副风缸充至定压后,用防锈检漏剂检查制动各支管、副风缸管系接头及制动阀安装面不得产生漏泄。

(2)漏泄试验质量标准:

①充至定压后,保压1 min,漏泄量不大于5 kPa。C80(H)、C80B(H)型车漏泄量为0。

②管系连接发生漏泄,分解该处连接,重新检修。

737. 简述感度试验步骤。

答:制动感度试验:试验器置1位充气,待副风缸充至定压后,试验器移置4位。当制动管减压40 kPa时试验器移置3位,制动机须在制动管减压40 kPa以前发生制动作用,其局部减压量:120/120-1型不大于40 kPa。局部减压作用终止后,保压1 min,制动机不得发生自然缓解。制动机在制动管减压40 kPa以前发生制动作用,其局部减压量:120/120-1型不大于40 kPa。

738. 简述缓解感度试验步骤。

答:(1)120/120-1型制动机:制动管长度小于16 m时,试验器移置 2 位充气,制动缸须在 25S 内开始缓解,制动缸压力在 45 s 内缓解至 30 kPa 以下,60 s 内缓解完毕。

(2)120/120-1 型制动机制动管长度为 16 ~ 24 m 时,在制动感度试验后,试验器置 4 位,使制动管继续减压 30 kPa,然后置 3 位,待压力稳定后,试验器置 2 位充气,制动缸压力在 45 s 内缓解至 30 kPa 以下。制动机缓解时,试验人员须对制动机的缓解作用进行盯控,确认 60 s 内缓解完毕。

739. 简述制动安定试验步骤。

答:(1)试验器置 1 位充气,副风缸充至定压后,置 3 位保压,开启专用安定试验位,制动管减压 200 kPa 前,制动机不得发生紧急制动作用。关闭专用安定试验位,保压 1 min,制动缸漏泄量不大于 5 kPa。

(2)测量活塞行程。保压时检测制动缸活塞行程,须符合规定。

(3)制动保压时检查确认闸瓦贴靠车轮(使用小撬棍,检查每个台车闸瓦密贴车轮状态)。

(4)使用钢板尺测量制动缸前、后杠杆与杠杆托的游动间隙。制动缸前、后杠杆与杠杆托的游动间隙不小于 50 mm。

740. 简述 120/120-1 型制动机试验步骤。

答:试验器置 1 位充气,副风缸充至定压后,置 3 位保压,开启专用紧急试验位,制动管减压 100 kPa 前,制动机须发生紧急制动作用。紧急制动试验时,观察制动机制动作用,动作无卡滞。

741. 简述半自动缓解阀试验步骤。

答:(1)主阀缓解试验:试验器置 1 位,副风缸充至定压后,试验器置 4 位减压 50 kPa,然后置 3 位保压,拉缓解阀手柄至全开位 3 ~ 5 s 后松开,待制动缸压缩空气自动排完后,试验器置 5 位,再减压约 50 kPa,制动机须发生制动作用,然后试验器置 1 位。

(2)制动缸缓解试验:副风缸充至定压后,试验器置 3 位,开启专用紧急试验位，施行紧急制动，制动管压缩空气排尽后，拉缓解阀手柄至全开位3～5 s后松开，制动缸压力应能下降到零。

742. 简述闸调器性能试验步骤。

答：（1）闸瓦间隙减小试验：试验器置1位，待制动机缓解完毕后，将垫板放入任一闸瓦与车轮之间，副风缸充至定压后，单车试验器置5位减压140 kPa，制动缸活塞行程须变短。反复制动、缓解三次后，制动缸活塞行程与初始行程（即未安装垫板时的行程）之差须不大于10 mm。

（2）闸瓦间隙增大试验：制动机缓解后，撤去闸瓦与车轮之间的垫板，制动后制动缸活塞行程须变长。反复制动、缓解三次后，制动缸活塞行程与初始行程（即未安装垫板时的行程）之差不大于10 mm。观察闸调器在试验时动作是否良好。

743. 简述KZW系列空重车自动调整装置性能试验步骤。

答：（1）空车位试验：试验器置1位充气，副风缸充至定压后，置5位减压160 kPa，置3位保压，制动缸压力应符合规定。压力稳定后，保压1 min，制动缸压力下降不大于5 kPa。此时空重车位显示牌不应翻起，置1位缓解，制动缸压力须降至零。

（2）半重车位试验：将抑制盘上移，在触头与触板之间插入半重车位试验垫板，试验器置1位充气，待副风缸充至定压后，置5位减压160 kPa，置3位保压。压力稳定后，保压1 min，制动缸压力下降不大于5 kPa。置1位缓解，制动缸压力须降至零。

（3）重车位试验：将抑制盘上移，在触头与触板间插入重车位试验垫板。试验器置1位充气，待副风缸充至定压后，置5位减压160 kPa，置3位保压。此时空重车位显示牌应翻起。压力稳定后，保压1 min，制动缸压力下降不大于5 kPa；置1位缓解，制动缸压力须降至零，显示牌落下。

（4）KZW系列空重车自动调整装置性能试验要求，试验时作业者应近距离观察空重车显示牌翻起、落下状态应符合空重车试验要求。制动机出闸后使用检漏剂对制动缸及后部支管进行检漏。

744. 转向架HMIS信息采集的基本工序主要包含哪些方面?

答:转向架检修工艺线应包括转向架收入、转向架翻转检查、转向架分解检查、转向架正位检测、转向架修理、摇枕侧架检修、交叉支撑装置检修、转向架组装、转向架落成检查、转向架性能试验、转向架检查验收、转向架支出等工位。

745. 现车HMIS信息采集的基本工序主要包含哪些方面?

答:现车检修工艺线应包括铁路货车预检、修车计划、车体钢结构机械调修、底体架检修、车体检修、现车空气制动装置检修、现车基础制动装置检修、现车人力制动机装置检修、单车试验、车钩缓冲装置装卸、车辆标记的涂打、整车落成检查、整车落成检查验收等工位。承修罐车检修的单位还包括罐车洗刷、罐车风水压试验、呼吸式安全阀检修试验、下卸阀检修试验等工位。

746. 车钩缓冲装置HMIS信息采集的基本工序主要包含哪些方面?

答:车钩缓冲装置检修工艺线应包括车钩缓冲装置收入、钩体检修、钩舌检修、钩尾框检修、缓冲器检修、车钩组装及三态试验、车钩缓冲装置组装、车钩缓冲装置检查验收、车钩缓冲装置支出等工位。

747. 制动梁HMIS信息采集的基本工序主要包含哪些方面?

答:制动梁检修工艺线应包括制动梁收入检查、制动梁探伤、制动梁分解检修、制动梁拉力试验、制动梁组装、制动梁检查验收、制动梁支出等工位。

748. 制动阀HMIS信息采集的基本工序主要包含哪些方面?

答:制动阀检修工艺线应包括制动阀收入、制动阀分解清洗、制动阀检测、制动阀修理、制动阀组装、制动阀试验、制动阀检查验收、制动阀支出等工位。制动阀辅助工艺线应包括空重车调整阀分解检修试验、空重车传感阀分解检修试验、制动编织软管总成检查试验、折角塞门分解检修试验、安全阀分解检修试验、缓解阀分解检修试验、脱轨自动制动阀检修试验等工位。

749. 轮轴HMIS信息采集的基本工序主要包含哪些方面?

答:轮轴检修工艺线应包括轮轴收入、轴承退卸、磁粉探伤、超声波探伤、踏面旋修、检查验收、轮轴竣工、轮轴支出等工位。

750. 在检修过程中铆接件表面质量应符合哪些要求?

答:(1)铆接件与铆接件接触面应去除毛刺、锈垢、氧化皮及其他污物;钢质铆接件的接触面应涂防锈底漆。

(2)铆接件为型钢、板材或铆接面为经过加工的锻件、铸件时,铆接面的平面度公差为0.5 mm;铆接面为不加工的锻件或铸件时,铆接面的平面度公差为1 mm。

(3)铆接件与铆接件的间隙应符合规定。

751. 在检修过程中铆接技术有哪些通用要求?

答:(1)铆接前需要螺栓预紧时,螺栓的数量不应少于铆钉孔数的25%,并应均布。

(2)对可焊性的一般钢质铆接件,特殊情况可将铆接件夹紧后用定位焊固定。定位焊应满足下列要求:

①每段焊缝长度不应大于30 mm。

②焊接部位应便于检修,不便于检修部位的定位焊应在铆接完成后铲除。

(3)当铆接面为斜面时,可通过增加垫板来保证两铆接面平行。

(4)铆钉铆接后,铆接质量检验及超限处理应符合规定。

752. 在检修过程中普通铆钉铆接应符合哪些要求?

答:(1)铆接厚度不应超过铆钉直径的5倍。

(2)铆接后,铆钉头与铆接件应接触严密。

(3)钢质普通铆钉热铆时,铆钉加热温度为800~1 100 ℃,铆接过程温度不应低于 500 ℃,铆钉装入铆钉孔时,应去除氧化皮。过烧的以及有裂纹、气孔的铆钉不应使用。

(4)采用液压铆接设备冷铆接时,钢质普通铆钉直径不应大于 12 mm;采用其他铆接设备冷铆接时,钢质普通铆钉直径不应大于 10 mm。

(5)铝质普通铆钉、铜质普通铆钉应冷铆接。

753. 简述在检修过程中铆接件与铆接件间贴合是否紧密的检验方法。

答:(1)重要结构件的接触面间在铆钉中心各向 50 mm 范围内用 0.5 mm 厚度的塞尺测量,不应触及铆钉杆;其余部分用 1 mm 厚度塞尺测量,插入深度不应超过 20 mm;

(2)非重要结构件铆接后,其接触面间用 0.7 mm 厚度塞尺测量,不应触及铆钉杆。

754. 简述在检修过程中铆钉头和铆接件贴合是否紧密的检验方法。

答:在铆钉头周围(新造时为 1/3 范围内、修理时为 1/2 范围内)分别用 0.1 mm、0.3 mm、1 mm 厚度的塞尺检验,不应触及铆钉杆。

755. 简述在检修过程中铆钉头、套环和铆接件贴合是否紧密的检验方法。

答:在铆钉头、套环周长范围内的间隙用 0.5 mm 厚度塞尺测量, 目测外观,不触及铆钉杆。

756. 滚动轴承轴箱及其附件表面清洗后须符合哪些质量要求?

答:目视、手感、白布或白色擦拭纸定性检查符合有关要求,杂质重量定量检查符合有关标准。

757. 制动梁的清理部位及清理方法须符合哪些要求?

答:机械或手工除锈。L-B、L-B1、L-B3、BLB-1、BLB-2、TMX-840、TMX-915 型制动梁闸瓦托滑块根部两侧各 15 mm 范围内,

TMX-840、TMX-915型制动梁端部圆钢与角钢外露连接焊缝，转K3型制动梁端头、连接焊缝及制动梁吊。

758. 侧承梁的清理部位及清理方法须符合哪些要求?

答:手工除锈。侧承梁腹板与上下盖板焊缝;侧承梁上的等分撑杆及座、拉压杆及座处焊缝。

759. 导向梁的清理部位及清理方法须符合哪些要求?

答:手工除锈。导向梁端部腹板与上下盖板焊缝;导向梁上的等分撑杆及座、拉压杆及座处焊缝;导向销座与底架的焊缝。

760. 钳形梁的清理部位及清理方法须符合哪些要求?

答:手工除锈。对钳形梁耳孔周围100 mm范围内，钳形梁下盖板弯角处、车耳与钳形梁连接焊缝。

761. 构架的清理部位及清理方法须符合哪些要求?

答:手工除锈。心盘梁与侧梁、心盘梁与横梁、横梁与侧梁间连接焊缝。

762. 轴箱的清理部位及清理方法须符合哪些要求?

答:抛丸除锈。轴箱两侧平面、斜筋端面、顶面及均衡梁销孔。

763. 下均衡梁的清理部位及清理方法须符合哪些要求?

答:手工除锈。外部焊缝、吊销孔周围20 mm范围及铸造外表面。

764. 钩舌的探伤部位及探伤方法须符合哪些要求?

答:荧光湿法连续法磁粉探伤。钩舌内侧面及上、下弯角处，钩舌上、下牵引台根部圆角部位。

765. 13号、13A型、13B型钩尾框的探伤部位及探伤方法须符合哪些要求?

答:复合磁化连续法湿法磁粉探伤。后端上、下弯角50 mm范围内及钩尾框两内侧面。

766. 16型、17型钩尾框的探伤部位及探伤方法须符合哪些要求?

答:复合磁化连续法湿法磁粉探伤。前/后端、上/下内弯角

50 mm 范围内及钩尾框两内侧面。

767. 交叉杆的探伤部位及探伤方法须符合哪些要求?

答:磁粉探伤。交叉杆连接焊缝(不含转 8B、转 8AB、转 8AG、转 8G 型中间盖板上的塞焊缝)、杆体压型处、转 K1、转 E21、转 E22 型杆头与杆体过渡部位。

768. 制动梁的探伤部位及探伤方法须符合哪些要求?

答:湿法磁粉探伤。L-B、L-B1、L-B3、BLB-1、BLB-2、TMX-840、TMX-915 型制动梁闸瓦托滑块根部两侧各 15 mm 范围内,TMX-840、TMX-915 型制动梁端部圆钢与角钢外露连接焊缝,转 K3 型制动梁端头、连接焊缝及制动梁吊。

769. 导向梁的探伤部位及探伤方法须符合哪些要求?

答:湿法磁粉探伤。导向销座与底架焊缝;等分撑杆及座、拉压杆及座焊缝。

第七部分　通　　用

770. 简述走行部(转向架)的作用。

答:(1)减少车辆运行阻力。

(2)车辆通过高低不平处,能减少车体的垂直位移,增加货车运行的平稳性。

(3)便于安装弹簧及减振器,使车辆有良好的运行品质,以适应不断提高的行车速度。

(4)转向架容易从车体下推出,便于检修。

(5)传递和放大制动缸产生的制动力,使车辆具有良好的制动效果。

(6)支撑车体并将车体上的各种作用力和载荷传递给钢轨,保证在运行中车体能可靠的坐落在转向架上。

771. 车辆零件腐蚀破坏的形式有哪些?

答:(1)表面的均匀腐蚀——铁锈。

(2)夹锈,发生在两连接件接触面之间。

(3)局部穿孔或大面积蚀透。腐蚀在局部区域特别严重,造成零件蚀透。

(4)腐蚀性裂纹。零件表面受到腐蚀引起应力集中,造成零件出现裂纹。

772. 简述对5T预警故障处理后质量检查要求。

答:检修部门对TADS、TPDS、THDS故障轮轴处理后,质量检查相关人员须对其进行重点检查,确保故障得到妥善处理。轮轴故障检修完毕后须在《轮轴卡片》(车统—51C)备注栏里填写施修方法。其他部位故障施修完毕后，在《货车检修记录单》（车统—22B-1）备注栏里填写施修方法。

773. 5T 预警信息包括哪些内容，当接到预警信息时作何处置？

答：质检部门下发的《铁路货车安全防范系统（故障）指导检修通知单》中有 TADS、THDS 预警信息时，须对相应轴承进行退卸；有 TPDS 预警信息时，须对相应车轮踏面进行全面旋修，同时重点检查相应转向架侧架导框、侧架立柱磨耗板、斜楔及主摩擦板、摇枕斜楔摩擦面磨耗板、常接触式旁承或间隙旁承、承载鞍及与承载鞍接触的有关配件、枕簧和心盘螺栓等技术状态。

774. 什么是修程修制改革？

答：国铁集团统筹修程修制改革工作，坚持以确保安全质量为前提，按照安全稳妥、积极推进的原则，以降本提效为目标，充分利用货车大数据，开展相关研究，逐步实现由计划性预防修向数字化精准预防修和状态修转变，由单一检修制度向精细化分类分级检修制度转变。

775. 简述铁路货车扣修原则。

答：铁路货车定期检修周期分为以时间和走行公里结合时间两种。以时间确定定期检修周期的铁路货车分为厂修、段修两级修程。以走行公里结合时间确定定期检修周期的铁路货车分为 A 级修（大修）、B 级修（全面检查修）两级修程。特殊需保留辅修、轴检的铁路货车以及需要专项整备或对重点部位进行检修的铁路货车由各铁路局集团公司、铁路专业运输公司确定，并报国铁集团货车主管部门备案。段修周期设置走行公里和时间两项的铁路货车，满足二者之一视为到期。各级修程同时到期时，须按高级修程施修，段修过期至距厂修到期不足 4 个月时，按厂修施修。固定配属、固定编组、固定使用、局管内用货车以及企业自备铁路货车的段修单位须建立检修周期管理台账，根据检修到期情况制定送修计划,保证铁路货车及时修理。

776. 简述段修过期时的施修原则。

答:铁路货车段修过期的时间在1个段修周期内的,施行正常段修;过期的时间在1~2个段修周期内的,段修时由段修单位技术、质检部门及验收、监造部门共同对车体底架部分的技术状态进行全面鉴定,轴承必须全部退卸;段修过期时间达到2个段修周期及以上的铁路货车,须进行厂修。

777. 简述罐车送修前的基本要求。

答:罐车使用单位或产权单位须向检修单位提供介质变更情况、装运介质属性等内容的证明材料,若已对罐车进行洗罐处理,须在送修前向检修单位提供洗罐合格证;在上次检修后装运过有毒、有害等危险品的车辆送修前,送修单位须书面告知检修单位,若已对车辆进行过无害化处理,须在送修前向检修单位提供符合国家或国铁集团规定的证明材料。

778. 简述铁路货车零部件质量保证要求。

答:铁路货车主要零部件实行造修源头质量保证,有制造质量保证期的新制配件须有制造时间和制造厂代号标记,标记应清晰,位置应在非磨耗部位。除另有规定外,在正常使用条件下,凡在制造质量保证期限内配件发生质量问题时,须由配件制造单位承担质量保证责任,装用单位承担装用责任。铁路货车在检修中因设计、制造原因,需改造的项目或零部件在质量保证期内超过段修限度或产生裂损等影响使用的缺陷,需更换的零部件由铁路货车制造或检修单位无偿以旧换新,铁路货车制造或检修单位继续向配件生产单位进行质量追溯。在使用寿命期内,因制造缺陷造成事故、辆故时由配件制造单位负责。质量保证期时间统计精确到月,走行公里统计精确到万公里,按时间或走行公里保证的配件,满足二者之一视为质保到期。

779. 简述铁路货车零部件寿命周期管理要求。

答:铁路货车主要零部件实行寿命管理。实行寿命管理的新制配件须有制造时间和制造厂代号标记,标记应清晰,位置应在非磨耗部位。除另有规定外,实行寿命管理的零部件无制造单位、时间标记时不得装用。寿命期限以零部件制造时间或走行公里为准,时间统计精确到月,走行公里统计精确到万公里。早期生产的锻造钩尾框标记不清时,制造时间按照2005年6月1日计算。

780. 简述铁路货车预检、预修内容。

答:除另有规定外,货车段修应在空车状态下进行。段修车入库前应进行预检、预修。预检应包含:核对铁路货车有无扣车命令、HMIS推送信息、标记及定检信息,检查铁路货车配件型号及状态,确认铁路货车修程及加装改造项目;检查罐车、毒品车等洗刷及试验情况;检查铁路货车外观主要故障,标识故障处所及数量,填写预检记录、建立车统—22B、录入预检信息相关内容;提供入库检修顺序等。预修可包含:油漆标记涂装;拆解不良配件;更换不良车门;调修车体钢结构;铺设木结构地板;分解拉环、挡键、防盗罩装置。即"涂、拆、换、调、铺、分"等。

781. 简述零部件集中加修时各工位流转基本要求。

答:轮轴、制动阀、空重车阀、制动梁、车钩缓冲装置、摇枕、侧架等主要零部件以及原车原位组装的零部件在各工序流转时宜使用条形码、二维码或RFID标签等信息载体存储、传递相关信息。

782. 铆接、拉铆接的零部件组装有哪些基本要求?

答:铆接或拉铆接的零部件松动或铆钉、拉铆钉松动时须更换铆钉或拉铆钉。铆接或拉铆接技术要求及质量标准须符合TB/T 2911《铁道车辆铆接通用技术条件》。短尾拉铆钉和拉铆钉型式须符合TJ/CL 232《铁路货车专用短尾拉铆钉技术条件》和TJ/CL 231《铁路货车专用拉铆钉》的规定。2010年9月以后制造的货车用转向架游动杠杆、固定杠杆与制动梁支柱间,游动杠杆、固定杠杆与中(下)拉杆间,固定杠杆支点与支点座间,柔性支点内的链蹄环间须装用拉铆销或扁孔圆销。拉铆销分解、组装采用专用的机具,不得气割等加热方式进行分解。拉铆销铆接后,与被连接件间应能自由转动,并有2~10 mm轴向移动量,端部不得与其他零部件干涉。

783. 简述车体基础制动装置零部件连接有关规定。

答:车体基础制动装置的制动缸后杠杆与后杠杆支点座、闸调器与前制动杠杆(装用ST2-250型闸调器时)、手制动拉杆与手制动链之间采用圆销、垫圈和开口销连接,组装后垫圈与圆销焊固。制动缸前杠杆与制动缸推杆、前杠杆(或附加杠杆)与手制动链、上拉杆与转向架移动杠杆之间采用圆销、垫圈和开口销连接,手制动滑轮仍采用原连接结构。其余原圆销连接的部位为扁孔圆销和扁开口销连接。

784. 简述基础制动装置扁孔圆销与扁开口销组装规定。

答:(1)扁孔圆销、圆销须有制造单位代号、材质、制造年份(年号末两位)标识。扁孔圆销、圆销型式须符合TJ/CL 230《铁路货车制动扁孔圆销和圆销技术条件》的规定。

(2)竖向或斜向安装的制动圆销、拉铆销须由上向下装入,横向安装的圆销、拉铆销须以车体纵向中心线为准,由里向外装入,无安装空间者及有特殊要求者除外,制动圆销横向安装时须装用垫圈。各种圆销与销孔间隙不大于3 mm。

(3)扁开口销在扁孔圆销上组装后,扁开口销须卷起,并超过圆销杆圆周长度的3/4圈。扁孔圆销、圆销长度允许在上下一个规格范围内调整,组装后扁孔圆销的窜动量2~10 mm,不得与邻近的其他零部件、管系等发生干涉。扁开口销须符合要求。

785. 简述零部件测量部位及方法。

答:零部件测量部位及方法:除专用样板、专用检查器具及本规程有明确规定者外,对磨耗处的测量规定如下:

(1)测量孔径磨耗以深入孔内 10 mm 处为准,零部件孔深小于 25 mm 者,深入孔内 1/3 处测量。

(2)测量钢板厚度以深入边缘 15 mm 处为准(包括铸钢件平直处厚度)。

(3)除另有规定者外,测量装配间隙时应贯通。

786. 段修时主要工装设备应符合哪些要求?

答:主要工艺装备应具备自动记录、统计、存储或按时间、按次自动记录、统计、存储、向计算机传输作业次数信息的功能;主要检测设备应具有数字显示、存储、向计算机传输数据的功能。各种检测设备、量具、样板须按要求配备齐全,按规定购置、检修、检定、校对,并须具备有效的计量合格证明。除另有规定外,微机控制及自动检测、检查、探伤、试验设备每班开工前须进行性能校验,按规定定期检修,性能校验须符合相应设备技术性能要求。

787. 简述铁路货车段修技术管理智能化控制要求。

答:(1)应按规定设置各配件检修信息的必填数据、寿命期限、尺寸范围控制等项目,建立“货车检修智能控制数据库”,当工位采集数据不符合规定时,系统应能自动报警。

(2)应建立铁路货车检修“工艺流程调整平台”,采用计算机通过检测设备互联互通,按规定标准自动对段修技术管理规章制度的执行情况进行监控。

(3)应在检修车间建立铁路货车检修“标准发布平台”。实现对铁路货车检修相关文件的工位机动态挂接。工作者利用工位机、工控机可及时、准确、动态获取最新标准。

(4)应组成数据采集区域。接入微控、工控智能检测设备自动采集检修数据。系统按日、周、月、季、年对生产信息进行自动统计、对比、分析，根据需要形成报表和分析结果，对异常情况及时进行预警。

(5)应以铁路货车为载体系统建立铁路货车从扣车到修竣的全部电子档案，一车一档。

788. HMIS 系统应具备哪些功能?

答:(1)具备各型铁路货车技术管理基础数据的集中或分点录入、纠错、确认功能，形成数据电子化的 HMIS 信息。

(2)具备对计划实施、生产组织、技术管理等进行过程、质量等控制，并为技术指导和管理提供数据依据。

(3)具备铁路货车技术管理信息下载、形成、恢复、上报等功能。

(4)具备对故障进行分析、大部件故障明细查询、配件信息进行查询的系统分析以及对配件进行非现车收入、支出的配件管理功能。

(5)具备系统运行、部门管理相关参数的数据字典维护以及进行部门内部组织结构及员工的基本信息的维护的功能，具备程序升级、备份等系统维护功能。

789. 简述 HMIS 信息录入基本流程。

答:(1)铁路货车检修前应通过 AEI 装置或使用标签读出器读取、确认标签信息。

(2)铁路货车检修信息在 HMIS 录入过程中，首先根据车统—22B-1 中的预检记录录入预检信息，其中的车种车型车号、换长等检修车基本信息以及调度共享的车种车型车号、换长、制造厂、制造日期等检修车基本信息应与读取标签子功能模块中标签转储器转储的数据信息进行核对，除确认是标签信息错误外，应以标签信息为准。

(3)正式录入生产信息前，需自动与国铁集团 HMIS 系统进行核对，确定具备检修条件后方能采集 HMIS 数据。

(4)每日应及时统计和汇总，并自动与国铁集团级 HMIS 系统实现自动校核，核实无误后，通过 HMIS 段级出口数据转发程序，于当日上传铁路局集团公司和国铁集团。

790. 简述文件转化“五明确”。

答：各段修管理单位及实施单位应依据上级技术要求，做好文件转化，文件转化应做到“五明确”。即：明确执行范围、对象、负责部门、培训安排；明确所涉及检修工艺、作业程序、岗位作业指导书；明确工装设备、材料准备、工作量，人员配置、劳动组织的要求和安排；明确执行、报告时间和检查要求；明确反馈渠道和要求。

791. 国铁集团颁布相关技术文件时段修单位须进行哪些工作？

答：接到技术文件后，段修单位应立即组织研究，并对相关作业指导书进行修改，调整生产组织，配置工装、检测器具、材料等，并及时对相关人员进行培训、考核。在检修技术文件执行的初期，段修单位有关技术人员应在现场进行技术指导，协调解决出现的问题，参加首辆、首件及一定频次的质检、交验工作。

792. 简述检修记录管理要求。

答：(1)检修记录应实现档案化管理，一车一档。段修单位应设置检修记录存放室，建立记录查询及 HMIS 查询系统，存放室应有管理人员。

(2)段修单位应建立检修记录专项管理制度，明确交接、收档、借用、销毁程序和日常管理要求。检修记录应归类装订和存放。每季度按照管理期限清理过期记录，过期的记录销毁须由专人核对查实，经档案主管人员签字确认。

(3)“一车一档”记录保存期限须长于一个段修期，一般不短于 3 年；HMIS 电子记录保存至该车报废销号。

793. 简述质量检查部门基本权限。

答:(1)对检修的铁路货车及零部件有质量检验权,对铁路货车及零部件检修、生产过程有监督权。

(2)不交验、不验收未经检查或检查不合格的产品。

(3)对不符合技术质量标准的铁路货车及零部件有权作出返工、不交验、不验收的决定。

(4)对于不具备生产条件、违反检修工艺要求、存在惯性质量问题的产品,有权停止检验,向段修单位建议停产整顿。

(5)对于抽检或监控的产品、生产过程,根据产品质量、工艺执行情况和有关标准有权做出加严检验的决定。

794. 简述铁路货车重点故障溯源。

答:非正常磨耗、破损、变形的摇枕、侧架、交叉杆、承载鞍、常接触式旁承、制动梁、轮轴等部件,以及上次段(厂)修以来运用期间中出现过 THDS、TADS、TPDS 等报警的铁路货车,应进行故障溯源。除对故障件进行处理外,应沿相应部位的受力传递顺序逐件排查相关部件、部位,消除故障根源及由此造成的其他故障。

795. 简述零部件大修及全寿命周期管理要求。

答:(1)轴承、缓冲器、闸调器大修应在取得国铁集团认可的资质的大修单位进行。

(2)大修零部件送修单位应填写入厂交接记录单,随大修配件送达大修单位,送、收双方交接签认。送修的大修配件应为分解下车的原始技术状态,不得拆卸。

(3)出厂的大修零部件应附大修合格证,合格证应包括型号、制造标记、大修单位代号、大修年月、大修序列号、大修单位公章、产品验收合格专用章等内容。

(4)大修零部件应以段或检修车间为单位成批送大修,修理后成批返还原送修单位。

(5)施行寿命管理及大修质量保证的零部件须进行全寿命周期管理。应记录和标识制造、大修时间及寿命期,优化存货数量及结构,提高周转率;充分利用零部件的剩余寿命,实现零部件与整车质量保证的最优匹配。

796. 简述铁路货车报废标准。

答:(1)铁路货车使用寿命到期按规定申请报废。

(2)铁路货车状态不良或因事故破损,有下列情况之一时申请报废:

①需要更换中梁一根及切换另一根中梁的。

②需要更换中梁一根及底架上的枕、横梁 40% 的。

③需要更换中梁一根及侧梁一根的。

④因底、体架破损严重,确无修复价值(如钢质焊接结构车,底、体架需解体 1/2 以上的)。

各梁更换条件:需截换全梁长度 25% 以上;或补强板超过梁高 1/2,且各块补强板长度总和超过梁长 25% 的。

(3)根据铁路货车技术发展和运输需要,技术上已经落后、结构不能满足运输要求、运输不经济、检修费用超剩余残值、运行存在安全隐患的铁路货车可申请报废。

(4)国铁集团另有规定报废的铁路货车。

797. 什么是检修能力建设目标?

答:依照检修工艺要求开展铁路货车段修单位检修能力建设,促进检修能力、工艺布局、检修管理、生产能力、作业方式、检测手段、管理制度、生产组织的转变;优化资源配置,推进修制改革,全面提升检修能力,使铁路货车检修工作适应新技术、新体制下质量、安全、效率要求,满足安全和运输需要。

798. 金属材料的机械性能包括哪些内容?

答:金属材料的机械性能包括强度、塑性、韧性、硬度等。

(1)强度:强度是指金属受外力作用时抵抗塑性变形(或称为永久变形)和断裂的能力。刚刚能产生塑性变形所需的力除以截面积,称为屈服极限;产生断裂所需的力除以截面积,称为强度极限。它们的单位都是 MPa(兆帕)。外力有拉力、压力、弯曲力、扭力等。所以,屈服极限和强度极限包括拉伸屈服极限、拉伸强度极限、压缩屈服极限、压缩强度极限等。

(2)塑性:塑性是指金属在外力作用下、产生塑性永久变形而不破坏的能力。塑性常用的指标有延伸率和断面收缩率。延伸率即试样拉断后的总伸长同原始长度之比值的百分率,断面收缩率即试样拉断后断口面积的缩减同原截面面积之比值的百分率。

(3)韧性:韧性和脆性是相反的,韧性好则脆性就小、韧性大小是用材料受冲击力时产生破坏所吸收的冲击功来表示的。韧性同温度有关、有常温冲击韧性和低温冲击韧性之分。韧性好、表示要用较大的冲击功才能使它破坏。韧性的单位是 kJ/m^2(千焦/米^2)。

(4)硬度:硬度就是金属材料抵抗压人物压陷能力的大小,也可以说是材料对局部塑性变形的抗力。

799. 制动缸活塞行程过长或过短有何害处?

答:制动缸活塞行程的长短直接关系到制动力的大小。因为在施行一定减压量的制动时,配风缸进入制动缸的压力空气是一定的,而进入制动缸的这一部分压力空气,将随着制动缸的容积大小不同而产生不同的单位压力。因此,当活塞行程较长时,制动缸的容积也较大,它的空气小力就较低,制动力也随着减小,延长制动距离,影响行车安全;制动缸活塞行程过短时,制动们的容积缩小,而制动缸空气压力增大,因制动力过大而抱死车轮,造成车轮踏面擦伤。

800. 何谓裂纹、发纹和伪磁痕?

答:裂纹是金属在工艺过程中,其连续性被破坏而形成的缺陷。在磁粉探伤时,磁痕特征一般为锯齿形,两端呈尖角状,磁粉聚集的图像不规则，清晰、密集。发纹是由原材料中的微小气孔、针孔、金属和非金属夹杂物等经锻轧而形成的原材料缺陷。在磁粉探伤时，其磁痕特征呈直的或微弯的细线，磁粉聚集图像细长、平直。伪磁痕是在磁粉探伤时，磁痕具有绝大部分的磁粉聚集图像都比较散乱的特征，在磁化检查时，一般复现状况不好或完全不复现。